Hermann Vinke **Das Dritte Reich**

Hermann Vinke

Das Dritte Reich

Eine Dokumentation
mit zahlreichen Biografien
und Abbildungen

Mit einem Vorwort von
Wolfgang Benz

Ravensburger Buchverlag

Inhalt

Vorwort

Die Zeit des Nationalsozialismus rückt in immer weitere Ferne. Auch die meisten Älteren haben keine eigene Erinnerung mehr an das Unrechtsregime. Die Zahl der Überlebenden, die aktiv beteiligt waren oder die Opfer der Diktatur geworden sind, wird immer kleiner.
Die Ereignisse selbst drohen zur Legende zu werden und das Dritte Reich wird von vielen nur in Bruchstücken wahrgenommen – verherrlicht als militärische Anstrengung im Zweiten Weltkrieg, als vermeintliche Modernisierungsleistung auf dem Gebiet des technischen Fortschritts, als missverstandener Anlauf zum Sozialstaat wegen der Ideologie der „*Volksgemeinschaft*".
Nationalsozialismus gilt manchen als eine Zeit, in der angeblich Ruhe und Ordnung herrschten, deutsche Art und deutsche Kultur besonders gepflegt wurden. Das sind die unkritisch positiven Legenden. Sie sind so falsch wie zählebig und sie sind gefährlich. Doch auch die Gesten des Abscheus und der Betroffenheit wegen der nationalsozialistischen Verbrechen reichen zur Auseinandersetzung mit dem Unrechtsregime nicht aus.

Es geht nicht um Schuld

Nur auf der Basis solider Informationen kann die Beschäftigung mit belasteter Geschichte geführt werden. Das betrifft in besonderem Maß die Nachgeborenen, weil sie immer wieder damit konfrontiert werden. Selbstverständlich geht es dabei nicht um Schuld oder um die Pflicht, sich mit den Fehlern der Großeltern und Urgroßeltern zu beschäftigen. Vielmehr hat die junge Generation das Recht zu erfahren, was ihre Vorfahren getan oder unterlassen haben, wie sie in das Unrecht des NS-Staats verstrickt waren oder wie sie sich ihm entziehen konnten. Denn nur gesichertes Wissen ermöglicht den klaren Blick auf die Vergangenheit, der nötig ist, um die Gegenwart zu verstehen und die Zukunft zu meistern.
Zum notwendigen Wissen, das vor dem Dickicht aus Legenden und Mutmaßungen, Halbwahrheiten und Lügen bewahrt, gehören hieb- und stichfeste Informationen über die Entstehung der nationalsozialistischen Ideologie, über Hitlers Aufstieg zur Macht, über den Niedergang des Rechtsstaats, die vorauseilende Zustimmung so vieler zur Ausgrenzung und Verfolgung der Minderheiten, über den Willen des Regimes zum Krieg und seine Verachtung der Menschen.
Nicht minder wichtig ist das Wissen über die Personen, die Entscheidungen trafen, die als Vordenker oder Täter, als pflichtbewusste oder widerstrebende Handlanger und Erfüllungsgehilfen an der Macht teilhatten. Und notwendig ist ebenso das Wissen über diejenigen, die Widerstand leisteten, die anständig geblieben sind, weil sie sich nicht verführen ließen, die als Opfer in Konzentrationslagern und auf vielfache andere Weise gequält, verfolgt, ermordet worden sind.

Lehrstück

Die Geschichte des Dritten Reiches muss man verstehen als „Lehrstück" über die Notwendigkeit von Werten wie Demokratie, Toleranz, Rechtsstaatlichkeit, Humanität und politische Vernunft. Der nationalsozialistische Staat mit all den

Verbrechen, zu denen sich Menschen verführen ließen, darf nicht nur Anlass zu Scham, Zerknirschung und Schuldbewusstsein geben. Das Dritte Reich sollte vielmehr als unmittelbares Beispiel dafür verstanden werden, wohin es führt, die Demokratie abzulehnen, den Rechtsstaat preiszugeben und die Grundsätze von Toleranz und Humanität zu verhöhnen. Die Folgen waren millionenfaches individuelles Leid, der Verlust des Ansehens als Nation, der Verlust von Gebieten, des Volksvermögens und die Wiedergutmachungspflicht.
Der Zweite Weltkrieg, der von den Nationalsozialisten mit dem Überfall auf Polen begonnen wurde, der als Raub- und Vernichtungskrieg angelegt war, um Europa zu unterwerfen, zu beherrschen und zu versklaven, endete mit der vollkommenen Niederlage, der Teilung Deutschlands, Europas und der Welt auf lange Zeit.

Erinnerungsarbeit

Um auf dem Weg zur friedlichen Nachbarschaft – wie sie gegenüber dem Westen längst erreicht ist – die Folgen der Trennung zu überwinden, muss Erinnerungsarbeit geleistet werden, die klar benennt, was geschehen ist.
Die Flucht und Vertreibung der Deutschen aus Ost-Mittel-Europa, aus der Tschechoslowakei, Polen, Jugoslawien, Ungarn und Rumänien, wo sich Deutsche vor Jahrhunderten angesiedelt hatten, ist nur verständlich, wenn man weiß, dass nationalsozialistische Politik und Machtstreben die Ursachen waren für den Verlust der Heimat dieser Menschen. Darüber müssen wir uns mit den Nachbarn im Osten verständigen. Der Dialog über die schwierige Geschichte ist die Voraussetzung der Versöhnung.

Gedenktage wie der 27. Januar, an dem wir uns anlässlich der Befreiung von Auschwitz der Opfer des Völkermords an den Juden erinnern, oder der 9. November, an dem alljährlich der Novemberpogrome von 1938 gedacht wird, haben ihren Sinn als äußere Zeichen. Ebenso dienen das Denkmal für die ermordeten Juden Europas in Berlin und die Gedenkstätten am Ort der Konzentrationslager und anderer Verbrechen des Nationalsozialismus der öffentlichen Erinnerung. Jahrestage und Erinnerungsorte können Anstöße geben. Emotion und Betroffenheit genügen aber nicht. Gesichertes Wissen über die Geschichte des Dritten Reichs ist vor allem anderen notwendig, denn nur dadurch sind die Parolen der Neonazis zu entkräften und Legenden zu entlarven, die Rechtsextremisten in die Welt setzen, wenn sie den Staat Hitlers verherrlichen oder seine Untaten entschuldigen wollen.

Dieses Buch will einen Beitrag dazu leisten, die Ursachen, Wirkungen, Zusammenhänge und Folgen des Dritten Reichs zu verstehen. Es verdeutlicht, wie der nationalsozialistische Wahn, Europa und die Welt beherrschen zu wollen, gestützt auf eine Ideologie des Herrenmenschentums, des vermeintlichen Rechts der Stärkeren, zur Unterdrückung im eigenen Land und zu der Versklavung und Vernichtung anderer Nationen geführt hat.

Wolfgang Benz

Wissen als Gegenmittel

Dieses Buch soll mithelfen, das Wissen über das Dritte Reich weiterzugeben. Denn die Auseinandersetzung mit dem dunkelsten Kapitel der deutschen Geschichte ist heute dringender denn je: Rassismus, Antisemitismus und Ausländerfeindlichkeit haben das Dritte Reich nicht nur überdauert; sie nehmen in Deutschland inzwischen ein beängstigendes Ausmaß an. Längst geht es nicht mehr darum, den Anfängen zu wehren. In Deutschland rüsten rechtsextreme Gewalttäter auf und gehen offen gegen den demokratischen Rechtsstaat vor. Im Internet verbreiten sie rassistische Parolen und Hassgesänge.
Sie leugnen den Holocaust, den millionenfachen Mord an Juden, und verfälschen die Geschichte. Menschen mit dunkler Hautfarbe werden verprügelt, zusammengeschlagen, ermordet.
Bomberjacken, Springerstiefel und Glatzen sind Zeichen einer braunen Jugendszene, die sich ausbreitet. „*National befreite Zonen*" nennen die Neonazis jene Gebiete, in denen sie die Oberhand gewonnen haben. Unverhohlen wird zu Hass und Gewalt aufgerufen, und die Wirkung auf Jugendliche, denen jede Kenntnis des Dritten Reichs fehlt, bleibt nicht aus.
Das Wissen um die Verbrechen der Nationalsozialisten ist noch immer das wirksamste Gegenmittel gegen den Rechtsextremismus.

In den Köpfen angelegt

Dieses Buch vermittelt die historischen Fakten. Es benennt Lügen und Legenden. Es dokumentiert das Verbrecherische am Nationalsozialismus, das von Anfang an in seiner Ideologie und in den Köpfen seiner Anführer – in erster Linie Hitlers – angelegt war. Dass ein ganzes Volk einer Clique von Leuten verfallen ist, die offen für Mord und Totschlag als Mittel der Politik eintraten, die sich die Ausplünderung und Vernichtung ganzer Völker zum Ziel setzten, das bleibt letztlich unfassbar, und dennoch war es so. Umso ungeheuerlicher, dass schon seit Jahren Gruppen im Namen dieser NS-Verbrecher öffentlich mit Gewalt, Intoleranz und Diskriminierung agieren.
Dieses Buch schildert auch den Widerstand – nicht der Massen, sondern der wenigen, die sich umso mutiger gegen die NS-Diktatur zur Wehr setzten. Es enthält Biografien von Opfern und Tätern sowie Dokumentarteile. Mit Hilfe von Lebensgeschichten wird Geschichte erzählt.
Angestrebt wird nicht eine lückenlose Darstellung der NS-Zeit. Bilder und Texte konzentrieren sich vielmehr auf Personen und Zeitspannen, die exemplarisch sind. Nicht nur, weil es unsere Geschichte ist, muss das Wissen um die Geschehnisse zwischen 1933 und 1945 weiter vermittelt werden. Ohne diese Kenntnis ist auch ein Verständnis der allerjüngsten Geschichte mit dem Zusammenbruch des Kommunismus und der Wiedervereinigung Deutschlands sowie der Einigung Europas nicht möglich. Nur wenn Klarheit über das Geschehen im Dritten Reich besteht, kann ein neuer historischer Abschnitt beginnen.

Hermann Vinke

Adolf Hitler – Aufstieg eines Gefreiten

„Diese Partei [die NSDAP] *weiß sich immer wieder in Erinnerung zu bringen durch Plakate, auf denen mit schärfsten Worten gegen das Judentum und den internationalen Kapitalismus losgezogen und zu Versammlungen eingeladen wird, die meist starken Zulauf haben."*

Politischer Beobachter in Bayern, 1921

Adolf Hitler, 1927

Krieg im Zeichen der Technik

1

Der erste Krieg im Zeichen der Technik findet zwischen 1914 und 1918 statt. Zum ersten Mal richten sich die modernen technischen Errungenschaften wie Eisenbahn, Auto und Flugzeug gegen den Menschen selbst. Diese Symbole des Fortschritts werden Kriegszielen untergeordnet und durch hoch entwickelte Maschinen und Instrumente zum Töten ergänzt: Panzer, Artilleriegeschütze, Maschinengewehre, Handgranaten, Flammenwerfer. Erstmals wird auch Giftgas eingesetzt.
Nie zuvor sind so viele Menschen für eine militärische Auseinandersetzung mobilisiert worden wie in dieser Zeit. Über 60 Millionen Soldaten kämpfen an vielen Fronten – als Infanteristen, Kampfflieger oder U-Boot-Besatzung. Beide Seiten weiten den Krieg aus, um den Stellungskrieg zu überwinden und eine militärische Entscheidung zu erzwingen.

Griff nach der Weltmacht

Das deutsche Kaiserreich hat diesen Krieg gewollt. Der Kampf wird Deutschland nicht aufgezwungen, weil es angeblich von Feinden eingekreist sei, wie die Propaganda glauben machen will. Die Pläne für einen großen Waffengang existieren seit längerem.
Kaiser Wilhelm II. will endlich mit den europäischen Großmächten England, Frankreich und Russland gleichziehen. Seine Ziele sind Expansion nach Osten und Ausdehnung der Kolonialgebiete in Afrika.

Schuldige gesucht

Als die militärische Niederlage Deutschlands 1917 mit dem Kriegseintritt der USA besiegelt ist, werden die Schuldigen dafür gesucht: Die Heimat sei der kämpfenden Truppe in den Rücken gefallen,

2

1 Wahlplakat der NSDAP

2 Novemberrevolution 1919: Panzer der Regierungstruppen in Berlin

3 „Nie wieder Krieg“: große Kundgebung im Berliner Lustgarten gegen den Krieg

4 Schießerei auf dem Pariser Platz in Berlin beim Abzug der Kapp-Truppen, 1920

5 Hitler spricht im Münchener Bürgerbräukeller.

so lautet eine Parole, die als *„Dolchstoßlegende“* in die Geschichte eingeht. Viele schieben den Juden die Schuld an der Niederlage zu. Dabei haben die patriotisch eingestellten deutschen Juden an vielen Fronten gekämpft und sich durch Tapferkeit ausgezeichnet.
Der Antisemitismus, die von Vorurteilen geprägte feindliche Haltung gegenüber den Juden, ist zwar schon lange salonfähig. In der politischen Auseinandersetzung der Weimarer Republik wird der Hass auf Juden jedoch systematisch geschürt.

Krieg in den Köpfen

Auch wenn die Waffen schweigen, der Krieg in den Köpfen dauert an. Niemand heizt ihn derart brutal an wie Adolf Hitler: zunächst in den Bierlokalen in München und Umgebung, dann auch in Berlin und anderen Städten. Hitler, vom Krieg geprägt, verspricht dem Heer der Entwurzelten, Gedemütigten und Hoffnungslosen, die *„Schmach von Versailles“* zu tilgen.
Die Aufhebung des Friedensvertrags von Versailles und blutige Rache für die Schande der Niederlage sind die Kernpunkte nationalsozialistischer Politik und Propaganda. Sie führt dazu, dass der Erste Weltkrieg mit über 13 Millionen Toten noch einmal gesteigert werden soll zum globalen Endkampf um die Weltherrschaft.
„Der Staatenkrieg wurde als Bürgerkrieg zwischen dem rechten und dem linken Lager fortgesetzt“, schreibt der Historiker Hans-Ulrich Wehler. Für ihn ist der Erste Weltkrieg der Anfang eines *„zweiten dreißigjährigen Krieges“*. Von der *„Urkatastrophe“* des Ersten Weltkriegs führt ein direkter Weg in die Diktatur der Nationalsozialisten.

3

4

5

Kein Platz an der Sonne

6

2. Extraausgabe. Sonnabend, den 9. November 1918.

Vorwärts

Berliner Volksblatt.

Zentralorgan der sozialdemokratischen Partei Deutschlands.

Der Kaiser hat abgedankt!

Der Reichskanzler hat folgenden Erlaß herausgegeben:

Seine Majestät der Kaiser und König haben sich entschlossen, dem Throne zu entsagen.

Der Reichskanzler bleibt noch so lange im Amte, bis die mit der Abdankung Seiner Majestät, dem Thronverzichte Seiner Kaiserlichen und Königlichen Hoheit des Kronprinzen des Deutschen Reichs und von Preußen und der Einsetzung der Regentschaft verbundenen Fragen geregelt sind. Er beabsichtigt, dem Regenten die Ernennung des Abgeordneten Ebert zum Reichskanzler und die Vorlage eines Gesetzentwurfs wegen der Ausschreibung allgemeiner Wahlen für eine verfassunggebende deutsche Nationalversammlung vorzuschlagen, der es obliegen würde, die künftige Staatsform des deutschen Volks einschließlich der Volksteile, die ihren Eintritt in die Reichsgrenzen wünschen sollten, endgültig festzustellen.

Berlin, den 9. November 1918. **Der Reichskanzler.**
Prinz Max von Baden.

Es wird nicht geschossen!

Der Reichskanzler hat angeordnet, daß seitens des Militärs von der Waffe kein Gebrauch gemacht werde.

Parteigenossen! Arbeiter! Soldaten!

Soeben sind das Alexanderregiment und die vierten Jäger geschlossen zum Volke übergegangen. Sozialdemokratische Reichstagsabgeordnete Wels u. a. haben zu den Truppen gesprochen. Offiziere haben sich den Soldaten angeschlossen.

Der sozialdemokratische Arbeiter- und Soldatenrat.

Am Anfang steht die geistige Mobilmachung. Fast die gesamte *„geistige Elite der Nation"* stimmt die Bevölkerung auf den Krieg ein. Die Menschen sollen dem Kaiser folgen, der Deutschland einen *„Platz an der Sonne"* verspricht neben den anderen Weltmächten. Allerdings muss dieser Platz erst noch erkämpft werden. Das Ergebnis der Kampagne ist im Sommer 1914 eine wahre Kriegshysterie.

Das Elend des Krieges

Nach Anfangserfolgen, etwa bei Tannenberg, wo der aus dem Ruhestand zurückgeholte Heerführer Paul von Hindenburg Ende August 1914 die russische Armee schlägt, geraten die Offensiven bald ins Stocken, vor allem im Westen. An der Marne stoppen Franzosen und Briten den deutschen Vormarsch. Bald beginnt in Frankreich und Belgien ein mörderischer Stellungskrieg. In einigen Gebieten durchpflügen Tonnen von Granaten das Erdreich. Jeder Quadratmeter Geländegewinn wird mit hunderten von Toten erkämpft und dann wieder aufgegeben. Für die Bevölkerung in ganz Europa bedeutet der Fortgang des Krieges zusätzliche Entbehrungen und wachsende materielle Not. Vor allem im Winter werden die Lebensmittel knapp. Hunger breitet sich aus. Die Kindersterblichkeit steigt rapide an.

Schließlich brechen die Fronten in West und Ost zusammen. Am 11. November 1918 unterzeichnet der deutsche Staatssekretär Matthias Erzberger das Waffenstillstandsabkommen. Kaiser Wilhelm II., der die Nation in eine glorreiche Zukunft führen wollte, muss abdanken und geht nach Holland ins Exil.

7

6 Extra-Ausgabe des Berliner „Vorwärts" vom 9. November 1918, in der die Abdankung Kaiser Wilhelms II. bekannt gegeben wird

7 Kaiser Wilhelm II. im Kreis seiner Heerführer

Novemberrevolution

Wenige Tage vor dem Ende des Ersten Weltkriegs meutern Matrosen in Wilhelmshaven und Kiel. Auslöser für den Aufstand ist der militärisch sinnlose Befehl, die deutsche Flotte gegen England auslaufen zu lassen. Den Matrosen schließen sich bald Hafenarbeiter an und die Unruhen greifen auf ganz Deutschland über – es herrscht Bürgerkrieg. Nach sowjetischem Vorbild bilden sich Arbeiter- und Soldatenräte. Gefordert werden Waffenstillstand und die Abdankung des Kaisers.

„Es lebe die deutsche Republik"

Am 9. November 1918 gibt Reichskanzler Prinz Max von Baden ohne Einwilligung des Kaisers dessen Thronverzicht bekannt und überträgt sein eigenes Amt dem Vorsitzenden der Sozialdemokratischen Partei Deutschlands (SPD), Friedrich Ebert. Ein weiterer führender SPD-Politiker, Philipp Scheidemann, verkündet der Öffentlichkeit um die Mittagszeit: *„Das alte Morsche ist zusammengebrochen … Es lebe die deutsche Republik!"* Kurz darauf ruft Karl Liebknecht die *„freie sozialistische Republik Deutschlands"* aus. Liebknecht ist neben Rosa Luxemburg ein führender Politiker des *Spartakusbundes*, der ein Rätesystem befürwortet. Aus dem *Spartakusbund* geht am 1. Januar 1919 die Kommunistische Partei Deutschlands (KPD) hervor.

Für die parlamentarische Demokratie

Reichskanzler Friedrich Ebert bildet am 10. November 1919 den Rat der Volksbeauftragten und lässt diese Übergangsregierung von den Arbeiter- und Soldatenräten Berlins bestätigen. Am 30. November beschließt der Rat der Volksbeauftragten, Wahlen zu einer verfassunggebenden Nationalversammlung durchführen zu lassen. Der Beschluss wird im Dezember vom Reichskongress der Arbeiter- und Soldatenräte bestätigt.
Das bedeutet die Entscheidung für eine parlamentarische Demokratie. Damit sind die Weichen für die Weimarer Republik endgültig gestellt.

8

9

8 Matrosen des U-Boots „UC 67", 1918

9 Übergabe der Garde-Ulanen-Kaserne an die Mitglieder des Arbeiter- und Soldatenrates am 9. November 1918

Demokratie ohne Demokraten

10

Am 9. November 1918 verbündet sich Friedrich Ebert mit der militärischen Führung, um mit Hilfe der Armee einen möglichen Umsturz von links zu verhindern: Anfang Januar 1919 wird der Versuch, eine Räterepublik zu erzwingen *(Spartakus-Aufstand)*, blutig niedergeschlagen. Wegen der noch anhaltenden Unruhen in der Hauptstadt tritt die am 19. Januar 1919 gewählte Nationalversammlung in Weimar zusammen.

Die Weimarer Verfassung

Die verfassunggebende Weimarer Nationalversammlung verabschiedet am 11. August 1919 die Reichsverfassung. Es ist die Geburtsstunde der ersten deutschen Republik auf demokratischer Grundlage. Die Erwartungen, die sich auf die neue Regierung und den ersten Reichspräsidenten Ebert richten, sind groß. Aber noch gewaltiger sind die Probleme, die die Weimarer Republik vom Kaiserreich übernehmen muss.

Schwierige Nachkriegszeit

Der Krieg ist auf Pump finanziert worden. Ursprünglich sollten die Kriegskosten nach einem Sieg, an dem kaum jemand gezweifelt hat, auf den Gegner abgewälzt werden. Jetzt ist es umgekehrt. Riesige Reparationen sind zu leisten. Der Friedensvertrag von Versailles bürdet dem geschlagenen Deutschland Belastungen auf, die kaum zu verkraften sind. Dazu kommen Gebietsabtretungen, durch die Deutschland wichtige Bodenschätze verloren gehen, und eine fortschreitende Inflation. Ein überaus schwieriger Anfang für die neue Republik, deren Repräsentanten bald feststellen, dass es ihnen an Unterstützung fehlt. Die Demokratie –

11

10 Am 9. November 1918 ruft der SPD-Abgeordnete Philipp Scheidemann aus dem Berliner Reichstag die Republik aus.

11 Der Rat der Volksbeauftragten, 1919. Links die USPD-Mitglieder Haase, Landsberg, Dittmann; rechts die SPD-Mitglieder Ebert, Scheidemann, Barth

so die bittere Erkenntnis – findet in der Bevölkerung wenig Gegenliebe. In diesem Nachkriegsklima bilden sich rechtsradikale, demokratiefeindliche Kräfte heraus, darunter auch die Nationalsozialistische Deutsche Arbeiterpartei (NSDAP), deren Führung am 29. Juli 1921 der ehemalige Gefreite Adolf Hitler übernimmt.

Ansturm auf die Republik

Wie brüchig das Fundament ist, auf dem die Weimarer Republik ruht, zeigt sich, als das Reichsheer entsprechend dem Vertrag von Versailles auf 100 000 Mann verkleinert werden soll. Als Reaktion darauf unternehmen General Walther von Lüttwitz und der rechtsextreme Politiker Wolfgang Kapp einen Putsch, der jedoch erfolglos bleibt. Fünf Tage dauert der Spuk, dann zwingt ein Generalstreik zur Aufgabe. Dennoch erhalten radikale Gruppierungen und Parteien, die auch vor politischen Morden nicht zurückschrecken, immer mehr Zulauf. Die Sozialisten Karl Liebknecht und Rosa Luxemburg, Reichsfinanzminister Matthias Erzberger, Außenminister Walter Rathenau und viele andere demokratische Politiker fallen der Gewalt von rechts zum Opfer.

Hitler-Putsch

Die Besetzung des Ruhrgebiets 1923 durch Frankreich und Belgien heizt die Stimmung in Deutschland an und führt zu einer weiteren Verschlechterung der Wirtschaftslage. Die Nationalsozialisten wittern ihre Chance. Adolf Hitler ruft Anfang November 1923 in München zum *„Marsch auf Berlin“* auf, um die Regierung zu stürzen. Einige tausend Anhänger ziehen durch die Münchener Innenstadt. Doch weit kommen sie nicht. An der Feldherrnhalle bricht der Aufstand unter den Kugeln der Polizei zusammen. 15 der Anführer werden erschossen. Hitler flieht, wird jedoch später in seinem Versteck festgenommen.

13

12

12 Die Angeklagten des Hochverratsprozesses („Hitler-Prozess“), 1924

13 Rechtsradikale Putschtruppen in Berlin, 1920

Globale Krise

14

Nur mit Mühe kann sich die junge deutsche Demokratie der Putschversuche durch die extreme Rechte erwehren. Ab 1924 beruhigt sich die Lage. Dank einer Währungsreform, amerikanischer Kredite und eines Finanzierungsplans der USA für die Reparationszahlungen geht es wirtschaftlich sogar wieder bergauf. Doch eine weltweite Wirtschaftskrise in der zweiten Hälfte der 1920er-Jahre setzt dem wirtschaftlichen und kulturellen Aufschwung ein Ende.

Kurse brechen ein

Die Krise selbst erreicht am 25. Oktober 1929 ihren Höhepunkt. An diesem *Schwarzen Freitag* brechen die Aktienkurse an der New Yorker Börse zusammen. Ursache dafür ist eine massive Überproduktion – das Angebot übersteigt die Nachfrage – und in der Folge starke Aktieneinbußen und hektische Aktienverkäufe.

Börsenkräche hat es vorher auch schon gegeben, aber dieser Crash stellt alles in den Schatten. Die Aktienkurse sinken so tief, dass Panik entsteht und es zu Tumulten auf der Straße kommt. Wütende Kleinanleger stürmen das Börsengebäude in der Wallstreet und verlangen ihr Geld zurück – erfolglos, denn die Kreditinstitute sind zahlungsunfähig.

Die Lage droht außer Kontrolle zu geraten. Deshalb wendet sich der amerikanische Präsident Herbert Hoover in einer Rede an die Nation und erklärt, die Wirtschaft sei in bester Verfassung. Hoover will die Bevölkerung beruhigen, erreicht aber das

15

14 Auf der Suche nach Arbeit, um 1930

15 Riesige Mengen an Banknoten werden in Säcken und Kisten verpackt.

Gegenteil. Seine Landsleute sind aufgebracht, ihr Vertrauen in die Börse ist zerstört.
Die Folgen des rapiden Kursverfalls an der New Yorker Börse bleiben nicht auf die USA begrenzt. Denn die Amerikaner holen sich ihre an das Ausland kurzfristig ausgeliehenen Dollars zurück.

Hitler wird salonfähig

Versuche, den Geldabfluss aus Deutschland zu stoppen, scheitern. Einzelne Banken müssen ihre Schalter schließen. Die Folgen der Weltwirtschaftskrise für die schwache deutsche Volkswirtschaft sind verheerend. Gleichsam über Nacht machen tausende von Firmen bankrott, Millionen von Menschen sind ruiniert, Milliarden-Werte gehen verloren.
6 Millionen Menschen sind auf dem Höhepunkt der Krise arbeitslos, weltweit sind es 30 Millionen.

In Deutschland gibt das wirtschaftliche Desaster den reaktionären Kräften Auftrieb. Bei der Reichstagswahl im September 1930 kann die NSDAP die Zahl ihrer Mandate von 12 auf 107 erhöhen und wird nach der SPD die zweitstärkste Partei. Hitler und die Nationalsozialisten werden salonfähig – die konservativen, ebenfalls demokratiefeindlichen Kräfte schließen sich 1931 zur *Harzburger Front* zusammen und setzen erneut zum Sturm auf die Republik an.
Im Jahr 1932 erreicht die politische Krise ihren Höhepunkt. Bei der Wahl des Reichspräsidenten kann Paul von Hindenburg sich gegen Hitler durchsetzen. Die Reichstagswahlen im Juli und November 1932 bringen der NSDAP zunächst 230, dann 196 Mandate. Inzwischen ist mit Franz von Papen ein Politiker Reichskanzler geworden, der die parlamentarische Demokratie abschaffen will.

16 Massenkundgebung von Arbeitslosen

16

Franz von Papen

Franz von Papen

1879 *Geburt in Werl (Westfalen)*
1913 *Militärattaché in Mexiko und Washington*
1915–1918 *Teilnahme am Ersten Weltkrieg*
1920–1932 *Mitglied des Preußischen Abgeordnetenhauses*
1932 *Reichskanzler*
1933–1934 *Vizekanzler*
1936–1944 *Botschafter*
bis 1946 *Amerikanische Internierung*
1969 *Tod in Obersasbach (Baden)*

„Kabinett der Barone" wird spöttisch die Regierung genannt, der Franz von Papen seit Mai 1932 als Reichskanzler vorsteht. Endlich ist der Spross einer westfälischen Adelsfamilie dort angekommen, wo er nach eigener Überzeugung längst hingehört: an der Spitze der Macht.
Doch von Papen bereitet General Kurt von Schleicher, der ihn bei Reichspräsident Paul von Hindenburg als Kanzler durchgesetzt hat, wenig Freude. Innerhalb kurzer Zeit zerschlägt von Papen so viel Porzellan, dass seine Regierung jedes Ansehen in der Bevölkerung verliert.

Herrenreiter

Mit sozial rückschrittlichen Notverordnungen bringt der Regierungschef die Arbeiterschaft gegen sich auf. Er setzt die rechtmäßig gewählte preußische Regierung ab und hebt das Verbot einzelner Unterorganisationen der NSDAP wie der Sturmabteilung (SA) und der Schutzstaffel (SS) auf. General von Schleicher reicht es; schon nach wenigen Monaten drängt er den *„Herrenreiter"* von Papen aus dem Kanzleramt, um anschließend selber die Regierungsgeschäfte zu übernehmen. Doch bald zieht der Geschasste die Strippen. Von Papen sucht das Bündnis mit der NSDAP und findet dankbare Gesprächspartner. Denn Hitler braucht, um an die Macht zu kommen, eine bürgerliche Fassade, für die sich der frühere Diplomat bestens eignet.
Am 30. Januar 1933 ist es so weit. In der von Hitler geführten Reichsregierung übernimmt von Papen das Amt des Vizekanzlers. Zahlenmäßig haben die Konservativen im Kabinett die Mehrheit. Auch sonst bestärkt Hitler sie in dem Glauben, sie könnten schon bald wieder die Macht besitzen. Dass sie lediglich Strohmänner sind, merken die Konservativen erst, als es schon zu spät ist.
„Was wollen Sie denn! Ich habe das Vertrauen Hindenburgs. In zwei Monaten haben wir Hitler in die Ecke gedrückt, dass er quietscht", glaubt von Papen.
Etwa ein Jahr vergeht, dann serviert Hitler seinen Koalitionspartner brutal ab. Bei der Ermordung der SA-Führung im Sommer 1934 lässt er auch die führenden Köpfe der nationalen Rechten liquidieren, darunter General von Schleicher und zwei der engsten Mitarbeiter von Franz von Papen – was diesen keineswegs dazu bringt, endlich mit Hitler zu brechen.

Unbelehrbar und charakterlos

Als Gesandter geht der Ex-Vizekanzler nach Wien und darf dort den Anschluss Österreichs vorbereiten. Dann wechselt er als Botschafter nach Ankara.
Nach 1945, vor dem Internationalen Kriegsverbrecher-Tribunal in Nürnberg, bezeichnet von Papen sich als Sprecher des *„anderen Deutschlands"* und beteuert seine politische Unschuld.
Mit seinem Verhalten bestätigt er auch später die gegen ihn gerichtete Kritik, der wichtigste Steigbügelhalter Hitlers sei stets unbelehrbar und politisch charakterlos.

Hitler wird Reichskanzler

Mit großem Getöse betritt Adolf Hitler am 30. Januar 1933 als Reichskanzler die politische Bühne. Fackelzüge, Massenaufmärsche – der Aufwand macht deutlich: Niemand soll auf die Idee kommen, es handele sich um einen normalen Regierungswechsel. Zunächst passiert nicht mehr, als dass ein neues Kabinett antritt, in dem die NSDAP den Kanzler und zwei Minister stellt: Wilhelm Frick als Innenminister und Hermann Göring als Minister ohne Geschäftsbereich. Die übrigen Posten besetzt die Deutschnationale Volkspartei (DNVP), Vizekanzler wird Franz von Papen.

Hitler unterschätzt

In dieser Regierung der *„nationalen Konzentration"* sollen Hitler und die Nationalsozialisten gezähmt werden. Den Machthunger Hitlers hat Franz von Papen jedoch unterschätzt. Im Vertrauen auf seinen Einfluss bei Reichspräsident Paul von Hindenburg, bei Wirtschaft und Armee glaubt der Vizekanzler, Hitler unter Kontrolle zu haben. *„Sie irren, wir haben ihn uns engagiert."* Mit solchen Sätzen schlägt von Papen alle Warnungen in den Wind. Doch sein Konzept der Eindämmung scheitert gleich zu Beginn.

„Machtergreifung"

Die künstlich erzeugte *„Druckwelle der Begeisterung"* für Hitler stempelt von Papen und die übrigen Minister zu Randfiguren einer *„historischen Wende"*. Der von den Nationalsozialisten geprägte Begriff *„Machtergreifung"* gibt die Richtung vor: Der Kanzler allein entscheidet. Zwei Tage nach seiner Ernennung zum Reichskanzler löst Hitler den Reichstag auf und schreibt Neuwahlen zum 5. März 1933 aus. Den Wahlkampf nutzt die NSDAP, um ihre Herrschaft abzusichern. Mit Notverordnungen werden die Rechte der Presse, der Parteien und der Beamtenschaft eingeschränkt – ein Vorgeschmack auf das, was NS-Herrschaft bedeutet.

17 30. Januar 1933: Adolf Hitler und Hermann Göring grüßen vom Fenster der Berliner Reichskanzlei aus die vorbeimarschierenden SA-Truppen.

18 Die NSDAP feiert Hitlers „Machtergreifung" mit einem Fackelzug durch das Brandenburger Tor in Berlin.

17

18

Adolf Hitler

21. März 1933: Reichskanzler Adolf Hitler und Reichspräsident Paul von Hindenburg

1889 *Geburt in Braunau am Inn (Oberösterreich)*
1907–1914 *Gelegenheitsarbeiter*
1914–1918 *Teilnahme am Ersten Weltkrieg*
1919 *Beitritt zur Deutschen Arbeiterpartei*
1921 *Führer der NSDAP*
1924 *Verurteilung nach Hitler-Putsch*
1925 *Neugründung der NSDAP*
1933 *Reichskanzler*
1934 *Reichspräsident*
1938 *Oberbefehl über die Wehrmacht*
1945 *Selbstmord in Berlin*

Adolf Hitler wird am 20. April 1889 in Braunau am Inn in Oberösterreich geboren. Er entstammt der dritten Ehe des Zollbediensteten Alois Schickelgruber, der bei einem Ziehvater aufwuchs und wahrscheinlich auf dessen Wunsch den Namen Hitler angenommen hat.

Ohne Fleiß und Ehrgeiz

Adolf Hitler wird als normal begabter Schüler beschrieben, allerdings ohne Fleiß und Ehrgeiz. Er besucht die Realschule und verlässt sie ohne Abschluss. Kunstmaler will er werden. Als die Mutter 1903 nach dem Tod des Vaters mit ihren Kindern nach Linz zieht, lebt Hitler dort ohne rechtes Ziel mehr oder minder in den Tag hinein.
Nach dem Tod der Mutter wechselt er 1907 nach Wien und führt das unstete Leben eines nicht Sesshaften, der die Sommer zumeist auf den Parkbänken und die Winter im Obdachlosenheim verbringt. Sein Versuch, in die Malklasse der Wiener Kunstakademie aufgenommen zu werden, schlägt fehl. Seine Kumpane nennen ihn faul, streitsüchtig und eigenbrötlerisch.

Verqueres Weltbild

Die Wiener Jahre prägen sein verqueres Weltbild, insbesondere seinen Antisemitismus. Hitlers „*Kampfphilosophie*" geht auf Erfahrungen im Männerwohnheim zurück mit seinem brutalen Existenzkampf: Der Schwache unterliegt und ist dem Regiment des Stärkeren ausgeliefert. Dieses Denken ist gekoppelt mit einem Überlegenheitsgefühl, das Feindbilder braucht. Feinde – das sind für Hitler vor allem die Juden.

In München

Seit 1913 lebt Hitler in München. Den Ausbruch des Ersten Weltkriegs 1914 empfindet er als Befreiung. Vier Jahre dient er als Meldegänger, wird zweimal verwundet und mit dem Eisernen Kreuz I. und II. Klasse ausgezeichnet.
Nach dem Krieg steht der 29-jährige Gefreite wieder vor dem Nichts: Er hat keinen Beruf, keine Familie, kein Zuhause. Mit Hass blickt Hitler auf die Revolution von 1918 und die Entstehung der Weimarer Republik.
Bei der Reichswehr erhält er den Posten eines V-Mannes, der politische Versammlungen ausspioniert. Dabei stößt er auf die rechtsextreme Deutsche Arbeiterpartei (DAP). Hitler wird Mitglied und mit seinen Parolen mischt er den Debattierclub auf. Er entwirft ein Parteiprogramm und ändert den Namen in Nationalsozialistische Deutsche Arbeiterpartei (NSDAP).
In seinen Kampfreden prangert Hitler den Versailler Vertrag, die Juden und die Bolschewisten als Hauptverantwortliche für die Misere in Deutschland nach dem Ersten Weltkrieg an.

„Mein Kampf"

Der Putschversuch, den Adolf Hitler am 9. November 1923 in München unternimmt, setzt seiner Parteikarriere ein vorläufiges Ende. Er wird gefasst und zu fünf Jahren Festungshaft verurteilt. Im Prozess schwingt er sich zum Ankläger der Weimarer Republik auf – von keinem Richter gebremst. Im Gefängnis Landsberg am Lech schreibt er den ersten Band seines Buches *„Mein Kampf"*. Darin legt Hitler seine unmenschlichen, antisemitischen und gewaltpolitischen Anschauungen nieder.

Nach Hitlers Entlassung aus der Haft wird 1925 die NSDAP neu gegründet. In den folgenden Jahren bleibt diese Partei eine Splittergruppe ohne große Resonanz.

Das ändert sich erst durch die weltweite Wirtschaftskrise 1928/29. Hitlers Propaganda bietet simple Lösungen für die wirtschaftliche Notlage an. Seine politischen Botschaften von Stärke und Orientierung bewegen die Massen. 1930 ist die NSDAP die zweitgrößte Partei in Deutschland.

NS-Diktatur

Mit Hilfe der Konservativen wird Adolf Hitler am 30. Januar 1933 Reichskanzler. Damit beginnt die zwölf Jahre dauernde NS-Diktatur. Zug um Zug schafft Hitler die Demokratie ab, beseitigt seine politischen Gegner, verantwortet einen beispiellosen Völkermord und treibt Deutschland in eine ruinöse Kriegswirtschaft.

Am Anfang gibt er seinem Regime noch einen zivilen Anstrich. In Wirklichkeit reißt er in einem atemberaubenden Tempo alle Macht an sich. Die NSDAP wird zur alles beherrschenden Partei im NS-Staat.

Um das Ausland zu beruhigen, spricht Hitler von Frieden. Tatsächlich häuft er für einen neuen Krieg gewaltige Arsenale der Zerstörung an, sodass die Bevölkerung nach den Erfahrungen des Ersten Weltkriegs aufbegehren müsste. Sie jubelt ihm jedoch zu. Nicht einmal in den schlimmen Kriegsjahren schaffen es die Deutschen, den Diktator davonzujagen.

Am Ende des von ihm begonnenen Zweiten Weltkriegs hält Hitler sich mit wenigen Getreuen unter einer riesigen Trümmerlandschaft in seinem Bunker in Berlin auf. Dort begeht er gemeinsam mit Eva Braun, die er kurz zuvor geheiratet hat, am 30. April 1945 Selbstmord.

20. März 1945: Hitler begrüßt eine Gruppe von „Hitlerjungen".

Fakten schaffen, Zug um Zug

Die Absicherung seiner Macht betreibt Reichskanzler Adolf Hitler zügig und systematisch. Unter allen Umständen will er das Schicksal seiner beiden Vorgänger Franz von Papen und Kurt von Schleicher vermeiden, die nach kurzer Amtszeit gescheitert sind. Zur Verblüffung seines Koalitionspartners, der Deutschnationalen Volkspartei (DNVP), schafft er Zug um Zug Fakten, die nur ein Ziel verfolgen: Seine Machtbasis zu sichern. Dabei nutzt Hitler die demokratischen Spielregeln, um sie danach abzuschaffen.

19 21. März 1933: Staatsakt in der Potsdamer Garnisonskirche anlässlich der Eröffnung des Reichstags. Am Rednerpult steht Adolf Hitler.

19

Der Reichstag brennt

Auf dem Weg in die Diktatur spielt Hitler ein Ereignis in die Hände, das die Gemüter heftig bewegt: Der Reichstagsbrand am 27. Februar 1933. Auf viele wirkt die rauchgeschwärzte Ruine des Reichstags wie ein Symbol für den Untergang der Weimarer Republik.
Vor Ort im Reichstagsgebäude wird der Niederländer Marinus van der Lubbe als Brandstifter festgenommen. Der Maurer ist nach Wanderungen quer durch Europa im Februar 1933 in Berlin eingetroffen. Dort beschließt er, als Zeichen des Widerstandes gegen den Nationalsozialismus den Reichstag in Brand zu stecken. Marinus van der Lubbe wird vom Reichsgericht in Leipzig im Dezember 1933 angeklagt, zum Tode verurteilt und kurz darauf hingerichtet.
Die Nationalsozialisten sprechen von einem *„bolschewistischen Terrorakt"* und nehmen den Reichstagsbrand als Vorwand, politische Gegner auszuschalten. Abgeordnete und Funktionäre der KPD werden verhaftet, kommunistische und sozialdemokratische Zeitungen verboten.

Notverordnung

Einen Tag nach dem Reichstagsbrand wird eine Notverordnung des Reichpräsidenten Hindenburg *„zum Schutz von Volk und Staat"* erlassen. Die so genannte *Reichstagsbrandverordnung* beschränkt wesentliche Grundrechte oder hebt sie auf; sie ermöglicht willkürliche Schutzhaft – die Verhaftung auf unbestimmte Zeit ohne richterliche Kontrolle –, erlaubt Eingriffe der Reichsregierung in Landesangelegenheiten und begründet den Ausnahmestand, der zur Grundlage des Dritten Reichs wird, obwohl die Weimarer Verfassung formal weiter gilt.

Terror und Prunk

Schon bevor die Verordnung in Kraft tritt, werden tausende von NS-Gegnern in Polizeikeller, Gefängnisse und Lager verschleppt, brutalen Verhören unterzogen und nicht selten zu Tode geprügelt.
In einem Klima des Terrors wird am 5. März 1933 der Reichstag neu gewählt. Trotz der massiven Behinderung anderer Parteien erreichen NSDAP und DNVP nur knapp die absolute Mehrheit.
Auch wenn das Parlament bald jede Bedeutung verliert, die Eröffnung des neuen Reichstags soll vor einer prunkvollen Kulisse stattfinden. Weil das Reichstagsgebäude nicht zur Verfügung steht, wird für den Staatsakt die Garnisonskirche von Potsdam bestimmt. Tagelang versucht der kurz zuvor zum Minister für Volksaufklärung und Propaganda ernannte Joseph Goebbels, die Plattform für eine neue Hitler-Inszenierung zu schaffen. „*Der Rundfunk wird für ganz Deutschland eingeschaltet*", vermerkt Goebbels in seinem Tagebuch. „*Die Nation muss an diesem Tag teilnehmen. Ich arbeite das Programm bis tief in die Nacht hinein in allen Einzelheiten durch, rufe in einem kurzen Aufruf die Nation zur Teilnahme auf und tue alles, um diesen feierlichen Staatsakt unverlöschlich in das Gedächtnis der lebenden Nation einzuprägen.*"
Der „*Tag von Potsdam*" verläuft dann nicht ganz so, wie Goebbels es sich ausgedacht hat. Denn nicht Hitler steht im Mittelpunkt, sondern Reichspräsident Paul von Hindenburg.
Nach dem Staatsakt in der Garnisonskirche nimmt Hindenburg eine Militärparade ab. An einer Tribüne, die eigens neben der Kirche errichtet worden ist, marschieren die Eliteformationen der Reichswehr vorbei, gefolgt von Formationen der SA, der Schutzpolizei und der „*nationalen Verbände*". An diesem Schauspiel preußischen Militärgeistes nimmt die Menge begeistert Anteil. Die Polizei kann die Zuschauer kaum davon abhalten, die Tribüne zu stürmen.
Wem die Sympathie des Volkes an diesem Tag gilt, wird überdeutlich. Mit Hindenburg entfaltet die preußische Tradition noch einmal ihre alte Pracht. Es ist das letzte Mal, denn danach übernehmen die Nationalsozialisten die Regie.

20 27. Februar 1933: Rauchschwaden über der Kuppel des brennenden Reichstags

20

Joseph Goebbels

Joseph Goebbels und seine Frau Magda, 1937

1897 *Geburt in Rheydt*
1925 *Mitgliedschaft in der NSDAP*
1926 *Gauleiter von Berlin-Brandenburg*
1929 *Reichspropagandaleiter der NSDAP*
1931 *Heirat mit Magda Quandt*
1933 *Reichsminister für Volksaufklärung und Propaganda; Chef der Kulturkammer*
1944 *Reichsbevollmächtigter für den totalen Kriegseinsatz*
1945 *Ermordung der Kinder und Selbstmord*

„Unser kleiner Doktor" wird Dr. Joseph Goebbels gelegentlich genannt. Der Sohn einer katholischen Arbeiterfamilie aus Rheydt im Rheinland ist von Statur eher schmächtig und unscheinbar. Zudem hat er seit der Kindheit wegen einer Knochenmarksentzündung einen verkrüppelten Fuß. Da seine äußere Erscheinung so gar nicht zum NS-Ideal eines hoch gewachsenen, blonden Germanen passt, nennt der Volksmund ihn abschätzig *„Schrumpfgermane"*.
Manche erklären seine grenzenlose Loyalität zu Hitler und seinen Fanatismus mit dieser Behinderung, die er durch Übereifer ausgleichen wollte. Jedenfalls schwankt er nicht in seiner Gefolgschaft und am Ende ist Goebbels der Einzige aus der NS-Führung, der noch zu Hitler hält.
Am Anfang steht er allerdings zunächst auf der Gegenseite. Nach seinem Eintritt in die NSDAP gehört Goebbels zu den Gefolgsleuten von Gregor Straßer, der den linken Parteiflügel anführt, sich proletarisch und antikapitalistisch gebärdet.

„Ich bin der Radikalste"

In dieser Zeit schwärmt Goebbels von der Revolution. *„Ich bin der Radikalste. Vom neuen Typ. Der Mensch als Revolutionär."* So steht es in seinem Tagebuch, dem er in den folgenden Jahren alles und jedes anvertraut, Alltägliches, Politisches, auch die wechselnden Liebschaften – wohl in der Hoffnung, die Nachwelt werde ihn so sehen wie er sich selbst, und zwar als ein Genie.

Seine Gegnerschaft zu den *„Münchnern"* geht so weit, dass er verlangt haben soll, den *„Bourgeois Adolf Hitler"* aus der NSDAP auszuschließen. Doch 1926 wechselt Goebbels die ideologische Front und wird zum Hitler-Fan; er hat gemerkt, dass dieser über die stärkeren Bataillone verfügt. Fortan spricht der „kleine Doktor" in höchsten Tönen von Hitler, den er als ein *„Genie"* und einen neuen *„Christus"* feiert.

„Bandit von Berlin"

Der so Gepriesene revanchiert sich.
Im Herbst 1926 ernennt Hitler seinen Bewunderer zum Gauleiter von Berlin *„mit besonderen Vollmachten"*. Was damit gemeint ist, bekommen die Berliner schon bald zu spüren. Goebbels inszeniert Krawalle, Schießereien und Saalschlachten. Tote kalkuliert er mit ein, um die Opfer – soweit sie zur SA oder NSDAP gehören – anschließend als Helden feiern zu können. Zum Beispiel stilisiert er Horst Wessel, einen SA-Mann, der bei einem Eifersuchtsdrama getötet wird, zum Märtyrer der NS-Bewegung.
„Bandit von Berlin" wird der Gauleiter Goebbels genannt. Auf einen wie ihn will Hitler nicht verzichten. Im März 1933 steigt Goebbels zum Reichsminister für Volksaufklärung und Propaganda und zum Chef der Kulturkammer auf. Damit beherrscht er das gesamte kulturelle Leben und die Medien in Deutschland. In der neuen Rolle wird Goebbels, der sich früher manchmal abfällig über den Antisemitismus äußerte, zum geifernden Judenhasser.

Judenhasser

Seine zynischen Reden verwandeln sich gleichsam in Knüppel und Pistolen und heizen die Pogromstimmung in Deutschland erst richtig an, insbesondere vor den Novemberpogromen von 1938. Außerdem verbannt er systematisch jüdische Künstler aus dem deutschen Kulturleben und treibt sie ins Exil.

„Auserwählt"

Goebbels' Instinkt für öffentlichkeitswirksame Aktionen – und mögen diese noch so verlogen sein – wird in der Partei bewundert. Der Aufstieg Hitlers zum *„Erlöser"* ist sein Werk. In der Zeitung *„Angriff"*, die er als Gauleiter von Berlin gegründet hat, schreibt Goebbels: *„Wenn Hitler spricht, dann bricht vor der magischen Wirkung seines Wortes aller Widerstand zusammen. Man kann nur sein Freund oder sein Feind sein … Erkennen mögen viele, organisieren noch mehr, aber aus einer schicksalhaften Erkenntnis durch die Gewalt des Wortes politische Zukunftswerte aufzubauen, das kann heute in Deutschland nur er. Viele sind berufen, aber nur wenige auserwählt."*

Im Krieg, als sich das Blatt längst gegen Deutschland gewendet hat und Hitler sich kaum noch in der Öffentlichkeit blicken lässt, ist es Goebbels, der vor die Bevölkerung tritt, die Massen zum Durchhalten aufpeitscht und die Menschen, die schon so viel gelitten haben, in den Opfertod drängt. Der Agitator wird zum Opfer des eigenen Größenwahns. Wenige Stunden nach dem Selbstmord Hitlers im Führerbunker vergiften Goebbels und seine Frau Magda ihre sechs Kinder und töten dann sich selbst. Goebbels letzte Niederschrift vor seinem Tod ist der *„Zusatz zum Testament Adolf Hitlers"*: *„Der Führer hat mir den Befehl gegeben, im Falle des Zusammenbruchs der Verteidigung der Reichshauptstadt Berlin zu verlassen und als führendes Mitglied an einer von ihm ernannten Regierung teilzunehmen. Zum ersten Mal in meinem Leben muss ich mich kategorisch weigern, einem Befehl des Führers Folge zu leisten. Meine Frau und meine Kinder schließen sich dieser Weigerung an."*

18. Februar 1943: Propagandaminister Goebbels ruft in einer Rede im Berliner Sportpalast den „totalen Krieg" aus: Das bedeutet die Mobilisierung aller materiellen und personellen Kräfte zur Sicherung des „Endsiegs".

Alfred Hugenberg

Alfred Hugenberg, 1925

1865 *Geburt in Hannover*
1883–1888 *Jurastudium*
1909–1918 *Vorsitzender des Direktoriums der Friedrich Krupp AG*
1916–1920 *Aufbau des Hugenberg-Konzerns*
1918 *Beitritt zur Deutschnationalen Volkspartei*
1933 *Minister im Kabinett Hitler*
1946–1951 *Britische Internierung*
1951 *Tod in Kükenbruch*

Von Geld versteht Alfred Hugenberg etwas. In den 1920er-Jahren kauft sich der Finanzfachmann und frühere Krupp-Direktor ein Verlagsimperium zusammen. Nachrichtenagenturen, Verlage, Zeitungen und Filmgesellschaften wie die *Universum Film AG (Ufa)* gehören dazu. Es ist der erste Multi-Medienkonzern in Deutschland.

Gleichzeitig fühlt sich der 1865 in Hannover geborene Hugenberg zur Politik berufen. Er zählt zu den Mitbegründern des *Alldeutschen Verbandes* – ein politischer Club, der im 19. Jahrhundert einen übersteigerten Nationalismus vertritt und judenfeindlich eingestellt ist.

Antidemokratische Front

Nach dem Ende des Kaiserreichs steht Alfred Hugenberg mit an der Spitze der antidemokratischen Kräfte. In der Nationalversammlung beschimpft er als Abgeordneter der Deutschnationalen Volkspartei (DNVP) die Regierung der Weimarer Republik. In einer hysterischen Polemik wirft Hugenberg am 9. Dezember 1919 Finanzminister Matthias Erzberger vor, *„das deutsche Volk an die Kette internationaler Wirtschaftssklaverei"* legen zu wollen.

Die Debatte dreht sich um die Wiedergutmachung von Kriegsschäden und Rüstungsbegrenzung. Mit seiner Attacke löst Hugenberg einen Tumult aus, aber er gibt nicht nach: *„Ich habe Herrn Erzberger seit langem für einen Landesverräter gehalten."*

Politische Morde

Solche Angriffe schaffen das Klima für politische Morde, denen auch Erzberger zum Opfer fällt. Hugenberg, seit 1928 Vorsitzender der DNVP, nutzt seinen Pressekonzern, um Anhänger der Demokratie zu beleidigen und die nationalsozialistischen Parolen zu verbreiten.

Mit der NSDAP, dem Frontkämpferbund *Stahlhelm* und anderen Gruppen gründet Hugenberg 1931 die *Harzburger Front*, die sich gegen die Weimarer Republik richtet. Sein Ziel ist die Errichtung eines autoritären Regimes.

Den Höhepunkt seiner Karriere erreicht Hugenberg am 30. Januar 1933 mit seinem Eintritt in die Regierung Hitler. Der Reichskanzler macht ihn zum Doppelminister für Wirtschaft und Ernährung. Doch es dauert nicht lange, bis er seinen Rücktritt erklären muss. Wie Vizekanzler Franz von Papen wird auch er kalt abserviert. Die DNVP wird aufgelöst bzw. schließt sich der NSDAP an, die sich auch des Hugenberg-Konzerns bemächtigt. Hugenberg bleibt ohne jeglichen politischen Einfluss, auch wenn er bis 1945 als Gast der NSDAP Mitglied des Reichstags bleibt.

Die NS-Diktatur festigt ihre Macht

„Noch niemals, seit es einen Deutschen Reichstag gibt, ist die Kontrolle der öffentlichen Angelegenheit durch die gewählten Vertreter des Volkes in einem solchen Maße ausgeschaltet worden, wie es … durch das neue Ermächtigungsgesetz … geschehen soll.“

SPD-Vorsitzender Otto Wels, 23. März 1933

Hitler spricht vor dem Reichstag.

Deutschland – ein Polizeistaat

Die 1919 von vielen Hoffnungen begleitete Weimarer Republik geht im Frühjahr 1933 unweigerlich zu Ende. Es sind mangelndes Demokratiebewusstsein, fehlende Kompromissbereitschaft, auch unter den linken Parteien, und schließlich die Weltwirtschaftskrise, die der NSDAP ungeheuren Auftrieb geben. Am Ende dann die verhängnisvolle Fehleinschätzung der deutschnationalen und reaktionären Kräfte, die glauben, Hitler am besten dadurch eindämmen zu können, dass sie ihn zum Kanzler machen.

Abschaffung des Rechtsstaates

Kaum ist Adolf Hitler Reichskanzler, beginnt die NSDAP mit hohem Tempo, die Diktatur auf allen Ebenen zu verankern. Der Rechtsstaat, der die Freiheit des Bürgers sichert, die Grundrechte verbürgt und freie Wahlen garantiert, wird mit Füßen getreten. Wichtige Rechtsprinzipien, wie „Keine Strafe ohne Gesetz", gelten plötzlich nicht mehr. So wird z. B. das als *Lex van der Lubbe* bezeichnete *Gesetz über Verhängung und Vollzug der Todesstrafe* kurzerhand rückwirkend angewandt. Auf dieser Grundlage wird der Hauptangeklagte im Reichstagsbrandprozess, Marinus van der Lubbe, für die Brandstiftung zum Tode verurteilt.
Eine ganze Serie neuer Verordnungen und Gesetze bedroht nun jeden, der sich dem Regime in den Weg stellt, mit harten Strafen und sogar mit dem Tod. Deutschland, das „Land der Dichter und Denker", verwandelt sich in einen Polizeistaat mit Folterkellern und Konzentrationslagern.

Sondergesetze

Zentrale Grundrechte sind außer Kraft: das Recht auf persönliche Freiheit, die Presse-, Vereins- und Versammlungsfreiheit, das Brief- und Fernmeldegeheimnis sowie die Unverletzlichkeit der Wohnung. Kritik an Hitler und der NSDAP ist ver-

21

21 Bernhard Kuhnt, ehemaliger Präsident der „Sozialistischen Republik Oldenburg-Ostfriesland" (1918/19) und SPD-Vorsitzender von Chemnitz, wird am 9. März 1933 durch die SA verhaftet und öffentlich gedemütigt. Gemeinsam mit anderen politischen Gefangenen muss er antinationalsozialistische Parolen von Wänden entfernen.

boten und steht unter Strafe. Entsprechende Delikte werden vor Sondergerichten verhandelt.

Das Ermächtigungsgesetz

Das *Gesetz zur Behebung der Not von Volk und Staat* vom 24. März 1933 markiert am deutlichsten das Ende der Weimarer Demokratie. Die Regierung kann jetzt ohne Zustimmung von Reichstag und Reichspräsident Gesetze erlassen und Verträge abschließen. Die für das Gesetz erforderliche Mehrheit im Reichstag kommt unter massivem Druck zustande: Bewaffnete SA- und SS-Männer sind im Saal. Lediglich die SPD stimmt dagegen. Abgeordnete der KPD können nicht mehr an der Abstimmung teilnehmen.

Das Berufsbeamtengesetz

Das *Gesetz zur Wiederherstellung des Berufsbeamtentums* vom 7. April 1933 ermöglicht die Entlassung von unliebsamen Beamten, von Sozialdemokraten und Kommunisten. Es soll einen der NSDAP hörigen Beamtenapparat sichern. Mit Hilfe des *Arierparagrafen* werden Juden aus dem öffentlichen Dienst, aus Organisationen und Vereinen entfernt.

Gleichschaltung

Das *Zweite Gesetz zur Gleichschaltung der Länder mit dem Reich* vom 7. April 1933 erlaubt der Reichsregierung den direkten Zugriff auf Länder-, Kreis- und kommunaler Ebene: Sie kann Minister, Beamte und Abgeordnete in den Ländern ernennen. NSDAP-Mitglieder besetzen die Posten. Wirtschaftliche, soziale und kulturelle Organisationen werden in NS-Organisationen überführt: Am 10. Mai 1933 werden die aufgelösten freien Gewerkschaften in die Deutsche Arbeitsfront (DAF) zusammengefasst, in der alle *„schaffenden Deutschen"* zwangsorganisiert werden. Deutschland wird zum Einparteienstaat.

23

22

Reichsgesetzblatt

Teil I

1933 | Ausgegeben zu Berlin, den 7. April 1933 | Nr. 34

Inhalt: Gesetz zur Wiederherstellung des Berufsbeamtentums. Vom 7. April 1933 .... S. 175

Gesetz zur Wiederherstellung des Berufsbeamtentums. Vom 7. April 1933.

Die Reichsregierung hat das folgende Gesetz beschlossen, das hiermit verkündet wird:

§ 1

(1) Zur Wiederherstellung eines nationalen Berufsbeamtentums und zur Vereinfachung der Verwaltung können Beamte nach Maßgabe der folgenden Bestimmungen aus dem Amt entlassen werden, auch wenn die nach dem geltenden Recht hierfür erforderlichen Voraussetzungen nicht vorliegen.

(2) Als Beamte im Sinne dieses Gesetzes gelten unmittelbare und mittelbare Beamte des Reichs, des jeweiligen Grundgehalts der von ihnen zuletzt bekleideten Stelle bewilligt werden; eine Nachversicherung nach Maßgabe der reichsgesetzlichen Sozialversicherung findet nicht statt.

(4) Die Vorschriften der Abs. 2 und 3 finden auf Personen der im Abs. 1 bezeichneten Art, die bereits vor dem Inkrafttreten dieses Gesetzes in den Ruhestand getreten sind, entsprechende Anwendung.

§ 3

(1) Beamte, die nicht arischer Abstammung sind, sind in den Ruhestand (§§ 8 ff.) zu versetzen; soweit es sich um Ehrenbeamte handelt, sind sie aus dem Amtsverhältnis zu entlassen.

22 17. April 1933: Im „Reichsgesetzblatt" wird das Gesetz zur Wiederherstellung des Berufsbeamtentums verkündet. Der „Arierparagraf" formuliert Bestimmungen zur Ausschaltung von nicht Ariern aus dem Beamtentum und wird zur Grundlage weiterer Ausgrenzungen aus anderen Berufszweigen, Verbänden und Organisationen.

23 Otto Wels, Vorsitzender der SPD und Abgeordneter im Reichstag

Die erste Terrorwelle

24 10. Mai 1933: Fanatisierte Studenten werfen die Bücher von Heinrich und Thomas Mann, Erich Kästner und Kurt Tucholsky und anderen auf Scheiterhaufen.

25 Gewerkschaftshäuser werden von der SA gewaltsam besetzt.

Im Mai 1933 lädt das Preußische Staatsministerium Pressevertreter in das Konzentrationslager (KZ) Sonnenburg ein. Die Behörde möchte Berichten entgegentreten, wonach in dem ehemaligen Zuchthaus unweit der Kleinstadt Küstrin prominente Häftlinge misshandelt und gefoltert würden. In dem KZ sind der Schriftsteller Erich Mühsam, der Rechtsanwalt Hans Achim Litten, der Publizist Carl von Ossietzky sowie Abgeordnete von KPD und SPD inhaftiert. Die Reporter bekommen adrett gekleidete Gefangene und saubere Zellen zu sehen und berichten entsprechend.

24

25

Verquollene Köpfe

Im Herbst 1933 reist Rudolf Diels, Chef der Geheimen Staatspolizei (Gestapo), persönlich nach Sonnenburg, weil die Beschwerden von Anwohnern über die Schreie der Gefolterten nicht aufhören. Diels, der später auf Distanz zum NS-Regime geht, berichtet nach dem Krieg: *„Der Anblick der Gefangenen war schlechthin unbeschreiblich. Es waren Gestalten wie aus einem Spuk oder einem dämonischen Traum. Aus den zerbeulten und zerfetzten Kleidern ragten verquollene Köpfe heraus wie Kürbisse, gelb, grün und bläulich angelaufene Gesichter …“*
Sonnenburg ist eines der wichtigsten Konzentrationslager in der Anfangsphase des Dritten Reichs. Insgesamt entstehen in dieser Zeit mindestens 80 Konzentrationslager, darunter Dachau, Esterwegen bei Papenburg und Oranienburg.
Hinter Mauern und Stacheldraht wüten in diesen Lagern Schutzstaffel (SS) und Sturmabteilungen (SA) – zwei bedeutende Parteiformationen der NSDAP.
Wie Kettenhunde gehen sie auf wehrlose Gefangene los, erniedrigen und quälen sie. Vor allem haben die Aufseher es auf so genannte „*Bonzen*“ abgesehen – das sind Häftlinge, die in der Weimarer Republik öffentliche Ämter bekleideten.
Diese erste Terrorwelle wird zu einer Orgie der Gewalt. Das Regime gibt seinen blutigen Einstand.

Carl von Ossietzky

„Moorsoldaten" werden sie genannt – die Häftlinge in den Emslandlagern entlang der holländischen Grenze. Morgens ziehen sie los, den Spaten geschultert, um Gräben anzulegen und Sandberge zu bewegen. Einer der Moorsoldaten ist ab Frühjahr 1933 Carl von Ossietzky, Publizist, zuletzt Herausgeber der politischen Wochenschrift *„Die Weltbühne"*.

Geistige Versumpfung

Der Journalist und Schriftsteller Carl von Ossietzky, 1889 in Hamburg geboren, beteiligt sich nach dem Ersten Weltkrieg aktiv an der Friedensbewegung. Den aufkommenden Nationalsozialismus bekämpft er so mutig und unerschrocken wie kaum ein anderer. Am 20. Januar 1931 heißt es in der *„Weltbühne"* über Adolf Hitler: *„Wie groß muss die geistige Versumpfung eines Volkes sein, das in diesem albernen Poltron einen Führer sieht, also eine Persönlichkeit, der nachzueifern wäre."* Ossietzky deckt die heimliche Aufrüstung der Reichswehr auf und wird 1931 in Leipzig wegen Landesverrats zu 18 Monaten Gefängnis verurteilt. Er kritisiert das Versagen der Linken und *„die Feigheit des parlamentarischen Regimes, das niemals gewagt hat, eines zu sein."*

Nach Esterwegen

Nach der Machtübernahme der Nationalsozialisten wird von Ossietzky geraten, Deutschland zu verlassen. Dies lehnt er ab. Am 28. Februar 1933, einen Tag nach dem Reichstagsbrand, wird Carl von Ossietzky wie tausende von anderen Intellektuellen verhaftet und erst in das KZ Sonnenburg, dann nach Esterwegen bei Papenburg verschleppt.
Der Häftling mit der Nummer 562 ist der schweren körperlichen Arbeit nicht gewachsen, erst recht nicht den Schikanen und Schlägen seiner SS-Bewacher. Ossietzky, mit der Frauenrechtlerin Maud Hester Lichfield-Woods verheiratet, wird körperlich zugrunde gerichtet. Eine internationale Kampagne zur Vergabe des Friedensnobelpreises an den Häftling bewahrt ihn zunächst vor dem sicheren Tod. Persönlichkeiten wie Thomas Mann und Albert Einstein setzen sich für ihn ein. In Berlin wird seine Freilassung verfügt. Der Gefangene soll nicht in Esterwegen sterben.

Friedensnobelpreis

1936 wird Carl von Ossietzky in Oslo rückwirkend für 1935 der Friedensnobelpreis zuerkannt. Die hohe Auszeichung darf er selber nicht entgegennehmen. Aus Esterwegen nach Berlin zurückgekehrt, steht der Publizist ständig unter Hausarrest. Ossietzky ist zu diesem Zeitpunkt ein todkranker Mann. Im Mai 1938 erliegt er den schweren Folgen der Haft.

Carl von Ossietzky als KZ-Häftling 562

1889 *Geburt in Hamburg*
1916–1918 *Teilnahme am Ersten Weltkrieg*
1922–1924 *Redakteur der „Volks-Zeitung"*
1927 *Herausgeber der „Weltbühne"*
1933–1936 *KZ Sonnenburg und Esterwegen*
1935 *Friedensnobelpreis*
1938 *Tod in Berlin*

Die Bitterkeit des Exils

26

27

28

26 Albert Einstein

27 Willy Brandt, um 1934/36

28 Marianne Loring, die Tochter des SPD-Politikers Friedrich Stampfer, ging mit ihrem Vater ins Exil.

Was Schutzhaft bedeutet, spricht sich bald herum. Auch wenn das NS-Regime vor allem am Anfang darauf achtet, nach außen nicht als unzivilisiert und barbarisch zu erscheinen – einiges von den Misshandlungen in den KZ dringt doch nach draußen. Das genügt, um eine Massenbewegung zu verstärken, die schon vor dem 30. Januar 1933 begonnen hat. Panikartig ergreifen Gegner der Nationalsozialisten die Flucht.

Massenflucht

Im Frühjahr 1933 sind es 30 000 bis 40 000, die Deutschland verlassen, vor allem Funktionäre und Aktivisten linker Parteien, Gewerkschafter und Persönlichkeiten des öffentlichen Lebens in der Weimarer Republik. Außerdem kehren Schriftsteller, Publizisten, Verleger, Wissenschaftler und Künstler ihrem Land den Rücken. Ende 1933 haben bereits 65 000 Deutsche ihre Heimat aus politischen Gründen verlassen.

Die meisten Flüchtlinge denken zunächst nicht an eine Emigration auf Dauer. Sie glauben, die „*Hitlerei*“ werde spätestens nach einigen Monaten vorbei sein. Deswegen steuern die NS-Gegner auf ihrer Flucht vor allem Nachbarstaaten an – Frankreich in erster Linie, ferner die Tschechoslowakei. In Prag richtet der SPD-Vorstand eine neue Parteizentrale ein. Auch Belgien, die Niederlande, die Schweiz und skandinavische Länder nehmen Deutsche auf. Willy Brandt etwa, Mitglied der Sozialistischen Arbeiterpartei (SAPD) und führend in ihrer Jugendorganisation, gelangt über Kopenhagen nach Oslo.

Für Juden besteht noch ein legales Auswanderungsverfahren. Allerdings wird ihre Emigration dadurch erschwert, dass der NS-Staat durch eine Reichsfluchtsteuer und andere Schikanen ihr Vermögen weitgehend kassiert.

Exodus der Geisteselite

Die Vertreibung jüdischer und nicht jüdischer Intellektueller bedeutet einen nicht wieder gutzumachenden Verlust.

Insgesamt werden etwa 3000 Hochschullehrer in die Emigration gezwungen. Der Exodus der Geisteselite erreicht ein solches Ausmaß, dass Deutschland sich auf Jahrzehnte davon nicht mehr erholen wird. Schriftsteller wie Thomas, Heinrich und Klaus Mann, Anna Seghers, Bertolt Brecht, Lion Feuchtwanger und Joseph Roth lassen alles zurück, was letztlich Voraussetzung zum Schreiben ist: Haus und Heimat, Freunde und Verwandte, Verleger und Leser, Sprachraum und Kultur.

Einige verstummen

Ob Künstler oder Wissenschaftler – viele Emigranten stehen zunächst vor dem Nichts. Nur unter schwierigsten Bedingungen können sie ihr Werk fortsetzen. Einige verstummen in der Bitterkeit des Exils: Kurt Tucholsky, Publizist, setzt in tiefer Depression in Schweden seinem Leben ein Ende. Ernst Toller, Schriftsteller, Pazifist, Funktionär der bayerischen Räterepublik, begeht in New York Selbstmord. Stefan Zweig, Übersetzer und Schriftsteller, entscheidet sich im brasilianischen Exil gemeinsam mit seiner Frau für den Freitod.

In Deutschland geblieben

Während die Autoren, deren Werke im Mai 1933 bei der so genannten *„Bücherverbrennung"* auf dem Scheiterhaufen landen, ins Ausland flüchten, versuchen andere Schriftsteller, in Deutschland zu *„überwintern"*. Die Möglichkeiten dazu bleiben begrenzt. Wer sich anpasst und bei Joseph Goebbels, dem Chef der Reichskulturkammer, nicht aneckt, hat natürlich keine Probleme. Über die Reichskulturkammer übt Goebbels die zentrale Kontrolle über das gesamte Kulturleben aus.

Doppelleben

Einige Schriftsteller kommen dem Regime weit entgegen, die meisten suchen eine Art Mittelweg. Sie führen wie Gottfried Benn ein *„Doppelleben"* zwischen Anpassung und *„innerer Emigration"*. Andere suchen Nischen, in denen sie die *„Kunst des Schreibens zwischen den Zeilen"* pflegen oder überwiegend unpolitische Texte verfassen. Autoren wie Werner Bergengruen, Erich Kästner, Günter Eich, Peter Huchel und Axel Eggebrecht wählen diesen Weg und bleiben unbehelligt.

Karrieren

In den Theatern – die Regisseure Max Reinhardt und Erwin Piscator z. B. verlassen Deutschland – klafft ebenfalls eine gewaltige Lücke. Wie andere auch, versucht der Schauspieler und Regisseur Gustaf Gründgens, sie zu füllen. 1936 wird er Generalintendant des preußischen Staatsschauspiels. Dass es möglich ist, künstlerisch seinen Weg zu gehen, ohne sich zu verbiegen, zeigt der Werdegang von Schauspielern wie Bernhard Minetti, Marianne Hoppe, Will Quadflieg und Lina Carstens. Sie konzentrieren sich auf ihre Kunst, ohne sich dem Regime anzubiedern oder sich vereinnahmen zu lassen. Hans Albers, Heinz Rühmann und Marika Rökk nutzen in den 1930er-Jahren ihre Chancen beim Film und werden zu Publikumslieblingen. Allerdings machen einige der Künstler fragwürdige Zugeständnisse, auch privat. Heinz Rühmann lässt sich beispielsweise 1933 von seiner jüdischen Frau scheiden.
Die meisten der Künstler, die in Deutschland geblieben sind, können nach dem Krieg ihre Karrieren fortsetzen.

29 Hans Albers, 1933

30 Heinz Rühmann, 1933

31 Marika Rökk, 1935

32 Gustaf Gründgens, 1935

29

30

31

32

Röhm-„Putsch"

33

Extra-Blatt

Oberbayer. Gebirgsbote, Holzkirchen · Miesbacher Anz., Miesbach · Tegernseer Ztg., Tegernsee, Aiblinger Ztg., Bad Aibling · Rosenheimer Tagbl., Rosenheim · Kolbermoorer Volksblatt, Kolbermoor · Chiemgau-Ztg., Prien · Tölzer Ztg., Bad Tölz · Wolfratshauser Tagbl., Wolfratshausen, Wasserburger Anzeiger, Wasserburg a. I. · Grafinger Zeitung, Grafing.

Röhm verhaftet und abgesetzt

Röhm aus Partei und S.A. ausgeschlossen

Aufruf des neuen Stabschefs

Der Führer an den neuen Stabschef

Befehl des Obersten S.A.-Führers Adolf Hitler

Folgende sieben Verräter wurden bereits erschossen:

Auf dem Weg zur totalen Diktatur gibt es für Adolf Hitler ein Hindernis, dem er sich nur zögerlich nähert. Sein enger Weggefährte Ernst Röhm, Stabschef der SA, drängt auf eine Teilhabe an der Macht. Röhm träumt von einer *„zweiten Revolution"*. Er und seine Schlägertruppe warten auf eine Anerkennung ihres Beitrags zum Sieg der NSDAP. Die SA hatte die Anhänger der Weimarer Republik jahrelang brutal verfolgt. Im Sommer 1934 ist die Zahl ihrer Mitglieder auf 4,5 Millionen angewachsen – eine beachtliche Streitmacht ist entstanden. Die SA als Milizarmee und Elitetruppe unter Einbeziehung der Reichswehr – das sind Ernst Röhms Vorstellungen. Doch Hitler braucht die SA nicht mehr. Seine Kriegspläne soll die Reichswehr umsetzen. Eine Rede von Vizekanzler Franz von Papen gibt Hitler den letzten Anstoß zum Schlag gegen die SA: Am 17. Juni 1934 kritisiert von Papen die Forderungen der SA und warnt vor einem Vertrauensverlust der Regierung.

Mordserie

Am 30. Juni kommt eine Mordserie in Gang, bei der mindestens 85 SA-Führer und konservative Regimegegner getötet werden. Das blutige Geschäft übernimmt die SS, die bis dahin der SA unterstellt war und jetzt selbstständig wird. Im Zuge der Aktion erklärt sich Hitler zum Obersten Gerichtsherrn des deutschen Volkes. Die Morde lässt er am 3. Juli per Gesetz rückwirkend als *„Staatsnotwehr"* für rechtens erklären. Rechtsstaat und Gewaltenteilung sind nun endgültig abgeschafft.

34

33 30. Juni 1934: Extrablatt zur Röhm-Affäre: „Röhm verhaftet und abgesetzt" – „Röhm aus Partei und S.A. ausgeschlossen". Das Extrablatt enthält die Namen der ermordeten SA-Führer.

34 Ernst Röhm (rechts), Heinrich Himmler (Mitte) und Kurt Daluege (links) bei einem SS-Appell, 1933

Ernst Röhm

Von der Uniform kann Ernst Röhm zeit seines Lebens nicht lassen. Dieser kleine, dickliche Mann mit dem von einer Kriegsverwundung gezeichneten Gesicht ist ein Landsknechtstyp – draufgängerisch, brutal, ohne Gewissen.
„Da ich ein unreifer und schlechter Mensch bin, sagt mir der Krieg und die Unruhe eben mehr zu als die brave bürgerliche Ordnung", sagt Röhm über sich selbst.
Unmittelbar nach Kriegsende wird Röhm Stabschef der Stadtkommandantur München. Illegal beschafft er für Freikorpsverbände Waffen, die durch den Versailler Vertrag verboten sind. Röhm tritt in die Deutsche Arbeiterpartei, die spätere NSDAP, ein. Er spielt eine wichtige Rolle beim Aufbau der Partei und wird 1924 von Hitler mit der Neuorganisation der Sturmabteilung (SA) beauftragt.

Nach Bolivien

Meinungsverschiedenheiten mit Hitler über die Rolle der SA in der NSDAP nimmt Röhm zum Anlass, sich nach Bolivien abzusetzen. Dort bildet er Soldaten aus.
Als ihn Hitler 1930 zurückruft, folgt ihm der ehemalige Kompanieführer unverzüglich. Auf ihn wartet der Posten des Stabschefs der SA. Hitler und Röhm sind 1931 noch aufeinander angewiesen: Der eine setzt auf den Terror der Braunhemden beim Aufstieg zur Macht. Der andere hofft auf eine schlagkräftige Miliz als Grundlage eigener Macht.

Ohne Geschäftsbereich

1933 überlässt Hitler seinem alten Weggefährten allerdings nur einen Ministerposten ohne Geschäftsbereich. Röhm hat mehr erwartet und ist enttäuscht. Offen vertritt er seinen Machtanspruch. Er sucht Einfluss auf die Wehrpolitik und erhöht die Schlagkraft der SA.
Die wachsende Gegnerschaft innerhalb der NSDAP, die Röhm durch seine Forderungen nach mehr Macht heraufbeschwört, erkennt er nicht, auch nicht die heraufziehende Gefahr aus den eigenen Reihen. Hinzu kommen Gerüchte über einen bevorstehenden Putsch der SA.

Ahnungslos

Ahnungslos schickt Röhm im Frühsommer 1934 die meisten SA-Einheiten in den Urlaub. Für den 30. Juni – inzwischen sind alle Vorbereitungen für eine Mordserie getroffen – beruft Hitler eine SA-Führertagung nach Bad Wiessee ein. Dort werden die SA-Führer von der SS verhaftet und ermordet.
Der Reichskanzler stellt persönlich den verdutzten Stabschef Röhm zur Rede, beschuldigt ihn des Verrats und gibt dem ehemaligen politischen Begleiter 24 Stunden Zeit, sich zu erschießen. Röhm lässt die Frist verstreichen. Daraufhin wird er auf Befehl Hitlers im Gefängnis München-Stadelheim ermordet.

Ernst Röhm, 1933/34

1887 *Geburt in München*
1914–1918 *Teilnahme am Ersten Weltkrieg*
1920 *Mitglied der NSDAP*
1921 *Reichswehroffizier*
1924–1925 *SA-Führer*
1928 *Militärinstrukteur in Bolivien*
1931 *SA-Führung*
1933 *Reichsminister*
1934 *Ermordung in München*

KZ Dachau

35

35 Ein Arbeitskommando der Häftlinge im Lager Dachau, 1933

36 Das Konzentrationslager Dachau bei München

Im Juni 1933 übernimmt Theodor Eicke die Leitung des Konzentrationslagers Dachau, das drei Monate zuvor auf Anordnung von Heinrich Himmler, damals kommissarischer Polizeipräsident von München, errichtet worden ist. Der Kommandant macht das KZ zu einer Musteranlage für das Terrorsystem, das bald in ganz Deutschland herrscht.

Mörderschule

Hochspannungszäune und Wachtürme umgeben die Häftlingsbaracken; davon getrennt sind Kommandantur und Verwaltung sowie eine Kaserne, die als Trainingslager für das SS-Aufsichtspersonal angelegt ist. In Dachau werden SS-Leute zum Foltern und Töten abgerichtet. Gefühlskälte und Grausamkeit sind Kriterien für einen schnellen Aufstieg. Die Kommandanten anderer KZ durchlaufen diese Ausbildung ebenso wie tausende von SS-Angehörigen.

Lagerordnung

Eicke setzt zudem eine „*Disziplinar- und Strafordnung für das Gefangenenlager*“ in Kraft, die ebenfalls Modellcharakter hat und auf andere KZ übertragen wird. Die Lagerordnung unterscheidet peinlich genau zwischen Haupt- und Nebenstrafen. Danach werden „*Aufwiegler gehängt*“ und „*Meuterer auf der Stelle erschossen*“. Daneben gibt es „*Strafexerzieren, Prügelstrafe, Postsperre, Kostentzug, hartes Lager, Pfahlbinden*“ u.a. Unter Theodor Eicke geht der unmenschliche Terror bald in geregelte Bahnen über.

36

Alltag unter dem Hakenkreuz

*„Bei Feierstunden,
bei weihevollen Liedern,
fühlten wir uns in die
Gemeinschaft eingebunden.
In diesem Augenblick
hätte man fürs Vaterland
sterben können."*

Lothar Scholz, Jahrgang 1928

Schüler und Lehrer holen am Ende des Schuljahres die Hakenkreuzfahne ein.

Insbesondere die Jugend

37

38

37 Propagandaplakat für den Eintritt kleinerer Mädchen bei den „Jung-Mädeln", 1936

38 Eine Trägerin des Mutterkreuzes mit ihrer Familie. Das Mutterkreuz wird ab 1938 Frauen verliehen, die mindestens vier Kinder haben.

39 1. Mai 1939: Kundgebung der „Hitlerjugend" im Berliner Olympiastadion

Seinen Weg zur absoluten Alleinherrschaft hat sich Adolf Hitler vielleicht schwieriger vorgestellt. In Wirklichkeit gelingt ihm der Aufstieg fast mühelos. Seine Taktik der Überrumpelung geht auf. Nach der Beseitigung der SA-Spitze kann Hitler schalten und walten, wie er will. Die Reichswehr, die ihm anfangs durchaus gefährlich werden kann, schweigt zum Röhm-„Putsch".

Niemand muckt auf

Auch in der Bevölkerung muckt kaum noch jemand auf. Die Einschüchterung funktioniert, auch das System von Kontrolle und Überwachung bis in jeden Wohnblock, wo Blockwarte Spitzeldienste übernehmen. Mut und Zivilcourage bleiben die Ausnahme.
Doch Duldung durch die Bevölkerung allein reicht dem Diktator nicht. Hitler will die Gesellschaft zur nationalsozialistischen *„Volksgemeinschaft"* umkrempeln. Die Rollen von Mann und Frau werden neu festgelegt. Fortschritte bei der Gleichberechtigung der Geschlechter, die in den Jahren zuvor erzielt worden sind, werden zurückgedreht.

Unter den Fittichen des Regimes

In diesem Weltbild kommt der ideologischen Ausrichtung der Jugend besondere Bedeutung zu. Vom 10. Lebensjahr an nimmt das NS-Regime die Kinder unter seine Fittiche, um sie „einzupassen" – in einen Alltag, der von Uniformen, Marschkolonnen und organisierten Jubelfeiern bestimmt wird. Die Jugend wird für ein System vereinnahmt, in dem persönliche Neigungen keine Rolle mehr spielen.

39

Brot und Spiele

Im Alltag arrangieren sich viele Menschen mit dem NS-Regime. Es verspricht nicht nur Arbeit, sondern sorgt tatsächlich für mehr Beschäftigung, indem es die Wirtschaft auf Rüstung umstellt und so für einen künstlichen Aufschwung sorgt.

Kreuzfahrten

Nach der Devise „Brot und Spiele" ist Hitler von Anfang an darauf bedacht, das Volk bei Laune zu halten und gleichzeitig dessen Opfer- und Leistungsbereitschaft zu steigern. Zu diesem Zweck wird im November 1933 die *Nationalsozialistische Gemeinschaft Kraft durch Freude* (KdF) gegründet, eine Unterorganisation der *Deutschen Arbeitsfront* (DAF).
Durch ein umfassendes Kultur- und Freizeitangebot und vor allem durch Kreuzfahrten nach Madeira, an die italienische Küste sowie nach Norwegen mit einer *KdF*-eigenen Flotte gewinnt die Einrichtung Beliebtheit. Für das NS-Regime bietet *KdF* zudem den Vorteil, dass die Massen nicht nur in Bewegung, sondern auch unter Kontrolle gehalten werden. Zahlreiche Ämter entstehen unter dem Dach von *KdF*, z. B. *Schönheit der Arbeit.* Dahinter verbirgt sich eine Stelle zur Verbesserung und Gestaltung der Arbeitsplätze. Das Amt *Reisen, Wandern und Urlaub* betreibt staatliche Ferienplanung, *Feierabend* organisiert kulturelle Veranstaltungen.

Volkswagen – Kübelwagen

Bald wird im Hinblick auf die zunehmende Motorisierung und wachsende Mobilität auch die Konstruktion eines *KdF*-Autos vorangetrieben, aus dem später der *Volkswagen* entsteht. Im September 1938 wird das erste Modell vorgestellt. Interessenten erhalten schon viel früher die Möglichkeit, mit Hilfe von Sparmarken den Kaufpreis von 1000 Reichsmark zu entrichten. Über 60 000 bezahlen den Wagen vorab in bar. Aber kein Fahrzeug wird ausgeliefert, denn der Krieg hat Vorrang. Die Wehrmacht sichert sich die Produktion. Aus dem *Volkswagen* wird der an der Front eingesetzte Kübelwagen. Erst nach dem Krieg kommt die *VW*-Produktion in Gang.

40 & 41 Die Gemeinschaft „Kraft durch Freude" bietet Arbeitern und Angestellten ein breites Freizeit- und Reiseprogramm, das für sie bisher nicht zugänglich war. Das Angebot soll auch helfen, die Arbeitsleistung zu steigern und die Arbeiterschaft an das Regime zu binden.

40

41

Zarah Leander

Zarah Leander, 1938

1907 *Geburt in Karlstad (Schweden)*
1929 *Debüt als Sängerin*
1937–1942 *Filmkarriere in Deutschland*
1943 *Rückkehr nach Schweden*
1945–1948 *Auftrittsverbot*
ab 1960 *Konzerttourneen*
1981 *Tod in Stockholm*

Ihre Stimme ist tiefer als die vieler Männer und ihre Figur überragt manchen ihrer Filmpartner, die gelegentlich ein Treppchen für die Liebesszenen mit Zarah Leander brauchen. In den schweren Jahren des NS-Regimes, als der Krieg tobt, vergöttern die Deutschen den Filmstar aus Schweden.

Dabei entspricht Zarah Leander so gar nicht dem Frauenbild der Nazis. Sie ist nicht blond, sondern hat eine feuerrote Mähne. Der ersten ihrer drei Ehen entstammen zwei Kinder, aber eine treu sorgende Mutter und ergebene Ehefrau – davon kann keine Rede sein.

Mondän, sinnlich

Vielmehr tritt dem Publikum in den vielen Ufa-Filmen mit Zarah Leander eine mondäne, sinnliche, fast verruchte, jedenfalls den Männern in vielem überlegene Frau entgegen. Ob im Kino oder auf der Bühne – sie eilt von Erfolg zu Erfolg.

Bei Zarah Leander ist alles anders. Sie pflegt einen unverkrampften Ton mit Homosexuellen, die ihrer dunklen Stimme regelrecht verfallen – Homosexuelle, die ansonsten zu den Verfemten und Verfolgten im Dritten Reich gehören. Die Schwedin kokettiert mit vielem, was eigentlich verboten ist, und sie hat Kontakt zu Juden.

Ihrer Ausstrahlung sind selbst die Braunhemden der SA nicht gewachsen. Gebannt lauschen auch sie am Volksempfänger, wenn die Sängerin Gefühle und Sehnsüchte aufmischt: *„Kann denn Liebe Sünde sein?“*, *„So bin ich, so bleibe ich“*, *„Yes Sir“*, *„Nur nicht aus Liebe weinen“* – fast jedes ihrer Lieder wird zum Hit.

Dieser Ausländerin, die zum bestbezahlten weiblichen Filmstar in Deutschland aufsteigt, gestattet Joseph Goebbels sogar, den größten Teil ihrer Gagen in Devisen nach Schweden auszuführen. In Filmen wie *„Zu neuen Ufern“*, *„La Habanera“*, *„Der Weg ins Freie“*, *„Die große Liebe“* und *„Heimat“* spielt sie die schöne und selbstbewusste Frau. Mit ihrem Pathos und ihrer dramatischen Geste stimmen die eigentlich unpolitischen Filme durchaus mit der NS-Ideologie überein.

Politisch eine Idiotin

Sich selber nennt die große Diva rückblickend einmal eine *„politische Idiotin“*. Aber mehr als einmal bewahrt sie einen klaren Kopf. Als Goebbels ihr ein Landgut in Ostpreußen anbietet, verbunden mit der deutschen Staatsangehörigkeit, lehnt sie dankend ab. Sie bleibt schwedische Staatsbürgerin. 1943 verlässt sie Deutschland und zieht sich auf ihr Anwesen in Schweden zurück.

Nach Jahren der Einsamkeit mit Auftrittsverboten in Deutschland und Österreich kehrt die Künstlerin als Schauspielerin und Sängerin zurück und wird vom Publikum wieder mit großer Wärme aufgenommen. Ganz im Gegensatz übrigens zu Marlene Dietrich, die einen klaren Trennungsstrich zum NS-Regime gezogen hat und nach 1945 in Deutschland eine Fremde bleibt.

Gertrud Scholtz-Klink

Die Fotos, die von Gertrud Scholtz-Klink erhalten geblieben sind, zeigen eine Frau mit einem schmalen Gesicht, die Haare nach hinten gekämmt und zu einem Zopf um den Kopf herum geflochten, was ihrem Aussehen eine noch strengere Note verleiht. Zu diesem Gesicht passt kein Lächeln, und auch darin gleicht die Reichsfrauenführerin ihrem Idol Adolf Hitler. Die aus Baden stammende Gertrud Treusch schließt sich 1929 der NSDAP an und macht eine steile Parteikarriere. Nimmt man die NS-Hierarchie als Maßstab, dann erreicht sie als Frau die höchste Stufe. Nennenswerter politischer Einfluss ist damit allerdings nicht verbunden. Nicht ein einziges Mal wird sie zum *„Führer"* vorgelassen.

Auf Luxus verzichten

Bei den vielen Auftritten spricht die Funktionärin zumeist das nach, was andere vorgedacht haben. So erklärt sie auf dem Reichsparteitag 1934 in Nürnberg:
„Die deutsche Frau, wie wir sie uns denken, muss, wenn die Lage des Volkes es erfordert, verzichten können auf Luxus und Genuss, sie muss geistig und körperlich gesund sein, sie muss aus dem harten Leben, das wir heute zu führen gezwungen sind, ein schönes Leben machen …"
In dieser Welt, in der lackierte Fingernägel, Seidenstrümpfe, die Bubikopf-Frisur, Jazz oder Gleichberechtigung verpönt sind, gibt es wirklich wenig zu lachen. Die Frau soll Dienerin des Mannes und Hausfrau im trauten Heim sein.

Gertrud Scholtz-Klink ist der Meinung, dass Frauen nicht studieren sollten. Da in den Rüstungsbetrieben Arbeitskräfte fehlen, stimmt sie aber dem Einsatz von Frauen an der Werkbank ausdrücklich zu. Ihren drei Ehen entstammen elf Kinder. Das *goldene Mutterkreuz* nimmt sie mit Stolz entgegen. Die britische Presse bezeichnet sie als *„The Perfect Nazi Woman"*.

Kochlöffel als Waffe

Ihre ideologische Eilfertigkeit ist manchmal von unfreiwilliger Komik. So erklärt sie 1937: *„Wenn auch unsere Waffe auf diesem Gebiet* (der Volksernährung) *nur der Kochlöffel ist, soll seine Durchschlagskraft nicht geringer sein als die anderer Waffen."*
Linientreue bis zum bitteren Ende – die Rasse- und Eroberungspolitik macht Scholtz-Klink sich ganz zu eigen. So heißt es auf Plakaten der NS-Frauenschaft:
„Frauen, unterschätzt nicht den furchtbaren Ernst dieses Entscheidungskampfes. Der Jude will ihn führen bis zur Vernichtung des deutschen Volkes. Wir führen ihn bis zur Vernichtung des Judentums."
Bei Kriegsende taucht die fanatische Nationalsozialistin mit ihrem Mann zunächst unter und legt sich einen falschen Namen zu. Doch der Schwindel fliegt auf und das Paar wird vor Gericht gestellt. Gertrud Scholtz-Klink erhält 18 Monate Gefängnis. Die Strafe bleibt ohne Wirkung. Unbelehrbar hält sie bis ans Lebensende an der frauen- und menschenfeindlichen NS-Ideologie fest.

Gertrud Scholtz-Klink, 1937

1902 *Geburt in Adelsheim (Baden)*
1920 *Lehrerin und Journalistin*
1934 *Reichsfrauenführerin*
1945 *Sowjetische Internierung, Flucht*
1950 *Verurteilung*
1999 *Tod in Tübingen*

Jugend marschiert

42

Die NS-Diktatur unternimmt alles, um vor allem die Jugend für sich zu gewinnen. Schon im September 1933 liegt der erste Propagandafilm vor, mit dem das NS-Regime sich direkt an Jugendliche wendet: *„Hitlerjunge Quex"* behandelt eine wahre Geschichte: Herbert Norkus, Mitglied der *Hitlerjugend* (HJ), ist von einem Kommunisten getötet worden. Im Film wird Quex, das ist sein Spitzname, zum Märtyrer im Straßenkampf gegen die Linke hochstilisiert: Am Ende opfert er sich für die NS-Bewegung.

Straff geführt

Propagandistisch überzeichnete Vorbilder sind ein Mittel, junge Menschen zu beeinflussen. Wichtiger ist jedoch die straff geführte *Hitlerjugend.* Diese Organisation soll die gesamte deutsche Jugend ideologisch und organisatorisch erfassen. Andere Jugendorganisationen werden verboten. Die Zahl der *HJ*-Mitglieder steigt von Jahr zu Jahr. 1939 sind es bereits 8,7 Millionen.
Um junge Menschen an sich zu binden, gehen die Nationalsozialisten geschickt vor. *„Jugend wird durch Jugend geführt"* lautet ihr Prinzip. Es erweckt den Eindruck, Jugendliche könnten eigenverantwortlich handeln.
In Wirklichkeit herrscht ein derartiger Zwang, dass dem Einzelnen nichts übrig bleibt, als zu parieren und mitzumarschieren. *Hitlerjugend* heißt: Sport, Drill und totale Hingabe an den nationalsozialistischen Staat bis hin zur Opferbereitschaft des *„Hitlerjungen Quex"*.

43

42 20. April 1939: Aufmarsch der „Hitlerjugend" zu Hitlers 50. Geburtstag

43 Propagandafahrzeug der „Hitlerjugend" in Berlin anlässlich einer Volksabstimmung

Baldur von Schirach

Zu den Spektakeln, mit denen Baldur von Schirach seinem Idol Hitler zu imponieren versucht, gehört alljährlich der *Adolf-Hitler-Marsch.* Am 14. September 1935 ist es wieder so weit. Über 200 *Hitlerjungen* ziehen nach einer Wanderung quer durch Deutschland ins Nürnberger Stadion und treffen sich dort mit 50 000 Jungen und Mädchen zum *Appell der Jugend.*

Schlank und rank

Einem Ritual mit Trommelwirbel und Fanfarenstößen folgt der dröhnende Auftritt des Reichskanzlers. Hitlers Vorstellung vom neuen Menschen: *„In unseren Augen, da muss der deutsche Junge der Zukunft schlank und rank sein, flink wie Windhunde, zäh wie Leder und hart wie Kruppstahl.“*

Dieser Maxime entspricht der Reichsjugendführer mit den weichen Gesichtszügen und der leicht rundlichen Figur allerdings nicht.

Baldur von Schirach entstammt einer großbürgerlichen Familie. Zu Hause wird englisch gesprochen, da die Mutter Amerikanerin ist. Der Vater, Rittmeister im Garde Kürassier Regiment, leitete bis 1918 das Hoftheater in Weimar.

Ins braune Lager

Die bürgerliche Erziehung hindert von Schirach nicht, sich mit 18 Jahren der NSDAP anzuschließen. Enttäuschung über die Weimarer Republik und ein brennender Ehrgeiz treiben ihn ins braune Lager.

Zudem fühlt er sich von Hitler fast magisch angezogen. Als dieser Reichskanzler wird, setzt von Schirach sich in den Kopf, seinem Förderer eines Tages die gesamte deutsche Jugend als geschlossenen Staatsjugend-Verband gewissermaßen zu Füßen zu legen. 1933 wird von Schirach Reichsjugendführer. Dank seines großen Eifers gehören schließlich 8 Millionen Kinder und Jugendliche zur *Hitlerjugend.*

Opfertod

Besonderes Augenmerk legt Baldur von Schirach darauf, die neue Generation auf den Opfertod für *„Führer, Volk und Vaterland“* einzustimmen: *„Je mehr sterben für die Bewegung, umso unsterblicher wird sie.“*

1940 wird von Schirach als Gauleiter nach Wien entsandt, wo er unter anderem für die Deportation von Juden verantwortlich ist.

Als Angeklagter vor dem Kriegsverbrecher-Tribunal in Nürnberg rechtfertigt er sich 1946 damit, er habe bei Hitler gegen die Novemberpogrome von 1938 protestiert und Kritik an der Judenpolitik geübt. Doch den Transport von 60 000 Wiener Juden in die Vernichtungslager hat er nicht nur befürwortet, er sah darin sogar *„einen aktiven Beitrag zur europäischen Kultur“.*

Sein Name bleibt untrennbar damit verbunden, dass eine ganze Generation verführt, um ihre Jugend betrogen und in einem globalen Angriffskrieg verheizt wird.

Baldur von Schirach

1907 *Geburt in Weimar*
1925 *Mitglied der NSDAP*
1928 *Studentenbund-Führer*
1933 *Führer der Hitler-jugend*
1931 *Reichsjugendführer*
1940 *Gauleiter Wien, Leitung der Kinderland-verschickung*
1946 *Verurteilung*
1974 *Tod in Kröv*

Deutschland „kriegsfähig" machen

44

44 Durch den „Vierjahresplan" von 1936 soll die deutsche Wirtschaft „kriegsfähig" gemacht werden.

„Deutsches Volk! Gib uns vier Jahre Zeit – dann richte und urteile über uns!"
In seinem anmaßenden Pathos macht Hitler Zusagen, die er zumindest in einem Punkt einlösen kann: Tatsächlich gibt es bald mehr Arbeit und der Alltag der Menschen wird leichter. Doch der *Führer und Reichskanzler*, wie er sich seit dem Tod von Reichspräsident Paul von Hindenburg am 2. August 1934 nennt, besitzt kein durchdachtes Konzept.

Milliarden in die Rüstung

Hitlers Wirtschaftspolitik beginnt mit der Zerschlagung der freien Gewerkschaften und Angestelltenverbände Anfang Mai 1933. Dann werden Milliarden von Reichsmark in zivile Großprojekte wie Straßen- und Wohnungsbau, vor allem aber in die Rüstungsindustrie gepumpt. Die Erfolge sind beeindruckend: Bereits 1936 ist die Vollbeschäftigung erreicht, im Verlauf des *Vierjahresplans* herrscht zwischen 1936 und 1942 sogar Arbeitskräftemangel. Mit dem *Vierjahresplan* soll die deutsche Wirtschaft „in vier Jahren kriegsfähig" gemacht werden durch die Gewinnung von Rohstoffen, die Herstellung von Treibstoff sowie durch gezielte Investitionen in die Rüstungsunternehmen. Grundlage ist die Idee der Autarkie, einer Volkswirtschaft, die sich von internationalen Zwängen und Verflechtungen abkoppelt.

Kriegsfinanzierung

Der rasante Aufschwung hat einen einfachen Grund: Getreu seiner Erkenntnis, dass *„an seinen Schulden bisher kein Volk zugrunde gegangen"* sei, betreibt der Diktator eine hemmungslose Kreditausweitung. Hitler, der noch nie einer geregelten Arbeit nachgegangen ist, stellt Blankoschecks auf die Zukunft aus. In seinem Kalkül sind der Krieg, die Ausplünderung und Ausbeutung ganzer Länder und Völker feste Größen. Mit dieser Kriegsrendite will er eines Tages den riesigen Berg an Staatsschulden abtragen.

45

45 1937 findet in Berlin die Propaganda-Ausstellung „Gebt mir vier Jahre Zeit" statt.

46

46 28. Oktober 1935: Bei der Verkündung des „Vierjahresplans". Von links: Goebbels, Göring, Heß.

Hermann Göring

In einer Hinsicht unterscheidet sich Hermann Göring deutlich von anderen NS-Größen, die vor lauter Fanatismus kaum ein Lächeln, geschweige denn ein freundliches Wort zustande bringen. Göring dagegen gibt sich jovial. Er neigt zur Kameraderie und kleidet sich derartig auffällig, dass seine Garderobe zu Spott verleitet. „*Goldfasan*" wegen seiner vielen Orden und Uniformen ist nur einer der Spitznamen.

Kampfflieger

Als Kampfflieger im Ersten Weltkrieg genießt Göring Ansehen. Für Hitler ist Göring am Anfang der ideale Partner, als es darum geht, das Vertrauen der Bevölkerung zu gewinnen.
Beide Politiker kennen sich seit langem. Göring beteiligt sich 1923 am Hitler-Putsch in München, flieht ins Ausland und kehrt 1927 nach Deutschland zurück. Im Gefolge Hitlers beginnt seine steile Karriere: Reichstagspräsident, preußischer Ministerpräsident, Reichsminister für Luftfahrt, in den folgenden Jahren Beauftragter für den Vierjahresplan, Kommissar für Rohstoffe und Devisen und Reichsmarschall.

Korrupt

Hinter der Fassade des umgänglichen Biedermanns verbergen sich noch ganz andere Eigenschaften: Göring ist prunksüchtig und korrupt. Seine vielen Posten nutzt er weidlich, um sich zu bereichern. Wertvolle Kunstwerke aus europäischen Museen und Sammlungen wandern in seinen Privatbesitz. Bei zahllosen Festen, Banketten und Staatsjagden lässt er sich jeweils reich beschenken. Vor seinen Geburtstagen schreibt er den offiziellen Gästen die teuren Gaben zumeist vor.
Ein weiterer Charakterzug ist die Brutalität, mit der er die Macht der NSDAP abzusichern hilft. Berüchtigt ist der Schießbefehl, den er als preußischer Innenminister herausgibt. Er gebietet, „*wenn nötig, rücksichtslos von der Waffe Gebrauch zu machen*", gemeint ist gegen die Linke. Und: „*Jede Kugel, die jetzt aus dem Lauf einer Polizeipistole geht, ist meine Kugel. Wenn man das Mord nennt, dann habe ich gemordet …*"

Faul und drogensüchtig

Die Lust am Regieren kommt dem Minister mit der Zeit abhanden. Viel lieber widmet er sich seinen Vergnügungen. Sein Verhältnis zu Hitler kühlt ab. Das gilt vor allem für die Kriegsjahre, als Görings Luftwaffe immer mehr an Schlagkraft verliert. Als alliierte Kampfbomber dann auch noch deutsche Städte der Reihe nach in Schutt und Asche legen, verliert der Reichsluftfahrtminister Reputation. Faulheit und Drogensucht werden ihm vorgeworfen. Wenige Tage vor Kriegsende schließt Hitler ihn aus der Partei aus.
Im Nürnberger Kriegsverbrecherprozess verteidigt er sich aggressiv. Der Vollstreckung des Todesurteils kommt Göring zuvor, indem er eine Giftkapsel schluckt.

Hermann Göring, 1935

1893 *Geburt in Marienbad*
1915–1918 *Jagdflieger*
1922 *Mitglied der NSDAP*
1933 *Reichsminister ohne Geschäftsbereich, preußischer Ministerpräsident*
1935 *Oberbefehl über die Luftwaffe*
1936 *Reichsbeauftragter für den „Vierjahresplan"*
1940 *Reichsmarschall*
1945 *Gefangennahme*
1946 *Selbstmord*

Magda Goebbels

Magda Goebbels mit ihren sechs Kindern

1901 *Geburt in Berlin*
1921 *Heirat mit Günther Quandt*
1929 *Scheidung*
1931 *Heirat mit Joseph Goebbels*
1945 *Ermordung der Kinder und Selbstmord*

Als Magda Friedländer am 4. Januar 1921 in Bad Godesberg mit 19 Jahren Günther Quandt, einen der reichsten Männer Deutschlands, heiratet, hat sie bereits ein bewegtes Leben hinter sich: Aufenthalte in Brüssel, Berlin und Goslar, Scheidung der Eltern, Wiederheirat der Mutter usw. Die Vergangenheit seiner jungen Frau stört den um 20 Jahre älteren Quandt nicht, im Gegenteil, er bewundert sie, vor allem wegen ihrer Schönheit und Weltgewandtheit. Das einzige Kind dieser Ehe, Harald Quandt, kommt im November 1921 zur Welt.

Politisch flexibel

Die Beziehung nimmt einen holprigen Weg, weil die Verwandtschaft Quandts oft dazwischenfunkt. Ein Liebesverhältnis seiner Frau, von dem Günther Quandt erfährt, bedeutet das Ende der Ehe nach neun Jahren.
Was ihre Lebenseinstellung angeht, so ist Magda Quandt flexibel. Zunächst hängt sie dem Buddhismus an, dann wird sie unter dem Einfluss ihres jüdischen Freundes Zionistin und bald huldigt sie dem Nationalsozialismus. Denn Dr. Joseph Goebbels tritt in ihr Leben. Als Gauleiter von Berlin mischt Goebbels gerade die Reichshauptstadt auf, indem er Saalschlachten und andere blutige Kämpfe inszeniert. Auch wenn er keineswegs dem männlichen NS-Ideal entspricht – Magda Quandt spürt, dass mit den Nationalsozialisten eine neue Zeit anbricht und Goebbels ganz vorn dabei sein wird.

Hitler als Trauzeuge

Adolf Hitler zeigt sich von der neuen Frau an der Seite seines Gauleiters beeindruckt und meint, sie lasse sich zu einem attraktiven Aushängeschild der Partei aufbauen. Bei der Hochzeit 1931 ist er Trauzeuge.
Es dauert nicht lange, da erhält Hitler im Hause Goebbels Familienanschluss. Magda Goebbels umsorgt und bekocht ihn mit vegetarischen Speisen.
Die Dreierbeziehung ist nur getrübt, wenn Magda Goebbels über Eva Braun, Hitlers Freundin, herzieht. Oder als die Liebschaften von Goebbels überhand nehmen und Hitler diesem die Beziehung zu einer tschechischen Schauspielerin untersagt.

Erste Dame

Magda Goebbels steigt unterdessen zur „Ersten Dame“ im Dritten Reich auf. Sie ist elegant, gebildet, formvollendet. Die Rolle der Vorzeigefrau teilt sie sich mit Emmy Göring, zumal sie wegen ihrer Schwangerschaften öfter verhindert ist. Sechs Kinder entstammen ihrer Ehe mit Joseph Goebbels.
Die letzten Tage vor Kriegsende verbringt die Familie zusammen mit Hitler im *Führerbunker* in Berlin. Bis zum Schluss glaubt Magda Goebbels an Hitlers Autorität und Macht. Sie ist sogar bereit, ihre Kinder zu opfern: Nach dem Selbstmord des Diktators verabreicht Magda Goebbels ihren sechs Kindern Gift, bevor sie und ihr Mann sich selbst töten.

Rassen- und Größenwahn

„Jeden Tag … wuchs die Kluft zwischen uns und unseren Nachbarn. Freunde … kannten uns nicht mehr. Plötzlich stellten wir fest, dass wir anders waren.“

Martha Appel,
als Jüdin verfolgt

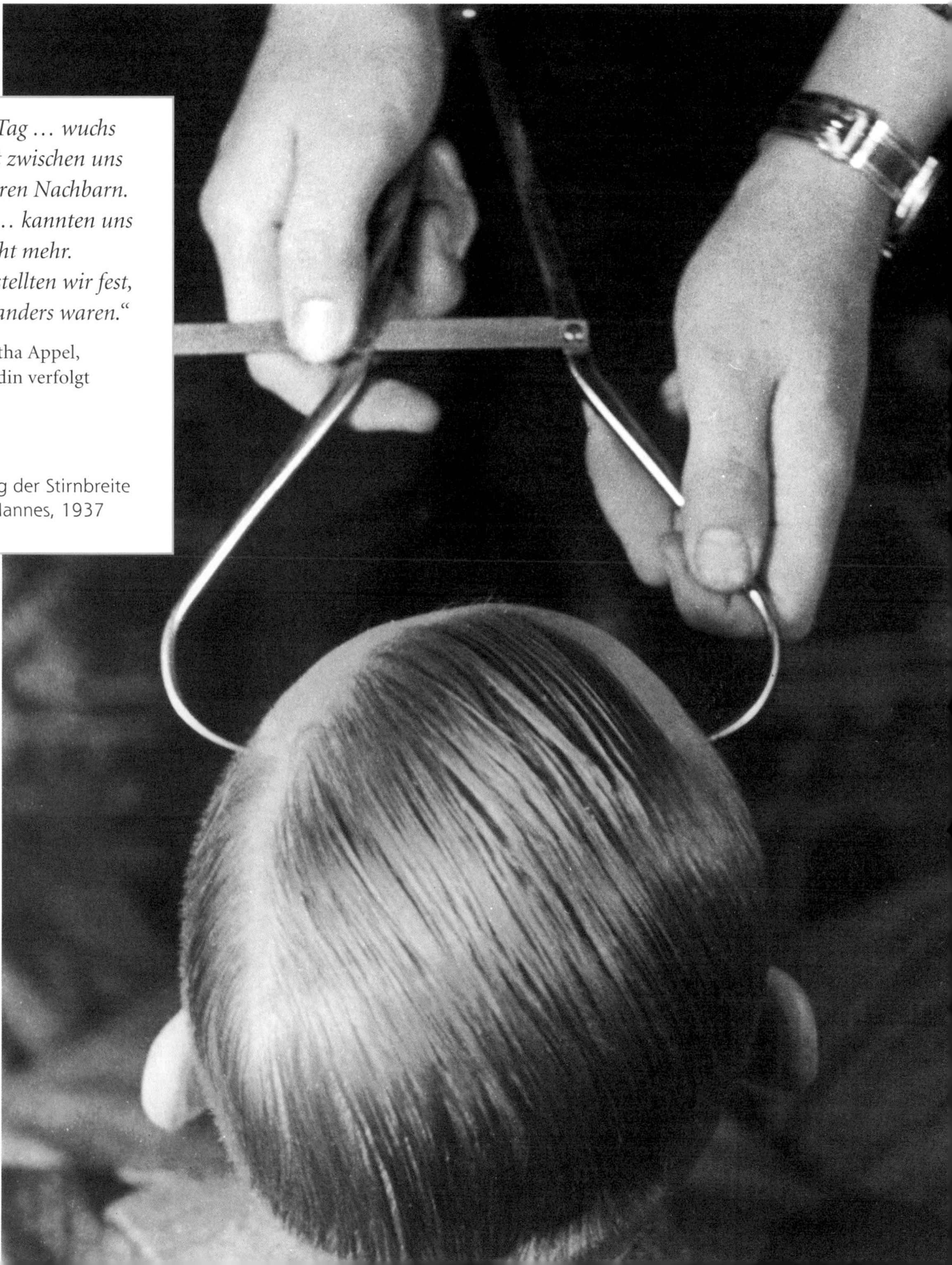

Abmessung der Stirnbreite eines Mannes, 1937

Der genormte Mensch

Die Zukunft, die der Nationalsozialismus den Deutschen in Aussicht stellt, verheißt Glanz und Gloria: Im ewigen Kampf um die Vorherrschaft werden die Deutschen sich als die Stärkeren erweisen und weltweit zu „*Herrenmenschen*" aufsteigen – so der fanatische Glaube, der in NS-Eliteschulen dem Führungsnachwuchs eingehämmert wird. In der Ordensburg Vogelsang in der Eifel etwa wird neben NS-Ideologie und Rassenlehre der Sport groß, intellektueller Anspruch dagegen klein geschrieben.

Das germanische Ideal

Spontaneität, Kreativität, individuelle Entwicklung sind nicht vorgesehen. Im Gegenteil, das Regime will den Menschen nach Maß gemäß einer Norm, die sich kranke Gehirne ausdenken: „*rassisch hochwertig*", möglichst blond und blauäugig, groß und schlank, kräftig und schön. Wer diesem germanischen Ideal nicht entspricht, muss „*ausgemerzt*" werden. Das gilt für Menschen, die körperlich behindert oder seelisch krank sind, wie für ganze ethnische Gruppen: Juden, Roma, Sinti und Slawen gelten als „*Untermenschen*".

Personenkult

Der Rassenwahn geht einher mit einem Personenkult um Hitler. Auf Parteitagen wird er wie ein Erlöser gefeiert. Rassenwahn und Größenwahn, der sich auch in Architektur und Städtebau ausdrückt, gehören eng zusammen, sie sind zwei Seiten einer Medaille.

47 Messung der Gesichtshöhe mit dem Gleitzirkel, 1937

48 Feststellung der Haarfarbe mit einer Farbtafel aus Glasfasern, 1937

47

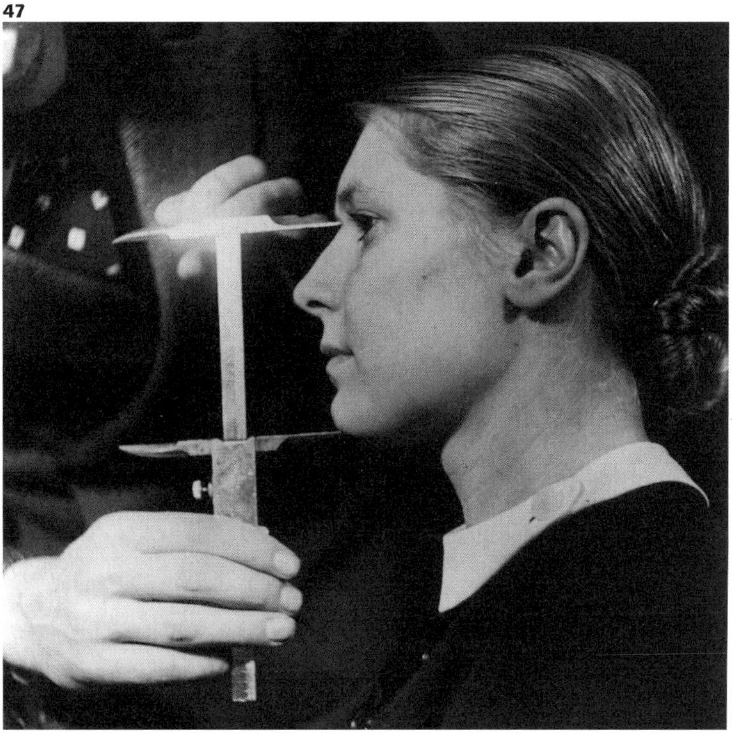

48

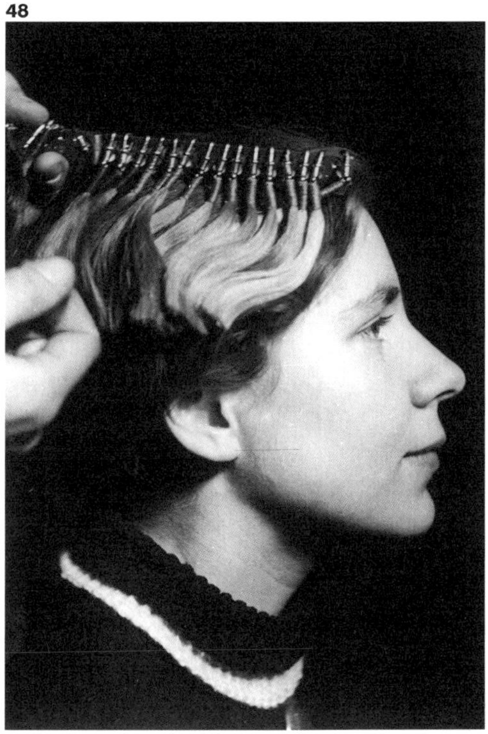

Arisch – nicht arisch

Seit 1933 müssen Beamte sowie Arbeiter und Angestellte im öffentlichen Dienst einen *Abstammungsnachweis* vorlegen. Diese Vorschrift dient als Hebel, jüdische Bedienstete zu entlassen, was in großem Umfang geschieht. Die auf dem *Reichsparteitag der Freiheit* am 15. September 1935 in Nürnberg verabschiedeten *Rassengesetze (Nürnberger Gesetze)* verpflichten schließlich alle Bürger zum Nachweis der *„dt. oder artverwandten Abstammung bzw. des Grades eines fremden Bluteinschlages“*. Damit kann der eigene Stammbaum über Leben und Tod entscheiden. Menschen, die ihre arische Herkunft nicht über die urkundlich beglaubigte *Ahnentafel* oder den *Ahnenpass* belegen können, geraten in existenzielle Bedrängnis.
In unklaren Fällen wird die *Reichsstelle für Sippenforschung* angerufen, die aufgrund von entwürdigenden erb- und rassebiologischen Gutachten letztlich entscheidet.

„Gnadentod“

Der rassischen *„Säuberung“* dient auch das *Gesetz zur Verhütung erbkranken Nachwuchses* (14. Juli 1933), das Zwangssterilisierungen erlaubt. Über 350 000 Menschen – Kranke, Behinderte, Angehörige sozialer Unterschichten – werden bis 1945 unfruchtbar gemacht.
Im Herbst 1939 wird der Rassenwahn noch einmal gesteigert. Per Erlass gibt Hitler so genannte *„unheilbar Kranke“* der Vernichtung preis und spricht dabei verschleiernd von *„Gnadentod“*. Dieses Mordprogramm an 120 000 Menschen nennen die Nazis beschönigend *„Euthanasie“*, was „schöner, leichter Tod“ bedeutet.

49

49 In Hadamar bei Limburg werden über 14 400 Patienten ermordet.

50 Hitler verfügt die Ermordung „unheilbar Kranker“.

51 Rassepolitischer Unterricht, 1935

50

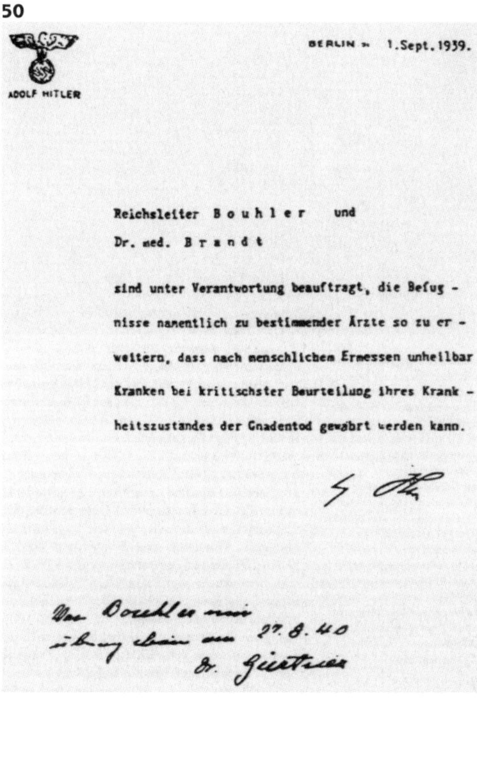

ADOLF HITLER

BERLIN, 1.Sept.1939.

Reichsleiter Bouhler und
Dr. med. Brandt

sind unter Verantwortung beauftragt, die Befugnisse namentlich zu bestimmender Ärzte so zu erweitern, dass nach menschlichem Ermessen unheilbar Kranken bei kritischster Beurteilung ihres Krankheitszustandes der Gnadentod gewährt werden kann.

51

Heinrich Himmler

Heinrich Himmler (ganz rechts) bei der Besichtigung eines Kriegsgefangenenlagers

1900 *Geburt in München*
1923 *Eintritt in die NSDAP*
1929 *Reichsführer SS*
1933 *Polizeipräsident von München, Gründung des KZ Dachau*
1936 *Chef der deutschen Polizei*
1939 *Reichskommissar für die Festigung deutschen Volkstums*
1943 *Reichsinnenminister*
1944 *Oberbefehlshaber des Ersatzheers und Chef der Heeresausrüstung*
1945 *Britische Internierung und Selbstmord*

Es ist nicht einfach, sich der Persönlichkeit Heinrich Himmlers zu nähern, zu verstehen, weshalb er zum Vollstrecker der Judenvernichtung wird und wie er über Millionen von Toten einfach hinweggehen kann.

Der Historiker Joachim Fest berichtet in einem Aufsatz über den Reichsführer SS, dass dem toten Himmler nach dessen Selbstmord am 23. Mai 1945 zwei Totenmasken abgenommen werden: „... *die eine zeigt eine fratzenhaft entstellte Physiognomie, brutal, merkwürdig schamlos, deren diabolische Struktur durch die Verzerrungen des Todeskrampfes, durch die eingekniffene Mundpartei vor allem noch betont wird; die andere ein ausdrucksloses und eher gleichmütiges Gesicht, an dem nichts erschreckend wirkt.*"

Dieses doppelte Gesicht kennzeichnet sein Leben, das im Jahre 1900 in einem königstreuen, streng katholischen Elternhaus in München beginnt und 45 Jahre später in der Lüneburger Heide endet.

Auf der einen Seite die Maske des Biedermanns, die ganze Mittelmäßigkeit seiner Erscheinung – Albert Speer meint „*halb Schulmeister, halb verschrobener Narr*" –, auf der anderen Seite der nüchterne Planer von Vernichtungsfabriken, der Mann, der mit seiner Gefühlskälte Angst und Schrecken verbreitet.

Hühnerfarm

Der Werdegang Himmlers unterscheidet sich zunächst nicht sonderlich von dem anderer NS-Größen. Er studiert Agrarwissenschaften, betätigt sich als Handelsvertreter für Düngemittel und betreibt 1928 kurzzeitig und ohne Erfolg eine Hühnerfarm.

Die politische Karriere beginnt mit der Teilnahme am Hitler-Putsch 1923 und Aktivitäten in einem Reichswehrverband, bis Hitler ihn 1929 zum Reichsführer SS ernennt.

Mit dieser Aufgabe beginnt ein rasanter Aufstieg. Himmler, der Farbloseste unter den Führungsfiguren der NSDAP, wird zum mächtigsten Mann nach Hitler und kommt seiner Wahnidee vom „*SS-Staat*" mit Wehrdörfern im Osten und Ordensburgen im Westen bedrohlich nahe.

Seine organisatorischen Fähigkeiten imponieren Hitler. Als kommissarischer Polizeichef von München errichtet Himmler 1933 das KZ Dachau. Bei der Ermordung der SA-Spitze im Jahr 1934 führt Himmlers SS die Mordbefehle Hitlers aus. Danach wird die Schutzstaffel aus der Abhängigkeit der SA gelöst.

Terrorsystem

Zwei Jahre später kommt der Durchbruch: Himmler rückt an die Spitze der deutschen Polizei und gebietet über den gesamten Sicherheitsapparat. Seinem Terrorsystem sind jetzt keine Grenzen mehr gesetzt. Der spontane Terror, wie ihn die SA in den Anfangsjahren der NSDAP ausübte, geht jetzt in geordnete bürokratische Bahnen über. So unfassbar es auch sein mag: Die Ermordung von Millionen von Menschen wird genau

geplant und effizient umgesetzt. Nach Kriegsbeginn erhält Himmler die Zuständigkeit für die *„Germanisierung“* der besetzten Gebiete. Das bedeutet brutale Umsiedlung bis hin zur Ermordung der Zivilbevölkerung. Es folgt der Posten des Reichsinnenministers und der Oberbefehl über das Ersatzheer.
Der Reichsführer SS achtet stets auf sachlich korrekte Abläufe, verfolgt unnachgiebig Fälle von Diebstahl und Korruption in den Reihen der SS. Pedantisch und penibel will er, dass alles seine Richtigkeit hat. Dabei wird in totaler Umkehr aller Werte *„das Recht zum Massenmord dem Unrecht einer gestohlenen Zigarette gegenübergestellt.“*
Die immer wieder beschworene Härte besitzt Himmler selber offenbar nicht. Ein früherer SS-Obergruppenführer berichtet, bei einer vom Reichsführer SS befohlenen *„Musterexekution“* von 100 Gefangenen im Jahre 1941 anlässlich seines Besuchs in Minsk sei dieser bei den ersten Schüssen fast in Ohnmacht gefallen und habe hysterisch geschrien, als es den Soldaten nicht gelang, zwei Frauen auf Anhieb zu töten. Nach dieser Erfahrung sinnt Himmler, den Soldaten hinter vorgehaltener Hand *„Reichsheini“* nennen, auf andere Formen von Massentötungen.

Tierliebhaber Himmler

Heinrich Himmler, dieser Kleinbürger und Großinquisitor, der in sich *„Charakterzüge des kleingeistigen Bürokraten mit denen des pathologischen Massenmörders“* vereinigt, ist zugleich ein Tierliebhaber. Er verachtet Jäger und kann sich über das Abschlachten von Haustieren erregen.

Seine Vorliebe für Kräuter, Homöopathie und Naturkunde ist ebenso sprichwörtlich wie seine Verstiegenheiten, was das Erbe *„des nordrassischen Indogermanentums“* angeht.
Die Liebe zur Natur und Kreatur auf der einen Seite und auf der anderen Seite das teuflische, monströse und gewissenlose Verbrechen an Millionen von Menschen – diese beiden widersprüchlichen Gesichter des Heinrich Himmler sind nicht miteinander in Einklang zu bringen.

Himmler zu Besuch in den besetzten Ostgebieten, Minsk 1941

Reichsparteitage

Unter Reichskanzler Adolf Hitler finden Kabinettssitzungen bald nicht mehr statt. Auch der Reichstag tritt, abgesehen von zeremoniellen Anlässen, nur noch selten zusammen. Hitler regiert per Erlass bzw. durch das, was andere NS-Größen für seinen Willen halten.

Das große Spektakel

An die Stelle regulärer Regierungstätigkeit tritt das große Spektakel, wofür sich insbesondere die jährlichen Reichsparteitage der NSDAP eignen.
Schon vor 1933 veranstalten die Nationalsozialisten Parteitage. Diese sind aber nicht zu vergleichen mit den bombastischen Inszenierungen, die von 1933 bis 1938 alljährlich in Nürnberg stattfinden. Hitlers Chefarchitekt Albert Speer richtet dafür das Gelände im Südosten der Stadt her: Stadion, Kongresshalle und Aufmarschfelder werden gebaut.
In zahllosen Kolonnen marschieren die Einheiten von SA, SS, HJ und anderen Organisationen an der Haupttribüne vorbei, um anschließend als riesige Menschenquader Aufstellung zu nehmen. Adolf Hitler, auf den diese Inszenierung zugeschnitten ist, entrückt gewissermaßen ins Übermächtige, insbesondere wenn abends Flakscheinwerfer eingeschaltet sind, die das Parteitagsgelände in einen Lichtdom verwandeln.

Sieg und Triumph

Eine programmatische Rede des Führers der NSDAP steht jeweils im Mittelpunkt des Riesenspektakels. Auf dem *Reichsparteitag des Sieges* 1933 genießt Hitler seinen Triumph über die Weimarer Republik. Ein Jahr später – die Losung lautet jetzt *Triumph des Willens* – macht Hitler sich zum Herrn der Geschichte, als er erklärt: „*In den nächsten 1000 Jahren findet in Deutschland keine Revolution mehr statt.*"
Der *Reichsparteitag der Freiheit* 1935 macht mit dem dort verabschiedeten *Reichsbürgergesetz* die deutschen Juden zu Staatsbürgern ohne politische Rechte und verbietet durch das *Blutschutzgesetz* Ehen und überhaupt sexuelle Beziehungen zwischen Juden und „*Deutschblütigen*". Die so genannte „*Rassenschande*" wird gerichtlich verfolgt.
Mit der Überschrift *Reichsparteitag Großdeutschland* feiert die NSDAP 1938 den Anschluss Österreichs an das deutsche Reich. Zugleich bereitet Hitler in seiner Grundsatzrede die gewaltsame Angliederung der Tschechoslowakei vor, die er mit seinen Hasstiraden attackiert. Seine Drohung: Er werde der „*Unterdrückung*" der in der Tschechoslowakei lebenden Sudetendeutschen nicht „*in endloser Ruhe*" zusehen.

Die Zeitumstände

Für Anfang September 1939 wird – es klingt wie Hohn – ein *Reichsparteitag des Friedens* geplant. Doch die NSDAP sagt das Massentreffen ab. In der Erklärung dazu heißt es: „*Ob eine spätere Abhaltung ins Auge gefasst werden kann, hängt von den Zeitumständen ab.*"
Die Zeitumstände sind so, dass Hitler am 1. September 1939 mit dem Überfall auf Polen den Zweiten Weltkrieg beginnt. Die Geschichte der Reichsparteitage ist damit zu Ende.

52

53

52 Reichsparteitag in Nürnberg, 1933

53 Blutfahnenritual, 1934: Die Parteistandarten werden mit der Hakenkreuzfahne von 1923 (Marsch auf die Feldherrnhalle, München) berührt und „geweiht".

54 Aufmarsch am „Tag der Jugend", Nürnberg 1938

54

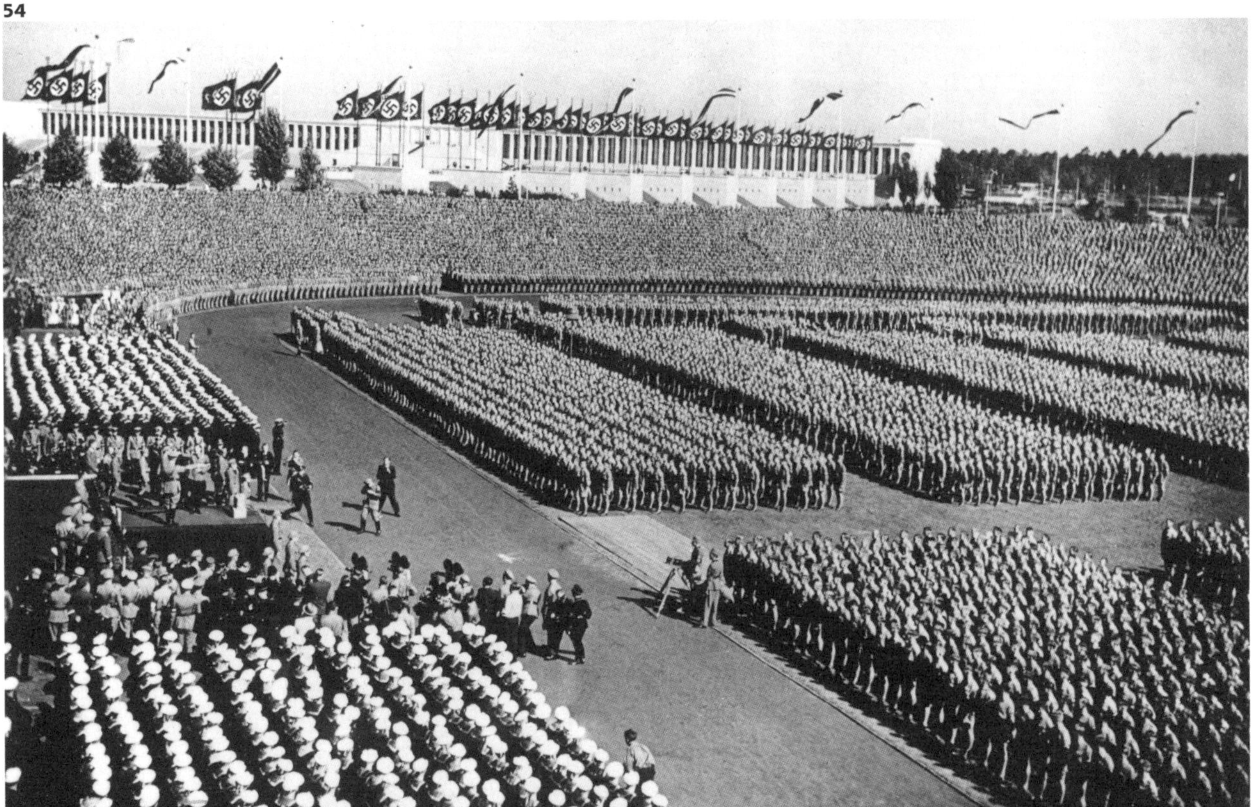

Leni Riefenstahl

Leni Riefenstahl, 1934

1902 *Geburt in Berlin*
bis 1927 *Ausdruckstänzerin*
seit 1926 *Schauspielerin*
1931 *Gründung einer Filmproduktionsfirma*
1945 *Als „Mitläuferin" freigesprochen*
2003 *Tod in Pöcking bei Starnberg*

Sie führt ein intensives und langes Leben – als Tänzerin, Schauspielerin, Regisseurin und Fotografin. Leni Riefenstahl ist 101 Jahre alt, als sie am 8. September 2003 in ihrem Haus am Starnberger See stirbt. Kaum eine andere Künstlerin zieht so große Verehrung und gleichzeitig derart tiefen Hass auf sich wie sie.
„Hitlers Regisseurin" – diese Bezeichnung hätte sie schroff von sich gewiesen. Die Kunst will sie stets scharf getrennt wissen von der Politik. In Wirklichkeit trägt Leni Riefenstahl zum Aufstieg der Nationalsozialisten mehr bei als jede andere Frau in Deutschland. Mit ihren Filmen verleiht sie der Diktatur jenen Glanz, den dieses Unrechtsregime sonst nie errungen hätte. Leni Riefenstahl, Tochter eines Berliner Installateurs, muss wegen eines Unfalls ihre Karriere als Tänzerin aufgeben. Rollen in den damals so beliebten Bergfilmen machen sie in Deutschland bekannt.

Sehr geehrter Herr Hitler

Im Mai 1932 bittet Leni Riefenstahl Hitler um ein Treffen. *„Sehr geehrter Herr Hitler, … Sie hielten eine Rede im Sportpalast. Ich muss gestehen, dass Sie und der Enthusiasmus der Zuhörer mich beeindruckt haben. Mein Wunsch wäre, Sie persönlich kennen zu lernen."*
Das Treffen findet statt. Das Ergebnis: Zwei Parteitagsfilme *„Sieg des Glaubens"* (1933) und *„Triumph des Willens"* (1934), die als die wirkungsvollsten Propagandafilme in die Filmgeschichte eingehen. Bis dahin nicht gekannte Kameraeinstellungen, eine ungewöhnliche Schnitttechnik, ein ganz eigener Bildrhythmus, kombiniert mit Licht- und Musikeffekten – all das fasziniert Zuschauer und Fachwelt.
Für die Olympischen Spiele 1936 in Berlin bietet das NS-Regime der Regisseurin alles, was sie sich wünscht. Über 400 000 Meter Filmmaterial werden abgedreht. Daraus entstehen die beiden Filme: *„Olympia – Fest der Völker"* und *„Olympia – Fest der Schönheit"*.

Kult des Körpers

Was Leni Riefenstahl nicht wahrhaben will: Ihre Filme fügen sich nahtlos in die NS-Ideologie mit ihrem *„Kult des Körpers, der Stärke, der Gesundheit und Mitleidslosigkeit"*, wie es später in einem Beitrag über sie heißt.
„Triumph des Willens" – das könnte auch ihr Lebensmotto gewesen sein. Wie besessen arbeitet sie an ihren Projekten. Nach dem Krieg kann sie keine Filme mehr machen und verlegt sich auf das Fotografieren. Als sie bereits über 70 Jahre alt ist, macht sie einen Tauchkurs, um Unterwasserfilme drehen zu können.

Der Barbarei zu Diensten

Bis ins hohe Alter ist Leni Riefenstahl auf der Suche nach Schönheit und Harmonie. Dass sie zwölf Jahre ihres Lebens mit ihrer Kunst der Barbarei zu Diensten war, das mochte sie bis zuletzt nicht einsehen. Sie fühlte sich stets zu Unrecht verurteilt.

Marlene Dietrich

Die Rolle der Lola im Film *„Der blaue Engel“* traut Marlene Dietrich sich zunächst nicht zu. Ihr Regisseur Josef von Sternberg muss sie erst überzeugen und dann auch noch die Bedenken der *Ufa* überwinden, bevor die Schauspielerin die Studios betritt. Der Film wird ein grandioser Erfolg und macht Marlene Dietrich auf einen Schlag berühmt. Was um die Jahreswende 1929/30 jedoch niemand ahnt: Die Künstlerin wird ihren Ruhm schon wenige Jahre später gegen die NS-Diktatur einsetzen.
Im Januar 1930 kehrt Josef von Sternberg in die USA zurück, wo er vorher schon einige erfolgreiche Filme gedreht hat. Im April folgt ihm Marlene Dietrich. Obwohl die Schauspielerin in Hollywood nahezu unbekannt ist, kann sie mit Sternberg bald Welterfolge feiern: z.B. *„Morocco“* (1930/31), *„Dishonored“* (1931) und *„Shanghai Express“* (1932).

Mythos Marlene

Sorgfältig arbeitet von Sternberg an dem *„Mythos Marlene“*, an dieser erotischen Leitfigur. Der Regisseur und sein Star gelten in Hollywood als unzertrennlich. Allerdings, Marlene Dietrich gibt sich wenig Mühe, andere Liebschaften zu verheimlichen, darunter auch weibliche. 1935 schließlich trennen die beiden sich und halten dennoch weiter Kontakt. Zu diesem Zeitpunkt sitzt das NS-Regime in Deutschland bereits fest im Sattel. Den Gedanken an eine Rückkehr nach Deutschland hat Marlene Dietrich längst aufgegeben. Mit dem braunen Diktator will die Berlinerin nichts zu tun haben. Die Angebote von Propagandaminister Joseph Goebbels lehnt sie rigoros ab.
Sie entscheidet sich für das Exil und geht zugleich auf Konfrontation: 1939 nimmt sie die amerikanische Staatsbürgerschaft an und wird in Deutschland als Landesverräterin angegriffen.
Nach dem Eintritt der USA in den Krieg widmet sie sich als Unterhaltungskünstlerin drei Jahre der Betreuung von US-Truppen.
Mit ihren Liedern macht sie den Soldaten Mut. Darüber hinaus hilft sie verfolgten Juden, im Ausland eine sichere Bleibe zu finden. Das ist ihr Beitrag zum Widerstand.

Flowers Gone

Der *„Mythos Marlene“* bildet die Brücke zu ihrer Nachkriegskarriere. Noch einmal erlebt sie rauschende Erfolge – jetzt als Showstar auf den Bühnen rund um den Globus. Und wieder singt sie Lieder, die vom Krieg und seinen Folgen handeln, zum Beispiel *„Where Have All the Flowers Gone“ („Sag mir, wo die Blumen sind“).*
In den 1970er-Jahren zieht sich die berühmte alte Dame in ihre Pariser Wohnung zurück und verweigert – von Ausnahmen abgesehen – alle Interview- und Fotowünsche. 1992 stirbt sie im Alter von 90 Jahren in Paris, in räumlicher, aber auch innerer Distanz zu Deutschland. Dennoch ist es ihr letzter Wunsch, in Berlin beigesetzt zu werden.

Marlene Dietrich

1901 *Geburt in Berlin*
Ab 1922 *Schauspielerin*
1930 *Übersiedelung nach Hollywood (USA)*
1939 *Amerikanische Staatsbürgerin*
1943–1945 *Betreuung der US-Truppen*
1992 *Tod in Paris*

Bauen für die Ewigkeit

Am 9. Januar 1939 liefert der Architekt Albert Speer ein Prunkstück ab. Nach nur neunmonatiger Bauzeit wird die *Neue Reichskanzlei* an der Voßstraße 2–6 in Berlin eröffnet. Über 8000 Arbeiter sind anwesend, als der Hausherr, Reichskanzler Adolf Hitler, das monumentale Gebäude übernimmt.

Germania

Die Neue Reichskanzlei soll allerdings nur der Anfang sein. Denn Hitler und sein Chefarchitekt planen Gewaltiges. Aus Berlin soll *Germania* werden, die Machtzentrale eines „*großgermanischen*" Weltreichs, eine Welthauptstadt also, die alle Städte der Erde in den Schatten stellt. Den Auftrag, für dieses Vorhaben einen Gesamtbauplan zu erstellen, hat Speer bereits seit dem 30. Januar 1937. Er ist dabei, eine 350 Meter hohe Kuppelhalle zu entwerfen. Eine Vielzahl weiterer mächtiger Gebäude ist in Planung. Sobald *Germania* fertig gestellt ist (was der Krieg jedoch verhindert), sollen im ähnlichen Monumentalstil weitere „*Führerstädte*" entstehen. Um die Festigkeit der Steine und Baumaterialien kümmert Adolf Hitler sich besonders, denn er geht davon aus, dass seine Bauten Jahrtausende überdauern werden. Gegenüber Hans Frank, dem späteren Generalgouverneur im besetzten Polen, schwärmt er über die Bauwerke: „*Die werden so gigantisch, dass selbst die Pyramiden zurücktreten … Ich baue für die Ewigkeit.*"

55

55 Modell der monumentalen Kongresshalle, die im Zuge der Neugestaltung der Reichshauptstadt Berlin geplant ist. Daneben als Größenvergleich ein Modell des Brandenburger Tors und des Reichstags (1938).

56

57

58

56 Das Reichsparteitagsgelände in Nürnberg – Symbol des NS-Machtanspruchs

57 Die Ost-West-Achse durch Berlin wird 1937 für Aufmärsche und Paraden ausgebaut. Die Siegessäule bekommt ihren heutigen Standort (Großer Stern). Das Foto zeigt die Parade zu Hitlers Geburtstag.

58 Hermann Göring (ganz links) besichtigt bei Albert Speer (2. von rechts) das Modell für die Versetzung der Siegessäule.

Albert Speer

Hitler und Speer bei einer Besprechung, 1933

1905 *Geburt in Mannheim*
1923–1928 *Architekturstudium*
1931 *Eintritt in NSDAP und SA*
1937 *Generalbauinspektor für die Reichshauptstadt*
1942–1943 *Als Reichsminister Leiter der gesamten Kriegswirtschaft*
1946–1966 *Verurteilung und Haft in Berlin-Spandau*
1981 *Tod in London*

Die „*Speer-Legende*" führt ein zähes Eigenleben – die Legende von Albert Speer, dem Lieblingsarchitekten Hitlers und späteren Rüstungsministers, der als „*unpolitischer*" Fachmann dem Reichskanzler dient, den teuflischen Verführungskünsten Hitlers erliegt und von der Judenvernichtung so gut wie nichts weiß.
Mit dieser Version seiner Geschichte rettet Albert Speer vor dem Internationalen Kriegsverbrecher-Tribunal in Nürnberg seinen Kopf. An ihr strickt der zu 20 Jahren Haft verurteilte Gefangene im Gefängnis Berlin-Spandau.
Nach seiner Freilassung gibt er sich wiederum als Geläuterter, bleibt seiner Rechtfertigungslinie treu und findet damit vor allem bei der älteren Generation Gehör – nach der Devise, wenn einer, der ganz oben war, nichts weiß, wie soll dann das einfache Volk von den Verbrechen Kenntnis erhalten haben!

Manipulator?

Aber die Wirklichkeit ist womöglich ganz anders gewesen. Der langjährige „*Times*"-Korrespondent in Deutschland, Dan van der Vat, beschreibt Speer als einen „*ausgebufften Manipulator*", der die Rolle des reumütigen Sünders nur gespielt habe.
Das Bild, das Albert Speer der Nachwelt hinterlassen hat, bleibt unscharf. Fest steht, dass es zwischen Hitler und ihm ein enges Vertrauensverhältnis gab. Speer selber beschreibt diese Beziehung mit dem Satz: „*Wenn Adolf Hitler Freunde gehabt hätte, dann wäre ich sein Freund gewesen.*"

Jedenfalls ist der Reichskanzler von dem jungen Architekten aus Mannheim sehr angetan – nicht nur von dessen gestalterischen Fähigkeiten, sondern wohl auch von der eleganten Erscheinung und den organisatorischen Fähigkeiten Speers.

Erweckungserlebnis

Albert Speer ist ein Mann, der Wert legt auf kultivierte Umgangsformen. 1930 hört er in Berlin eine Rede Hitlers, die ihn stark beeindruckt und für ihn zu einer Art Erweckungserlebnis wird. Ein Jahr später tritt er der NSDAP bei.
Als die Nationalsozialisten an der Macht sind, kann er sich vor Aufträgen kaum retten: Umbau des Reichspropagandaministeriums, Neubau der Reichskanzlei, Gestaltung des deutschen Pavillons bei der Weltausstellung 1937 in Paris usw.
Das gewaltigste Vorhaben nimmt Hitlers Chefarchitekt 1938 in Angriff: Die Neugestaltung Berlins zur Welthauptstadt *Germania*. Speer entwirft Modelle für Monumentalbauten und Kultstätten des Regimes. In Hitlers *Berghof* auf dem Obersalzberg verfügt er über ein eigenes Atelier, wo er mit Hitler seine Pläne und Ideen diskutiert. Finanzielle Beschränkungen gibt es nicht.

Kriegswirtschaft

Mit Beginn des Zweiten Weltkriegs verlieren die hochfliegenden Pläne und Ideen an Schwung. Jetzt ist der Organisator Speer gefragt. Zunächst befasst er sich vorrangig mit Wehrbauten. Als Rüstungs-

minister Fritz Todt Anfang 1942 bei einem Flugzeugabsturz ums Leben kommt, wird Albert Speer sein Nachfolger. Bald unterliegt die gesamte Kriegswirtschaft Speers persönlicher Verantwortung.
Der Erwartung seines obersten Kriegsherrn, die Rohstoffversorgung zu verbessern und die Rüstungsproduktion anzukurbeln, entspricht er auf der ganzen Linie. Der Rüstungsminister setzt Zwangsarbeiter und KZ-Häftlinge zu hunderttausenden in Fabriken ein und erreicht in enger Zusammenarbeit mit Heinrich Himmler und dessen SS eine dramatische Steigerung beim Bau von Flugzeugen, Panzern und Geschützen. Damit trägt Albert Speer direkt zur Verlängerung des Krieges bei, denn ohne sein Eingreifen wäre die Kriegswirtschaft wahrscheinlich schon 1943 zusammengebrochen.

Vertreibung von Juden

Durch sein Amt des Generalbauinspektors für die Reichshauptstadt ist Speer direkt einbezogen in die Vertreibung der Berliner Juden aus ihren Wohnungen. Die Speer unterstellte *Hauptabteilung Umsiedlung* leistet gründliche Arbeit. Weiß Speer um das Schicksal der deportierten Juden? Er selber behauptet, erst nach 1945 Kenntnis davon erhalten zu haben.
Mit Geschick organisiert der in Nürnberg als Kriegsverbrecher angeklagte Speer sein Überleben. Er nutzt auch die 20 Jahre in Spandauer Haft, um seine Version der Geschichte aufzuschreiben. Nach der Freilassung im September 1966 tritt den Deutschen ein alter Mann gegenüber – gezeichnet zwar von der langen Haft, aber ungebrochen und keineswegs unsympathisch. Speer legt 1969 seine *„Erinnerungen"* vor und sechs Jahre später die *„Spandauer Tagebücher"*.
In Interviews und Gesprächsrunden wirbt er um Vertrauen in seine Sicht der Dinge. Doch deutliche Zweifel bleiben bis heute bestehen.
„Dieser dezente Herr war ein Verbrecher, einer der schrecklichsten Kriegsverbrecher in der Geschichte Deutschlands. Er hatte den Tod unzähliger Menschen verschuldet. Noch unlängst hatte er zu den engsten Mitarbeitern und Vertrauten Adolf Hitlers gehört … Die Rede ist von Albert Speer." (Marcel Reich-Ranicki)

Speer erklärt Hitler das Modell für ein neues Gebäude in Berlin, 1937.

Medaillen für den „Führer"

Im Jahr 1931 überträgt das Internationale Olympische Komitee (IOC) dem Deutschen Reich die Ausrichtung der Olympischen Spiele 1936. Allgemein stößt diese Entscheidung in Deutschland auf Zustimmung. Nur die NSDAP polemisiert damals heftig dagegen, mit „*Negern und Juden*" Wettkämpfe zu veranstalten.
Als das sportliche Großereignis schließlich näher rückt, hat Adolf Hitler seine Meinung längst geändert. In den Spielen sieht der Reichskanzler eine hervorragende Gelegenheit, der Welt Deutschland von seiner friedlichsten Seite zu zeigen.

Boykott-Forderungen

Doch im Vorfeld der Wettkämpfe gibt es Druck von außen. Emigranten und internationale Sportverbände verlangen einen Boykott der Olympischen Spiele in Deutschland. Denn im Ausland hat sich das NS-Regime längst in Misskredit gebracht – durch seine zynische Rassenpolitik, die Besetzung des Rheinlandes unter Verletzung internationaler Verträge, ferner durch die Entsendung deutscher Streitkräfte (*Legion Condor*) zur Unterstützung der Truppen Francos im Spanischen Bürgerkrieg (1936/37).

Reichssportfeld

Doch Hitler lässt sich nicht beeindrucken. Mit einem massiven organisatorischen und finanziellen Aufwand werden die Spiele in Szene gesetzt. Auf dem Berliner Reichssportfeld mit dem Olympiastadion und dem Maifeld, wo sonst die HJ ihre Maifeiern aufzieht und Joseph Goebbels seine Auftritte bei den Sonnwendfeiern hat, möchte das Regime auftrumpfen.

59

59 1. August 1936: Eröffnungsfeier der XI. Olympischen Spiele im Berliner Olympiastadion

Friedliche Stimmung

Von der Wirklichkeit der NS-Herrschaft bekommen die über 4000 Sportler aus 49 Ländern und die ausländischen Besucher während der Spiele in der ersten Augusthälfte des Jahres 1936 so gut wie nichts mit. Sinti und Roma müssen die Innenstadt verlassen. Sie werden in ein Lager nach Berlin-Marzahn verfrachtet, von wo aus sie kurze Zeit später in das KZ Auschwitz deportiert werden.

Als Schirmherr der Spiele gibt sich Hitler zivil – keine Hasstiraden gegen europäische Nachbarn, keine antisemitischen Parolen. Abgesehen von den vielen Hakenkreuzen zeigt sich Berlin in einer friedlichen Stimmung. „*... wie eine Insel des Friedens schwimmt Deutschland in dem Meer der Nationen*", heißt es in einem Fotoband, der unmittelbar nach den Olympischen Spielen erscheint.

Die Wettkämpfe sind eingerahmt von Massenkundgebungen, mit denen das ausländische Publikum beeindruckt werden soll. Einer „*Weihestunde*" der deutschen Jugend im Lustgarten folgen Aufmärsche auf der Feststraße Unter den Linden.

Ergebenheitsgesten

Die deutschen Sportler wissen, was das Regime von ihnen erwartet. Als „*Kämpfer für die Idee des Führers*" sorgen sie nicht nur für den erhofften Medaillenregen, sondern demonstrieren ihre Ergebenheit gegenüber dem Schirmherrn.

Mit dem propagandistischen Ertrag der Olympischen Spiele kann Hitler am Ende zufrieden sein. Er hat der ganzen Welt ein Deutschland vorgeführt, das in Harmonie mit seiner Führung lebt.

Hinter die geschönte Fassade blickt jedoch kaum jemand. Und die Schreie der Gefolterten in den Konzentrationslagern – sie werden auf dem Reichssportfeld nicht vernommen.

60

61

60 Siegerehrung der Speerwerferinnen. Die Sportlerin ganz rechts stammt aus Polen, die beiden anderen sind Deutsche.

61 Jesse Owens (USA) erringt bei den Olympischen Spielen vier Goldmedaillen. Hitler ist enttäuscht über die Niederlage der deutschen Athleten gegen den schwarzen Sportler und verlässt die Spiele vorzeitig.

Straßen des „Führers"

62

Am Morgen des 23. September 1933 versammeln sich vor dem Arbeitsamt in Frankfurt am Main 720 Arbeiter. In feierlicher Form werden ihnen Spaten ausgehändigt. Und Fritz Todt, der Generalinspektor für das deutsche Straßenwesen, hält eine Ansprache: *„Es ist der Wille unseres Führers, dass ihr diese Stätte nicht mehr betretet. Wir gehen nicht mehr stempeln, sondern wir bauen Straßen."*

Mythos Autobahn

Todt meint keine gewöhnlichen Straßen, sondern Autobahnen bzw. *„Nur-Autostraßen"*, wie sie zunächst genannt werden. Da die Nationalsozialisten von Propaganda etwas verstehen, ist es Hitler selbst, der in blank polierten Lederstiefeln den ersten Spatenstich für die Strecke Frankfurt-Darmstadt tut. Damit beginnt der *„Mythos Autobahn"* – unausrottbar bis heute –, der besagt, dass der Autobahnbau Hitlers geniale Idee gewesen sei. Weder ist es seine Idee noch wird das Projekt zunächst ein wirklicher Erfolg.

Es fehlen die Autos

Schon vor 1933 existiert ein weitgehend ausgereifter Plan für ein Autobahnnetz und einzelne Strecken sind in Betrieb. Im Dritten Reich entstehen zwar über 40 neue Autobahnabschnitte, nicht zuletzt durch den Einsatz von Häftlingen, Kriegsgefangenen und Zwangsarbeitern. Aber es fehlen die Autos, wie der junge John F. Kennedy 1937 feststellt. Der spätere US-Präsident ist begeistert von den *„besten Straßen der Welt"*. In Deutschland seien sie allerdings unnötig, *„weil der Verkehr gering ist."* Grund dafür ist, dass der groß angekündigte *Volkswagen* nicht ausgeliefert wird.

63

62 Werbeplakat für die Reichsautobahnen

63 23. September 1933: Hitler setzt in Frankfurt den ersten Spatenstich für den Bau der Reichsautobahn.

Verfolgung, Anpassung und Gegnerschaft

„Es war nie Ausreise, immer nur Flucht.“

Adrienne Thomas

Zuchthaus Brandenburg

Mitläufer und Widersacher

Die Olympischen Spiele von 1936 sind ein Propagandaerfolg nach außen, aber auch bei der eigenen Bevölkerung. Groß in Szene gesetzte Projekte wie der Autobahnbau tragen ebenfalls zur Popularität Hitlers bei und vergrößern zugleich das Heer der Mitläufer, die längst die Mehrheit in der Bevölkerung stellen.
Der Hang zur Anpassung nimmt zu in Deutschland, desgleichen die Verfolgung der Gegner, die einem System des Terrors ausgesetzt sind, das ständig verschärft wird.

Längst in Haft

Mutige NS-Gegner wie der SPD-Reichstagsabgeordnete Kurt Schumacher sitzen längst in KZ-Haft. Zugleich stehen sich SPD und KPD als Parteien weiterhin unversöhnlich gegenüber, was den Widerstand gegen das Regime erschwert.

Überwiegend sind es einzelne Persönlichkeiten aus der Politik, aber auch aus den Kirchen, die sich zur Wehr setzen. Außerdem unterstreichen Gesten der Mitmenschlichkeit im Alltag, dass es in der Bevölkerung auch noch Gegner der NS-Diktatur gibt.

Mit brennender Sorge

Die Kirchen reagieren unterschiedlich auf das NS-Regime. Auf katholischer Seite ist es die Enzyklika *„Mit brennender Sorge“*, mit der Papst Pius XI. 1937 erstmals die Reichsregierung angreift. Die Verhaftung zahlreicher Priester, die Beschlagnahme von Druckereien und die Schließung kirchlicher Einrichtungen sind die Folge. Bei den Protestanten ist es die *Bekennende Kirche*, die sich dem NS-System verweigert. Viele Pfarrer aus ihren Reihen werden verhaftet.

64

64 20. August 1933: Jugendliche grüßen den „Führer“ beim Katholischen Jugendtreffen in Berlin.

SPD und KPD: Unversöhnlich

Adolf Hitler verdankt seinen Aufstieg auch der Zerrissenheit der politischen Linken. SPD und KPD gelingt es nicht, ihre Gegensätze zu überwinden und sich gegen die NSDAP zu verbünden – weder in der Weimarer Republik noch im Dritten Reich, wo es letztlich um das nackte Überleben der beiden Parteien und ihrer Mitglieder geht.

Verkappte Faschisten?

Die von Moskau aus gesteuerte KPD hält sogar bis 1935 an ihrer Auffassung fest, wonach Sozialdemokraten verkappte Faschisten seien. Dies ändert sich erst, als beide Parteien der Verfolgung bereits erlegen sind. Im Kampf gegen Hitler bringt die KPD die meisten Opfer, obwohl sie sich frühzeitig auf die illegale Arbeit eingestellt hat. Meinungsgegensätze zwischen dem Kreml in Moskau, der KPD-Führung und den Gruppen im Untergrund lähmen den kommunistischen Widerstand. Verzweifelt versuchen abgetauchte KPD-Leute, durch Verhaftung oder Mord entstandene Lücken in ihren Reihen zu füllen und Verbindungen aufrechtzuerhalten.

Auch bei der SPD gibt es Gegensätze zwischen dem zunächst nach Prag, Paris und schließlich nach London emigrierten Vorstand und der in Deutschland verbliebenen Parteibasis. Der Streit geht um die Frage, wie die SPD dem NS-Regime gegenübertreten soll. Anfangs versuchen Sozialdemokraten vor Ort, gesetzliche Möglichkeiten auszuschöpfen. Aber das bewahrt sie nicht vor dem Verbot der Partei am 22. Juni 1933. Danach dauert es nicht lange, bis die Linke durch Verfolgung und Terror ganz von der Bildfläche verschwindet.

66

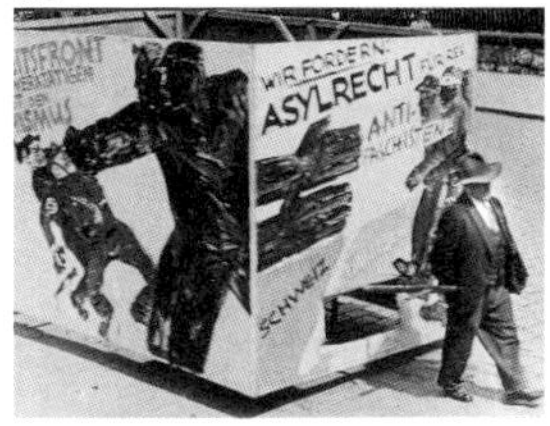

67

65 5. Februar 1933: Demonstration der „Roten Einheitsfront" gegen den Faschismus in Albbruck (Waldshut)

66 & 67 Zürich 1933: Demonstranten fordern Asyl für NS-Gegner aus Deutschland

65

Kurt Schumacher

Kurt Schumacher

1895 *Geburt in Culm*
1924 *Mitglied des Landtags für die SPD*
1930 *Mitglied des Reichstags*
1933–1943 *Inhaftiert in Konzentrationslagern*
Seit 1946 *Vorsitzender der SPD*
1952 *Tod in Bonn*

Unerbittlich gegen sich und andere – die Zeitumstände dürften diesen Wesenszug Kurt Schumachers noch verstärkt haben. In wichtigen Momenten vertritt der in Culm/Westpreußen geborene Sohn eines Kaufmannes seine Überzeugung hart und kompromisslos, insbesondere gegenüber dem NS-Regime.
Dass er die Nationalsozialisten ablehnt, daran gibt es von Anfang an keinen Zweifel. Schumacher, Kriegsfreiwilliger im Ersten Weltkrieg, nach dem Verlust des rechten Armes an der Front Student der Rechts- und Wirtschaftswissenschaften in Halle, Leipzig und Berlin, gehört der SPD seit 1918 an. Er war Mitglied im Berliner Arbeiter- und Soldatenrat.

Redakteur und Abgeordneter

In den 1920er-Jahren arbeitet er als Redakteur der sozialdemokratischen „*Schwäbischen Tagwacht*" in Stuttgart, wird Abgeordneter im Württembergischen Landtag und gründet zusammen mit Parteifreunden das *Reichsbanner Schwarz-Rot-Gold*, das sich als Schutzbund der Demokratie versteht. Als junges Reichstagsmitglied profiliert sich Schumacher 1932 in einer Rede gegen die NSDAP.

Zehn Jahre KZ-Haft

Für seine mutige Haltung muss Schumacher einen hohen Preis zahlen.
Kaum hat er sich im Frühjahr 1933 in die illegale Parteiarbeit gestürzt, wird er am 6. Juli verhaftet und erst zehn Jahre später entlassen.
Die Konzentrationslager Heuberg bei Sigmaringen, Oberer Kuhberg (Ulm), Dachau und Flossenbürg sind seine Leidensstationen. Als Obmann für die Häftlingsbücherei in Dachau hält er Kontakt zu politischen Freunden. Im März 1943 kommt er schwer krank frei.
Im Zuge der *Gewitter-Aktion*, einer Verfolgungswelle nach dem Attentat vom 20. Juli 1944, wird Kurt Schumacher erneut verhaftet und für einige Wochen im KZ Neuengamme bei Hamburg festgehalten.
Kaum ist der Zweite Weltkrieg zu Ende, drängt Schumacher auf die Neugründung der Sozialdemokratischen Partei.
Das *Büro Schumacher* in Hannover ist Sammelpunkt für Sozialdemokraten, die Krieg und NS-Terror überlebt haben.
Im Mai 1946 wird er SPD-Vorsitzender. Unermüdlich und wie im Wettlauf mit der Zeit ist Schumacher aktiv.
Als Oppositionsführer im Bundestag bekämpft der SPD-Politiker ab 1949 alles, was einer künftigen Wiedervereinigung Deutschlands im Wege stehen könnte, vor allem Adenauers Hinwendung zum Westen.
Die Folgen der Kriegsverwundung und der langen KZ-Haft machen ihm mehr und mehr zu schaffen. Auf seine Sekretärin gestützt, erreicht er den Sitzungssaal oft nur noch unter großen Mühen. Am 20. August 1952 stirbt der SPD-Politiker im Alter von 56 Jahren.

Der Mut, dagegen zu sein

Schon früh – bereits vor dem *Ermächtigungsgesetz* – sehen sich Mitglieder und Anhänger von SPD und KPD der Verfolgung durch die Nationalsozialisten ausgesetzt. Den Mut, dagegen zu sein, müssen im Lauf der Zeit viele teuer bezahlen – sie werden verhaftet, zur Emigration gezwungen oder getötet.

Theodor Neubauer *(1890–1945):* Der ehemalige KPD-Reichstagsabgeordnete schart während des Krieges in Thüringen einen Widerstandskreis um sich, der sich einige Jahre behaupten kann.
Die „Neubauer-Gruppe“ steht in Kontakt zu NS-Gegnern in Berlin, Magdeburg und Leipzig und versucht, durch Flugblätter die NS-Verbrechen publik zu machen. Durch Spitzel gerät Theodor Neubauer 1944 in die Hände der Gestapo und mit ihm viele aus seiner Gruppe. Das gegen ihn verhängte und vollstreckte Todesurteil bedeutet das Ende der größten kommunistischen Widerstandsgruppe in Mitteldeutschland.

Lina Haag *(geb. 1907):* Nach dem Reichstagsbrand am 27. Februar 1933 gehört Lina Haag wie ihr Mann Alfred zu den Kommunisten, die zu tausenden abgeführt und verschleppt werden. Viereinhalb Jahre verbringt Lina Haag in Gefängnissen und Konzentrationslagern, bis sie 1937 aus dem KZ Lichtenburg entlassen wird. Der Leidensweg ihres Mannes führt zunächst in das KZ Oberer Kuhberg in Ulm, von dort 1935 nach Dachau und schließlich nach Mauthausen. In ihrer Verzweiflung über sein Schicksal unternimmt Lina Haag im Januar 1940 einen gewagten Vorstoß beim Reichsführer SS, Heinrich Himmler. Sie erreicht die Freilassung ihres Mannes. Alfred Haag wird einige Monate später an die Ostfront geschickt, überlebt den Krieg und kehrt 1948 aus sowjetischer Gefangenschaft zurück. 1947 erscheinen die Erinnerungen von Lina Haag unter dem Titel „*Eine Handvoll Staub*“.

Ernst Reuter *(1889–1953):* Nach dem Studium in Marburg und München wird Reuter 1912 SPD-Mitglied. Im Ersten Weltkrieg gerät er nach einer schweren Verwundung in russische Gefangenschaft. Im Gefolge der Oktoberrevolution 1917 beruft Lenin ihn zum Volkskommissar der Wolgadeutschen Republik. Der Ausbruch der Novemberrevolution in Deutschland führt Reuter nach Berlin, wo er am Aufbau einer KPD-Organisation mitwirkt. Mit den Kommunisten überwirft er sich und kehrt zur SPD zurück. Zunächst arbeitet er als Redakteur für die Parteizeitung „*Vorwärts*“ und wird dann Verkehrsdezernent des Magistrats von Berlin. Zwischen 1931 und 1933 ist er Oberbürgermeister von Magdeburg, 1932/1933 auch Abgeordneter im Reichstag. Ernst Reuter wird 1933 von den Nationalsozialisten verhaftet und zweimal im KZ festgehalten, bevor er 1935 schließlich nach England und dann in die Türkei emigriert. Er berät den türkischen Wirtschaftsminister und lehrt anschließend als Professor in Ankara Kommunalwissenschaften. 1946 kehrt er nach Berlin zurück und wird dort Oberbürgermeister bzw. später Regierender Bürgermeister von (West-)Berlin.

68

69

70

68 Theodor Neubauer

69 Lina Haag

70 Ernst Reuter

Terrorsystem – SS und KZ

Konzentrationslager werden in den zwölf Jahren der NS-Herrschaft *„zum wichtigsten Instrument des Staatsterrors“*. Hinter Hochspannungszäunen und Wachtürmen verschwinden politische Gegner, Juden, Zeugen Jehovas, Sinti und Roma, Homosexuelle, schließlich Widerstandskämpfer aus den besetzten Gebieten und Kriegsgefangene. Am Anfang ist es in erster Linie die SA, die in den Lagern wütet und Häftlinge drangsaliert, ohne eine Strafe befürchten zu müssen. Dann übernimmt die SS das Kommando. Sie foltert und quält gewissermaßen nach Lehrbuch. SS-Oberführer Theodor Eicke hat dafür in Dachau eine *„mustergültige Lagerordnung“* entwickelt. Es gibt schließlich 24 Hauptlager mit ca. 1000 Außenlagern und Außenkommandos.

Orte des Sterbens

In den KZ werden auch tödliche Menschenversuche durchgeführt. Hinrichtungen erfolgen durch unterschiedlichste

71 SS-Posten, Dachau

72 Morgenappell im KZ Oranienburg, 1933

71

72

73

73 „Arbeit macht frei" – Schriftzug über dem Haupteingangstor zum KZ Auschwitz

74 Das Jugend-KZ Moringen für junge Männer wird 1940 errichtet.

Methoden, z.B. durch Injektionen ins Herz (KZ Buchenwald). Kriegsgefangene der Roten Armee werden in einer Genickschussanlage im KZ Sachsenhausen oder auf einem Schießplatz beim KZ Dachau hingerichtet. Sowjetische Kriegsgefangene vegetieren in Bergen-Belsen monatelang ohne Unterkünfte und ohne Versorgung unter freiem Himmel, bis sie zu tausenden elend zugrunde gehen. Konzentrationslager sind Orte *„des Massenmords und des Sterbens"*. Allein in Sachsenhausen kommt die Hälfte der 200 000 Gefangenen aus 40 Ländern um.
Das Terrorsystem bedeutet: Tod durch Hunger, Erschöpfung oder grausame Quälereien, Erfrierungen nach stundenlangem Appellstehen, Vernichtung durch Arbeit in den KZ-Außenlagern. Dort müssen zehntausende für Rüstungsunternehmen wie Siemens, AEG, Daimler-Benz und I.G. Farben Zwangsarbeit leisten.

74

Josef Mengele

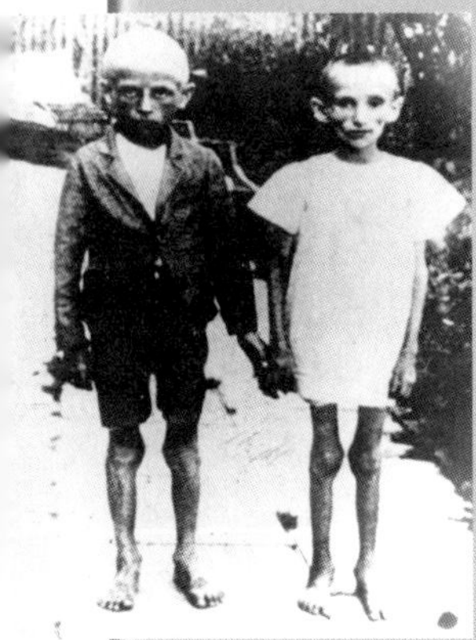

Kinder im KZ Auschwitz

1911 *Geburt in Günzburg*
1930 *Studium der Medizin, Anthropologie*
1937 *Eintritt in die NSDAP*
1938 *Eintritt in die SS*
1941–1942 *Bataillonsarzt*
1943–1945 *Arzt im KZ Auschwitz*
1949 *Flucht nach Südamerika*
1979 *Tod bei São Paulo*
1991 *DNA-Analyse bestätigt Mengeles Tod*

Auf ein gepflegtes Aussehen legt Dr. Dr. Josef Mengele stets großen Wert. Hermann Langbein, der als KZ-Häftling in Auschwitz Mengele kennen lernt, beschreibt ihn als einen schlanken, dunkelhäutigen und dunkelhaarigen Mann mit einem leichten Silberblick auf dem linken Auge. *„Er ist ungefähr 1,70 Meter groß … er ist immer sehr gut angezogen. In Auschwitz trug er immer ganz scharfe Bügelfalten, auf Hochglanz polierte Stiefel und weiße Handschuhe."*

Auf eine medizinische Aufgabe im Dienst des NS-Regimes hat sich Mengele gründlich vorbereitet. Mit einer Arbeit über die *„Rassenmorphologische Untersuchung des vorderen Kieferabschnitts bei vier rassischen Gruppen"* promoviert er 1935 in München im Fach Anthropologie. Am Frankfurter Institut für Erbbiologie und Rassenhygiene absolviert Josef Mengele das Medizinalpraktikum. 1938 erwirbt er den zweiten Doktortitel, diesmal im Fach Medizin.

Ursprünglich plant Dr. Mengele eine Karriere beim Militär. An der Ostfront gehört der Sohn einer begüterten, streng katholischen Industriellenfamilie aus dem bayerischen Günzburg der berüchtigten SS-Division *Wiking* als Bataillonsarzt an. Eine Verwundung zwingt ihn 1943, beruflich umzudenken.

Mengele betätigt sich danach im Berliner Institut für Anthropologie, menschliche Erblehre und Eugenik, bis er 1943 seinen Dienst als Lagerarzt für das *„Zigeunerlager"* antritt.

Menschen benutzen

In Auschwitz eröffnet sich ihm ein weites Feld praktischer Forschung, das heißt experimentieren am lebenden Menschen. Konflikte mit dem Gesetz braucht der KZ-Arzt nicht zu befürchten, denn Rasseforschung hat im NS-Staat absoluten Vorrang. Das Regime bietet Medizinern wie ihm etwas, was in allen Ländern verboten ist: Statt an Tieren zu forschen, dürfen Menschen in beliebiger Zahl zu Versuchszwecken benutzt werden.

Mengele unternimmt vorrangig Studien an Menschen mit körperlichen Anomalitäten, zum Beispiel Kleinwüchsigkeit. Er betreibt Zwillingsforschung, von der sich das NS-Regime eine Förderung des *„arischen Nachwuchses"* erhofft, und leitet das Sonderprojekt *Augenfarbe.* Für dieses Vorhaben lässt der KZ-Arzt Häftlinge umbringen und Organproben entnehmen, die nach Berlin eingesandt werden.

Herr über Leben und Tod

Äußerungen, wonach Dr. Mengele bei seiner Tätigkeit irgendwelche Skrupel empfindet, sind nicht bekannt. Mithäftlinge berichten, er habe sein teuflisches Handwerk ohne Grobheiten verrichtet. Mengele kann ein jüdisches Kind anlächeln, bevor er es anschließend mit einer Spritze tötet.

Stets akkurat gekleidet, manchmal pfeifend, verrichtet Mengele seinen Dienst bei den *„Selektionen"*. Es obliegt seiner Entscheidung, Gefangene an der Rampe auszusondern und in die Gaskammer zu

schicken oder sie für seine „Forschungen" zunächst am Leben zu lassen. In seiner Allmacht entscheidet Mengele auch darüber, ob schwangere Frauen entbinden dürfen.
Mit der zynischen und kriminellen Energie, mit der Mengele seine barbarischen Untersuchungen vorantreibt, organisiert er auch sein Überleben. Auschwitz verlässt er, bevor die Rote Armee das Lager befreit. Die Resultate der Zwillingsforschung nimmt er mit, denn Mengele glaubt noch, damit Professor werden zu können. Doch zunächst muss er untertauchen. Als Wehrmachtssoldat wird er unter falschem Namen von US-Truppen gefangen genommen. Mengele wird nicht erkannt und wieder entlassen. Bis 1948 arbeitet er als Knecht.

Eine neue Identität

1949 beginnt Mengele seine Flucht ins Ausland. Er verschafft sich einen neuen Pass mit neuer Identität: *Helmuth Gregor* nennt er sich jetzt. In den folgenden Jahren wechseln die Namen noch öfter. Über Genua gelangt Mengele nach Buenos Aires.

Flucht nach Paraguay

1959 – die Bundesrepublik Deutschland hat endlich einen internationalen Haftbefehl gegen Mengele erwirkt und eine Belohnung von 10 Millionen DM ausgesetzt – flieht dieser nach Paraguay. Dort gewährt ihm der deutschstämmige Diktator, General Alfredo Stroessner, Schutz vor seinen Verfolgern.
Knapp ein Jahr später taucht der Gesuchte dann in der Nähe der brasilianischen Metropole São Paulo unter. Josef Mengele kommt 1979 bei einem Badeunfall ums Leben und wird unter falschem Namen beerdigt. Der israelische Geheimdienst Mossad macht sein Grab ausfindig. Es dauert noch einmal sechs Jahre, bis die Identität des Toten feststeht.
Eine gerichtsmedizinische Untersuchung schafft 1991 endlich Klarheit: Bei dem Toten handelt es sich um Josef Mengele, den gesuchten ehemaligen KZ-Arzt von Auschwitz.

Josef Mengele in Argentinien, 1966

„Mengele gilt als der Prototyp eines SS-Arztes, der Gefangene der Vernichtungslager für Versuche missbraucht hat. Er war aber keineswegs der einzige. Ärzte, die nicht der SS angehörten, haben sich darum beworben, Menschenversuche in Auschwitz anzustellen."
(Hermann Langbein, ehemaliger KZ-Häftling in Auschwitz)

Kirche und Drittes Reich

Die katholische Kirche kann im Dritten Reich ihre Geschlossenheit wahren – allerdings nur mit weitgehender Duldung des NS-Regimes. Die Masse der Katholiken verhält sich wie die Mehrheit der Bevölkerung: Sie passt sich an oder macht aktiv mit. Die Kirche als Institution setzt sich meist nur dann zur Wehr, wenn der Religionsunterricht gefährdet ist oder Geistliche und Nonnen verhaftet werden. Gegen die „*Euthanasie*“ gibt es Einspruch: Der Bischof von Münster, Clemens August Graf von Galen, geißelt von der Kanzel aus und in Rundbriefen die Ermordung Behinderter.

Der Papst schweigt

Ansonsten nehmen die meisten katholischen Würdenträger den NS-Terror – sogar die Verfolgung und später die Vernichtung der Juden – stillschweigend hin. Das gilt auch für Papst Pius XI. In seiner Enzyklika „*Mit brennender Sorge*“ kritisiert er zwar die Verstöße gegen das Reichskonkordat von 1933 – eine Vereinbarung zwischen Deutschem Reich und Vatikan über die Rechte der katholischen Kirche und katholischer Organisationen –, erwähnt aber die unmenschliche Behandlung der Juden mit keinem Wort. Auch Pius XII., Papst ab 1939, protestiert nicht gegen Völkermord und „*Endlösung*“.

„Bekennende Kirche"

Im Gegensatz zur katholischen Kirche gibt es im Protestantismus zwei Richtungen. Die *Bekennende Kirche* lehnt es strikt ab, sich für Ziele des NS-Staates einspannen zu lassen. Sie beruft sich auf die christliche Lehre und den Glauben, der im Vordergrund stehen müsse, nicht die Ergebenheit gegenüber dem Staat.
Mit dieser Haltung stellt sich die *Bekennende Kirche* gegen die *Deutschen Christen*, die das Christentum im nationalsozialistischen Sinne umdeuten und seit 1933 die Kirchenregierungen beherrschen. Der 1933 von Martin Niemöller gegründete

75 23. September 1934: Amtseinführung des Reichsbischofs der Deutschen Christen, Ludwig Müller

76 Hitler begrüßt beim Reichsparteitag in Nürnberg 1934 Reichsbischof Müller.

75

76

Pfarrernotbund bildet den Auftakt dieser Opposition innerhalb der evangelischen Kirche. Niemöller ruft die deutschen Pfarrer zum Protest gegen den *Arierparagrafen* auf. Bis 1934 schließen sich mehrere tausend Geistliche dem *Pfarrernotbund* an.

Vision Reichskirche

Ludwig Müller, Vertrauter Adolf Hitlers in Sachen evangelischer Kirche, wird im September 1933 zum Reichsbischof gewählt. Er will das *„Führerprinzip"* und den *Arierparagrafen*, also die Ausgrenzung von Juden, auf die Kirche übertragen. Im Dezember 1933 betreibt er eigenmächtig die Angliederung der evangelischen Jugendverbände an die *Hitlerjugend*. Es gelingt ihm jedoch nicht, *Pfarrernotbund* und *Bekennende Kirche* in die offizielle Deutsche Evangelische Kirche zu integrieren. Hitler verliert schließlich das Interesse an ihm – die Kirchenfrage wird auf die Zeit nach dem Krieg vertagt.

Tapfer und unerschrocken

Die NS-Kirchenpolitik bewegt sich zwischen Verfolgung und Vereinnahmung der Kirchen. Gegen die Gleichschaltung wehren sich einige Geistliche und Theologen tapfer und unerschrocken.

Martin Niemöller *(1892–1984):* Bei dem Pfarrer in Berlin-Dahlem laufen viele Aktivitäten der *Bekennenden Kirche* zusammen. Er erhält Redeverbot, wird 1937 verhaftet und ist bis Kriegsende im KZ (Sachsenhausen und Dachau) inhaftiert.

Dietrich Bonhoeffer *(1906–1945):* Der Theologe der *Bekennenden Kirche* nutzt seine guten Auslandskontakte für den Widerstand und weiß um Umsturzpläne. Am 5. April 1943 wird er verhaftet und 1945 im KZ Flossenbürg erhängt.

Alfred Delp *(1907–1945):* Der Theologe ist als Gemeindepfarrer in München tätig. Er hält enge Verbindungen zum *Kreisauer Kreis* und entwirft eine Gesellschaftsordnung für die Zeit nach dem Krieg. Am 28. Juli 1944 wird er in München verhaftet, zum Tode verurteilt und hingerichtet.

Max Josef Metzger *(1887–1944):* Der Geistliche ist aktiv in der katholischen Friedensbewegung und arbeitet ein Papier zum Friedensschluss aus. Aufgrund von Verrat wird er am 29. Juni 1943 von der Gestapo verhaftet, zum Tode verurteilt und hingerichtet.

77 Martin Niemöller

78 Dietrich Bonhoeffer

79 Alfred Delp

80 Max Josef Metzger

77

78

79

80

Gesten der Mitmenschlichkeit

Gesten der Mitmenschlichkeit – Spuren des Widerstandes: Es gibt unzählige Beispiele dafür, dass Menschen nicht nur mitfühlen, sondern auch mutig helfen. Die Schriftstellerin Ilse Aichinger erinnert sich, dass manchmal ein Lächeln genügte, um sich der Gegnerschaft zum NS-Regime zu vergewissern. *„Ich erinnere mich, dass ich einmal auf der Straße ging und einen Bekannten traf, der sagte: ‚Strahlen Sie nicht so! Sonst werden Sie noch verhaftet.'"*

Ein Gänseblümchen

Olga Bontjes van Beek bringt ihrer zum Tode verurteilten Tochter Cato regelmäßig Wäsche ins Gestapo-Gefängnis in Berlin. Eines Tages legt sie ein Gänseblümchen zwischen die gefalteten Kleidungsstücke. Als eine Aufseherin bei der Kontrolle das Blümchen entdeckt, sagt sie: *„Na, Se wissen doch, det Se nischt einpacken dürfen, wat anderes! Also, det müssen wir jetzt wieder rausnehmen. Aber machen Se det nich wieder!"* Und legt das Gänseblümchen wieder vorsichtig zwischen die Wäsche. Cato Bontjes van Beek, Widerstandskämpferin der *Roten Kapelle* Berlin, vermerkt im nächsten Brief: *„Mama, dass du mir ein Gänseblümchen geschenkt hast!"*

81

81 Eine Geste von Gegnerschaft und Widerstand im Alltag: August Landmesser (Pfeil) verweigert den Hitlergruß.

Hilfe für „U-Boote"

Mit großem persönlichem Risiko und Erfindungsreichtum verstecken nicht jüdische Deutsche Verfolgte und Juden. In Berlin, wo viele Juden untergetaucht sind, bestehen ganze Netze zur Unterstützung der *„U-Boote"*, wie die Flüchtlinge auch genannt werden.
Einer von ihnen ist der spätere Fernsehmoderator Hans Rosenthal, der als jüdischer Junge unter abenteuerlichen Umständen überlebt. Dank der Hilfe von Mitmenschen kann er sich vor der Deportation in Sicherheit bringen. Zuletzt hält er sich in der Gartenlaubenkolonie *Dreieinigkeit* versteckt. Es sind einfache Berliner Frauen, denen Rosenthal sein Leben verdankt.
Georg Ferdinand Duckwitz ist in Kopenhagen als Schiffsachverständiger tätig und sucht im Herbst 1943 den Abtransport der Juden aus Dänemark zu verhindern. Duckwitz reist nach Berlin, um die Deportation durch das Auswärtige Amt stoppen zu lassen, was misslingt. Anschließend erreicht er in Stockholm die Zusage der Regierung, wonach das neutrale Schweden Juden aus Dänemark aufnehmen werde. Da Duckwitz den Zeitpunkt des Abtransportes kennt, kann er viele Juden rechtzeitig warnen. Über 7000 von ihnen fliehen über den Öresund nach Schweden und entgehen so der Vernichtung.

Vorbereitung auf den Krieg

„Das Soldatentum wurde schon vor dem Krieg verherrlicht. Soldat zu sein war eine Ehre, zumal wenn man Offizier wurde.“

Paul Kehlenbeck, Jahrgang 1926

Herstellung von Gasmasken in einem Rüstungsbetrieb

Täuschung und Vertragsbruch

82

Am Anfang seiner Herrschaft redet Adolf Hitler dem Frieden das Wort, denn das Ausland soll beruhigt werden. In Wirklichkeit unternimmt er nicht ein einziges Mal den Versuch, mit den Alliierten des Ersten Weltkriegs zu einem friedlichen Ausgleich zu kommen, um die Lasten des Versailler Vertrags zu mildern und andere Gegensätze zu überwinden. Denn Hitlers ganzes Sinnen zielt von Anfang an auf Rache für die deutsche Niederlage von 1918 und auf gewaltsame Eroberung – es sei denn, die Beute fällt ihm durch Täuschung und Vertragsbruch in den Schoß. Das gilt für sein Heimatland Österreich und für das Sudetenland, die westliche Grenzregion der Tschechoslowakei, in der viele Deutsche leben. Beide Gebiete holt Hitler 1938 *„heim ins Reich"*. Das westliche Ausland lässt den Diktator gewähren, der in seiner Berliner Reichskanzlei oder auf dem Obersalzberg bei Berchtesgaden immer neue Provokationen ausbrütet.

Der Pakt mit Stalin

Eine dieser Ungeheuerlichkeiten ist im Herbst 1939 der Pakt mit Josef Stalin. Das Zustandekommen dieses Vertrags zwischen zwei so ungleichen Gewaltherrschern überrascht alle Welt, nicht zuletzt die Kommunisten, die verunsichert reagieren, weil sie sich keinen Reim auf den *Hitler-Stalin-Pakt* machen können.

„Heim ins Reich"

Das politische Drehbuch für die Angliederung Österreichs an das Deutsche Reich und die künstlich angefachte Sudentenkrise offenbart erstmals vor aller Welt die kriminelle Energie, mit der Hitler seine Ziele verfolgt.

83

82 Mussolini (links) und Hitler (rechts) in München, 1938

83 „Münchener Abkommen", 29. September 1938: Die Regierungschefs von links nach rechts: Neville Chamberlain (Großbritannien), Edouard Daladier (Frankreich), Adolf Hitler, Benito Mussolini (Italien)

Am 12. Februar 1938 wird der österreichische Bundeskanzler Kurt Schuschnigg bei einem Treffen mit Hitler auf dem Obersalzberg gezwungen, einer Regierungsbeteiligung der österreichischen Nationalsozialisten zuzustimmen. Schuschnigg bereitet daraufhin eine Volksabstimmung über Freiheit und Souveränität seines Landes vor. Doch Hitler vereitelt das Referendum. Schuschnigg bleibt keine andere Wahl als zurückzutreten.
Die neue NS-geführte Regierung in Wien beeilt sich, die „*Wiedervereinigung Österreichs mit dem Deutschen Reich*" zu beschließen. Vom Balkon der Wiener Hofburg meldet Adolf Hitler am 15. März 1938 „*... vor der Geschichte nunmehr den Eintritt meiner Heimat in das Deutsche Reich.*"

Am Rande eines Krieges

Nach dem „*Anschluss*" Österreichs betreibt Hitler mit Nachdruck die Zerstörung der Tschechoslowakei. Mit dem Anführer der Sudetendeutschen Partei, Konrad Henlein, verabredet er, die Krise durch Forderungen anzuheizen, die Prag gar nicht erfüllen kann. Gleichzeitig erteilt er der Wehrmacht den Befehl, den Aufmarsch gegen das Nachbarland vorzubereiten. Europa gerät an den Rand eines Krieges.
Im *Münchener Abkommen* vom 29. September 1938 bekommt der NS-Diktator zugestanden, was er will: das Sudetenland. Denn um die Sudetenkrise beizulegen stimmen England, Frankreich und Italien der Gebietsabtretung zu.
Durch das britisch-französische Nachgeben wird der Krieg vorerst abgewendet, Hitlers Eroberungsdrang aber keineswegs gestoppt.
Alle Welt glaubt Hitler, der behauptet, nun keine territorialen Forderungen mehr zu haben.
Das hindert ihn nicht daran, ein halbes Jahr später die „*Erledigung der Resttschechei*" in Angriff zu nehmen: Die tschechoslowakischen Landesteile Böhmen und Mähren werden als Protektorat das erste von NS-Deutschland besetzte Gebiet. Die Slowakei wird zu einem faschistischen, scheinunabhängigen Satellitenstaat des Deutschen Reichs.

84

84 12. März 1938: Einmarsch der deutschen Truppen in Salzburg

85 Jüdische Frauen und Männer müssen 1938 in Wien die Straßen scheuern.

86 15. März 1938: Hitler spricht vom Balkon der Wiener Hofburg zur Bevölkerung.

85

86

Hitlers Machtzentren

87

88

87 Hans Heinrich Lammers, Chef der Reichskanzlei und Reichsminister

88 Philipp Bouhler, NSDAP-Reichsleiter und Chef der Kanzlei des Führers

89 Die Reichskanzlei in der Wilhelmstraße, Berlin

Hierarchisch und zentralistisch – so mutet auf den ersten Blick der Machtapparat der Nationalsozialisten an. Die Wirklichkeit ist häufig anders: doppelte Zuständigkeiten, rivalisierende Machtapparate, nicht selten Kompetenzwirrwarr, was vor allem mit dem Regierungsstil Hitlers zu tun hat. Er entscheidet spontan, hebt kurz zuvor gefasste Beschlüsse wieder auf. Das Studium dicker Akten ist nicht seine Sache. Sein unstetes Wesen hält ihn ständig in Bewegung.

Häufig pendelt er zwischen der Reichskanzlei in Berlin und seiner zweiten Residenz auf dem Obersalzberg bei Berchtesgaden, dem *Berghof*. Dort empfängt er Staatsgäste und Würdenträger. Doch die eigentliche Schaltzentrale der Macht ist die Reichskanzlei in Berlin, die für die Staatsgeschäfte zuständig ist. Als Chef der Reichskanzlei kontrolliert Hans Heinrich Lammers die Abläufe. Die Kanzlei des Führers unter ihrem Chef Philipp Bouhler ist zwar zuständig für persönliche Eingaben an Hitler und an der Durchführung des Euthanasieprogramms beteiligt. Größeren Einfluss als sie hat in der NS-Diktatur jedoch die Parteikanzlei.

Graue Eminenz

Martin Bormann, ab 1941 Chef der Parteikanzlei, arbeitet beharrlich daran, seine Machtbasis zu erweitern – das schon ab 1933, als die Institution noch Dienststelle des *Stellvertreters des Führers* Rudolf Heß und Bormann dessen Stabsleiter ist. In der Parteikanzlei wird er zu einer mächtigen grauen Eminenz. Bormann besitzt das volle Vertrauen Hitlers und wird 1943 mit dem Titel *Sekretär des Führers* belohnt.

89

Martin Bormann

Über die Trauerfeier zu seinem Ableben macht sich Martin Bormann schon frühzeitig Gedanken. „*Sollte jemals nach meinem Tode eine Gedenkzeremonie stattfinden, darf unter keinen Umständen eine billige Zurschaustellung von Ordenskissen mit zahlreichen Medaillen usw. stattfinden. Diese Dinge geben einen falschen Eindruck.*"
Diese vorsorglichen Zeilen richtet Bormann am 10. September 1943 an seine Frau. Mit ihr pflegt der Sekretär des Führers einen regen Briefkontakt, sogar über seine Liebschaften.
Die Sache mit dem Ordenskissen erledigt sich im Mai 1945 von selbst. Martin Bormann, der mächtigste Mann in der Umgebung von Hitler, ist nach dem Selbstmord des NS-Diktators bei der Flucht aus dem *Führerbunker* in Berlin ums Leben gekommen.

Hitlers Sekretär

Bormann stammt aus Halberstadt in Sachsen. Kurz vor Ende des Ersten Weltkriegs wird er Frontsoldat, dann Landwirtschaftsgehilfe, schließlich Gutsverwalter und Mitglied eines Freikorps. Wegen Beteiligung an einem Fememord erhält er ein Jahr Gefängnis.
1933 rückt Bormann in die Parteikanzlei auf, wo er zunächst dem Hitler-Stellvertreter Rudolf Heß zu Diensten ist. Als Heß 1941 seine England-Mission unternimmt, macht er ungewollt den Weg frei für den ehrgeizigen Bormann. Dessen Titel klingen harmlos: Leiter der Parteikanzlei und Sekretär des Führers.
In Wirklichkeit befindet sich Bormann im Zentrum der nationalsozialistischen Macht. Er kontrolliert vor allem den Zugang zum Diktator. In Hitlers Namen teilt er dessen Entscheidungen mit.
Da die so genannten „*Führer-Befehle*" als letzte rechtliche Instanz gelten, bieten sich ihm viele Gelegenheiten zur Manipulation und Intrige. Trotz seiner wichtigen Stellung tritt Bormann kaum in die Öffentlichkeit.

Machtgier

Bormann ist es, der Hitler ab 1943 weitgehend von der Wirklichkeit abschirmt. Es besteht ein merkwürdiger Widerspruch zwischen der bürokratischen Beflissenheit dieses Mannes und seiner Machtgier, die vor nichts zurückschreckt und die ihm die Feindschaft fast aller NS-Größen einbringt.
Als das Ende des Regimes naht, sehnt Bormann sich nach einem Haus mit Garten und einem Leben ohne Politik. Seine Ergebenheit gegenüber Hitler hält er jedoch aufrecht. Er bleibt bis zum Schluss bei ihm im *Führerbunker*.
Nach seiner Flucht aus dem Bunker gilt er jahrelang als verschollen. Erst 1973 können Skelettteile, die bei Bauarbeiten in Berlin entdeckt werden, als Überreste von Martin Borman identifiziert werden. Mit einer Genanalyse werden 1998 die letzten Zweifel an Bormanns Tod ausgeräumt.

Martin Bormann, um 1935

1900 *Geburt in Halberstadt*
1926 *Eintritt in die NSDAP*
1933–1941 *Stabsleiter bei Rudolf Heß*
Seit 1941 *Leiter der Parteikanzlei*
1943 *Sekretär des Führers*
1946 *In Abwesenheit zum Tod verurteilt*
1998 *Bormanns Tod bewiesen*

Pakt zweier Diktatoren

Josef Stalin, der sowjetische Diktator, strahlt in die Kamera, nachdem die Außenminister des Deutschen Reiches und der UdSSR, Joachim von Ribbentrop und Wjatscheslaw Molotow, ihre Unterschriften geleistet haben. Der *Deutsch-Sowjetische Nichtangriffspakt* (auch *Hitler-Stalin-Pakt*), der am Abend des 23. August 1939 in Moskau unterzeichnet wird, verwirrt Kommunisten und Nationalsozialisten gleichermaßen.

Verlockende Gebietsgewinne

Dass zwei total verfeindete Staaten sich gegenseitig zu einer umfassenden Neutralität verpflichten und darüber hinaus sich künftig konsultieren und Konflikte freundschaftlich lösen wollen, damit hat in der von Kriegsängsten aufgeladenen Atmosphäre Ende der 1930er-Jahre niemand gerechnet. Von den Abmachungen in einem geheimen Zusatzprotokoll erfährt die Öffentlichkeit allerdings nichts. Darin grenzen beide Staaten ihre Gebietsinteressen voneinander ab: Die Sowjetunion sichert sich Ansprüche auf Estland, Lettland und Finnland, auf Bessarabien in Südosteuropa sowie auf die Ostgebiete Polens. Das übrige Gebiet Polens (Zentral- und Westpolen) wird dem Deutschen Reich zugerechnet.
Hitler kalkuliert, dass England und Frankreich bei seinem unmittelbar bevorstehenden Angriff auf Polen stillhalten würden. Stalin glaubt, die Sowjetunion aus dem Krieg *„zwischen den kapitalistischen Staaten“* heraushalten zu können. Ein großer Irrtum – kaum zwei Jahre später bricht Deutschland den Pakt und überfällt die Sowjetunion.

90

90 23. August 1939: Nach der Unterzeichnung des „Deutsch-Sowjetischen Nichtangriffspaktes“ in Moskau. In der Bildmitte in weißer Jacke Josef Stalin, links daneben der deutsche Außenminister Joachim von Ribbentrop, ganz rechts im Bild sein russischer Amtskollege Wjatscheslaw Molotow

Rüsten für den Krieg

Am 9. September 1936 beschließt der *Reichsparteitag der Ehre* in Nürnberg einen *Vierjahresplan.* In einer geheimen Denkschrift für einen ausgewählten Kreis nennt Hitler das wichtigste Ziel: In vier Jahren müsse die Wehrmacht „*einsatzfähig*" und die Wirtschaft „*kriegsfähig*" sein. Die Nation lebe nicht für die Wirtschaft; vielmehr hätten „*die Wirtschaft, die Wirtschaftsführer und alle Theorien ausschließlich diesem Selbstbehauptungskampf unseres Volkes zu dienen*".

Maßnahmen bündeln

Hitler, der von Wirtschaft nichts versteht, lässt im *Vierjahresplan* alle für eine schnelle Wiederbewaffnung notwendigen Maßnahmen bündeln. Dass er die Fesseln des Versailler Vertrages sprengen und das Deutsche Reich hochrüsten will, hat er von Anfang an deutlich gemacht. Für die Aufrüstung gibt es also einen klaren politischen Willen, allerdings kein Konzept. Um den geplanten Waffengang bezahlen zu können, tut Hitler das, was in der Weimarer Republik zuletzt auch üblich war: Er macht Schulden – allerdings nicht vorrangig für neue Arbeitsplätze, sondern für zusätzliche Soldaten und neues Kriegsgerät: Panzer, Schlachtschiffe, U-Boote und Jagdbomber.

Rüstung auf Pump

1938/39 machen die Rüstungsausgaben bereits 60 Prozent des Staatshaushaltes aus. Die Rüstung wird auf Pump betrieben: 1938 beträgt die Staatsverschuldung über 31 Milliarden Reichsmark. Der Staatsbankrott wird durch den Kriegsbeginn nur verschoben, nicht aufgehoben.

91 Der Kalender mit der Aufschrift „Die Schulen sammeln für die Rüstung" fordert Schüler auf, Alt- und Rohstoffe zu sammeln.

92 Hitler spricht vor Rüstungsarbeitern der Krupp-Werke, 1940

91

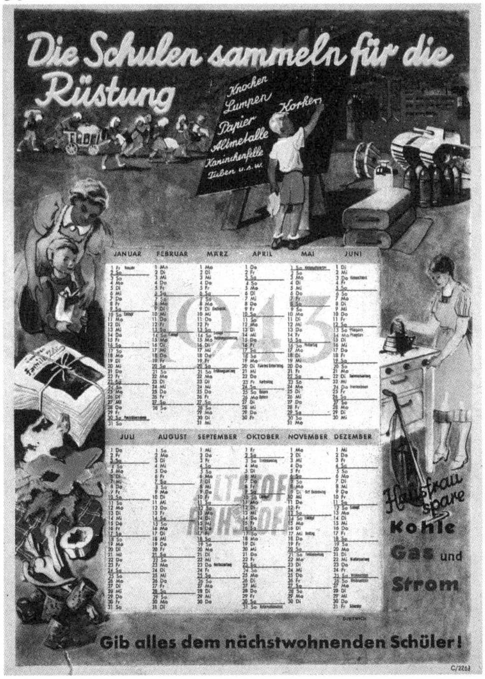

92

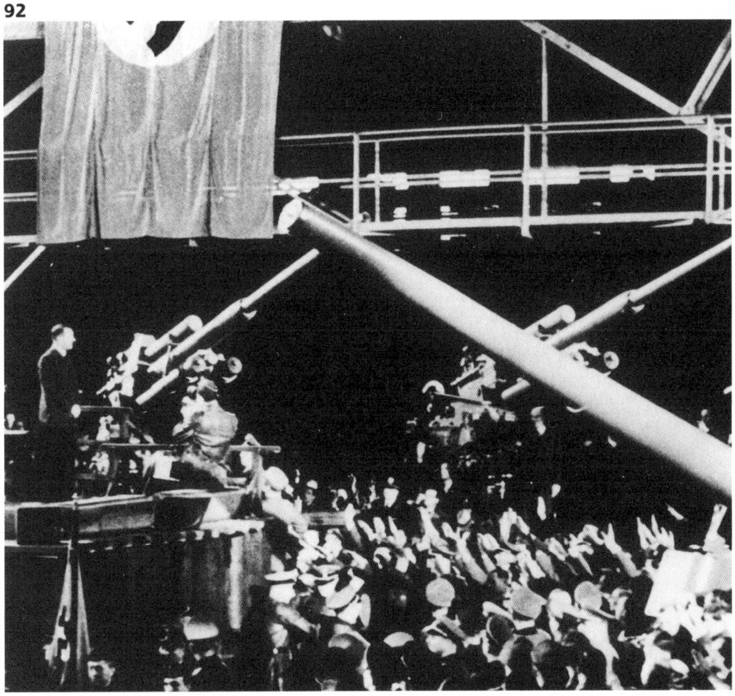

Fritz Todt

Fritz Todt, 1939

1891 *Geburt in Pforzheim*
1914–1918 *Offizier im Ersten Weltkrieg*
1922 *Eintritt in die NSDAP*
1933 *Auftrag zum Bau der Reichsautobahnen*
seit 1938 *Generalbevollmächtigter für die Bauwirtschaft*
1940 *Reichsminister für Bewaffnung und Munition*
1942 *Tod durch ungeklärten Flugzeugabsturz*

Autobahnen müssten wie Kunstwerke der Landschaft angepasst werden, verlangt Fritz Todt, der von Adolf Hitler 1933 zum obersten Autobahnbauer ernannt wird. Zu diesem Zweck erfindet Todt den *Landschaftsanwalt*, der dafür sorgt, dass die Umwelt beim Bau von Autobahnen möglichst geschont wird.

Die Idee

Die Idee, Schnellstraßen mit getrennten Richtungsfahrbahnen und kreuzungsfreien Trassen zu bauen, hat der aus Pforzheim stammende Ingenieur schon 1932 in einer Denkschrift niedergelegt. Der Plan stammt nicht von ihm. Vielmehr gibt es schon in den 1920er-Jahren konkrete Überlegungen für ein landesweites Autobahnnetz in Deutschland – nach dem Vorbild der Highways in den USA und der Autostradas in Italien. Die Berliner *AVUS (Automobil-Verkehrs- und Übungsstraße)* ist der erste Autobahnabschnitt in Deutschland. Pläne für weitere Strecken scheitern jedoch vorerst an der mangelnden Verkehrsdichte und der Weltwirtschaftskrise.

In genialer Weise

Mit seinen Plänen, die er per Flugzeug aus der Luft überprüft und ergänzt, geht Todt im Sommer 1933 zu Hitler. Der Kanzler erkennt die Werbewirksamkeit solcher Mammutprojekte sofort und stimmt zu. Der Ingenieur macht sich sogleich an die Arbeit und überlässt alles Übrige den Propagandisten. Diese werden nicht müde, Hitler selbst als Urheber zu preisen: *„Als einer der besten Straßenkenner Deutschlands … hat unser Führer in genialer Weise den Plan für die Reichsautobahnen selbst aufgestellt …“*

Organisation Todt

Kaum laufen die Bauarbeiten auf Hochtouren, erteilt Hitler Todt neue Aufträge. Der ehemalige Kampfflieger wird Generalbevollmächtigter für die Bauwirtschaft und dann Reichsminister für Bewaffnung und Munition, beides Posten, die mit Kriegsführung zu tun haben.
1938 entsteht die *Organisation Todt* zur Verwirklichung militärischer Großprojekte. Ein Beispiel ist der Westwall, eine 630 Kilometer lange Befestigungslinie, die die Alliierten an einer Invasion hindern soll. Hunderttausende von Zwangsarbeitern und KZ-Häftlingen schuften unter schlimmsten Bedingungen in der *Organisation Todt.*
Was Hitlers Kriegsziele angeht, so wird Fritz Todt mit jeder neuen Front, die entsteht, skeptischer. Am 7. Februar 1942 teilt er seine Besorgnis im Führerhauptquartier in Rastenburg/Ostpreußen mit und fordert von Hitler Maßnahmen zur besseren Versorgung der Wehrmacht. Einen Tag nach dieser denkwürdigen Unterredung stürzt Fritz Todt beim Start seiner Maschine auf dem Flugplatz Rastenburg ab und ist auf der Stelle tot. Sein Nachfolger wird Albert Speer.

Blitzkriege

„[Hitlers] *operative Ziele und Entscheidungen* [wurden] *immer irrealer. Sie wurden wirklichkeitsfremd und überforderten die Truppe derart, dass negative Folgen unausweichlich waren.*“

Ulrich de Maizière, ehemaliger Offizier im Generalstab

Hitler an einem Scherenfernrohr auf einem Beobachtungsstand in Polen, 1939

Kriegsziel „Lebensraum"

Der Zweite Weltkrieg übertrifft alles, was es bis dahin an Kriegen zwischen Völkern gegeben hat, auch den Ersten Weltkrieg. Denn während es Kaiser Wilhelm II. noch um Kolonien, Rohstoffe und Gebietserweiterung ging, verfolgt Hitler Ziele, die weit darüber hinausgehen.

Wahnvorstellungen

In seinem politischen Weltbild hat sich – gleich einer fixen Idee – festgesetzt, die Deutschen seien ein „*Volk ohne Raum*". Zum Überleben und zur Errichtung einer deutschen Vorherrschaft in der Welt brauche Deutschland „*neuen Lebensraum*". Die Berechtigung, für dieses Ziel andere Länder zu überfallen und auszuplündern, leitet der Diktator aus der behaupteten Höherwertigkeit der deutschen „*Rasse*" ab. Entsprechend gelten die slawischen Völker als minderwertig.

Überraschungstaktik

Es ist dieser Rassenwahn, der Hitler antreibt, Nachbarstaaten in Ost-, Nord- und Westeuropa blitzartig anzugreifen und zu unterwerfen. Die Überraschungstaktik scheint am Anfang aufzugehen. Die dröhnenden Panzer, das Geheul der Sturzkampfflugzeuge und die Geschütze der Schlachtschiffe erschüttern Europa in seinen Grundfesten.
Adolf Hitler ist der Motor dieser auf Unterdrückung, Ausbeutung und Vernichtung gerichteten Politik. Außenpolitisch stehen dem Diktator das faschistische Italien und das imperialistische Japan als Achsenmächte zur Seite. Der am 27. September 1940 auf zehn Jahre geschlossene *Dreimächtepakt* sichert Japan die Vorherrschaft im „*großasiatischen Raum*", Italien im Mittelmeergebiet und Deutschland in Kontinentaleuropa.

93

93 Propagandamaterial für „neuen Lebensraum"

„Seit 5 Uhr 45 wird zurückgeschossen"

In den Tagen vor dem 1. September 1939 hat Hitler nur die Sorge, „*dass mir noch im letzten Moment irgendein Schweinehund einen Vermittlungsplan vorlegt*". So äußert sich der zum Krieg wild entschlossene Diktator am 22. August vor der Wehrmacht.

Üble Inszenierungen

Alles ist vorbereitet, vor allem die „*Provokationen*", die als Vorwand für den Überfall auf Polen herhalten müssen: Am Vorabend des 1. September der „*polnische Überfall*" auf den Sender Gleiwitz in Oberschlesien und der Beschuss einer deutschen Zollstation.
Es handelt sich um üble Inszenierungen der SS, die vorher trainiert werden und bei denen getötete Häftlinge aus Konzentrationslagern als „Beweise" für Verluste herhalten müssen.

Taktik der Überrumpelung

Von Ostpreußen und Schlesien stoßen in den frühen Morgenstunden des 1. September 1939 zwei Heeresgruppen vor. In Danzig eröffnet das Schiff *Schleswig-Holstein* das Feuer auf die Westernplatte, eine militärische Befestigungsanlage. Kurz zuvor wird eine Kleinstadt durch Bombardements zerstört. Am Vormittag des 1. September 1939 hält Hitler im Reichstag eine Rede mit dem viel zitierten Satz: „*Seit 5 Uhr 45 wird jetzt zurückgeschossen.*" Um den ersten Wehrmachtsbericht kümmert er sich persönlich: „*Das Oberkommando der Wehrmacht gibt bekannt: Auf Befehl des Führers … in Erfüllung ihres Auftrages, der polnischen Gewalt Einhalt zu gebieten …*"
Das Schicksal Polens ist nach wenigen Wochen besiegelt. Bald darauf weitet sich der Überfall zu einem globalen Krieg aus.

94

95

94 Luftaufnahme des zerstörten Warschau, 1939

95 1. September 1939: Deutsche Soldaten reißen den polnischen Grenzschlagbaum nieder.

Hans Frank

Hans Frank

1900 *Geburt in Karlsruhe*
1920–1926 *Studium der Rechtswissenschaften*
1923 *Eintritt in SA und NSDAP*
1933 *Bayerischer Staatsminister für Justiz*
1934 *Reichsminister ohne Geschäftsbereich*
1939 *Generalgouverneur in Polen*
1946 *Hinrichtung*

Juristen kann Adolf Hitler nicht ausstehen. In seinen Reden nennt er sie wahlweise *„Volksverräter"*, *„Idioten"* oder *„vollendete Trottel"*. Hans Frank ist Jurist und begreift vielleicht erst kurz vor seiner Hinrichtung am 16. Oktober 1946 in Nürnberg, dass es ein Fehler war, Recht und Gesetz der NS-Ideologie unterzuordnen.
Hans Frank hat Hitler und seiner politischen Bewegung schon in den 1920er-Jahren wertvolle Dienste erwiesen. In den vielen Prozessen gegen Anhänger der NSDAP leistet der Anwalt Rechtsbeistand. 1933 organisiert Frank die Gleichschaltung der Justiz in den Ländern.

Führerentscheidungen

Zielstrebig löst er den demokratischen Rechtsstaat auf und stellt Adolf Hitler ausdrücklich über Recht und Gesetz: *„Gegenüber Führerentscheidungen, die in die Form eines Gesetzes oder einer Verordnung gekleidet sind, steht dem Richter kein Prüfungsrecht zu."*
Der von Frank ins Leben gerufene *Bund nationalsozialistischer deutscher Juristen* entwickelt sich zur Massenorganisation, weil Staatsanwälte, Verteidiger und Richter den Anschluss nicht verpassen wollen. An Hitlers Verachtung für Juristen ändert das nichts.

„Frank-Reich"

Hitler macht Hans Frank im Herbst 1939 zum Generalgouverneur für die besetzten polnischen Gebiete. Frank übernimmt die Zivilverwaltung. Auf der Königlichen Burg in Krakau richtet er seinen Amtssitz ein und führt sich auf wie ein ungekrönter König. *„Frank-Reich"* im Osten – so witzelt man in Berlin.
Frank trägt die Verantwortung für die Ermordung von hunderttausenden von Polen und die Deportation von etwa 1 Million polnischer Zwangsarbeiter in das Reich. In seinem Machtbereich werden die Vernichtungslager für den Völkermord errichtet. Öffentlich spricht sich Frank für die Verfolgung und Ermordung der Juden aus. Dabei ist er an Zynismus und Niedertracht kaum zu übertreffen.
In einer von ihm geleiteten Sitzung fallen Sätze wie diese: *„Was ist denn das? Es soll doch in dieser Stadt einmal tausende und abertausende von diesen Plattfußindianern* (gemeint sind Juden) *gegeben haben – es war keiner mehr zu sehen. Ihr werdet doch am Ende mit denen nicht böse umgegangen sein?"* Das Protokoll vermerkt an dieser Stelle Heiterkeit.

Franks Ende

1945 muss Frank Krakau verlassen. Nach seiner Verhaftung in Oberbayern folgt der Kriegsverbrecherprozess in Nürnberg. Im Gefängnis vollzieht Frank einen Gesinnungswandel mit der ihm eigenen Dramatik.
Frank zeigt Reue und übernimmt die volle Verantwortung für seine Taten. Vor seiner Hinrichtung tritt er zum Katholizismus über und verfasst die Schrift *„Im Schatten des Galgens"*.

Jagd auf die polnische Elite

Zusammen mit den Wehrmachtsverbänden rücken Anfang September 1939 auch Sondereinheiten der Schutzstaffel, die Waffen-SS, nach Polen ein. Zudem werden hinter der Front Einsatzgruppen aktiv. Das sind Spezialtruppen aus Sicherheitspolizei und Sicherheitsdienst (SD). Sie sollen den von Hitler angedrohten *„harten Volkskampf"* führen.

Versklavung und Vernichtung

Nach einer Niederschrift von Martin Bormann verfügt der Diktator, dass *„unbedingt zu beachten sei, dass es keine polnischen Herren geben dürfe; wo polnische Herren vorhanden seien, sollten sie, so hart das klingen möge, umgebracht werden …"*

Neben der Versklavung des polnischen Volkes und der Vernichtung der polnischen Juden gehört das Auslöschen der polnischen Bevölkerungselite zu den vorrangigen Zielen des NS-Regimes. Ob Geistliche, Professoren oder Künstler – zehntausende werden in Lager verschleppt und umgebracht.

„Sonderaktion Krakau"

Allein in der *Sonderaktion Krakau* verhaftet die Polizei am 6. November 1939 insgesamt 183 Professoren und weist sie in ein KZ ein.

Polen durchlebt eine Phase der Gewalt, die ohne Beispiel ist und zum Verlust eines Großteils seiner Elite führt.

Die Mordaktionen nehmen ein solches Ausmaß an, dass der Oberbefehlshaber Ost, Generaloberst Johannes von Blaskowitz, protestiert. Doch Hitler weist mit Verachtung die Kritik von sich. Mit *„Heilsarmee-Methoden"* könne er keinen Krieg führen – so seine Reaktion.

96

97

96 September/ Oktober 1939: Polnische Zivilisten werden von deutschen Soldaten erschossen.

97 9. September 1939: Die von der deutschen Wehrmacht als Geiseln genommenen polnischen Persönlichkeiten Brombergs warten auf ihre Hinrichtung.

Georg Elser

Georg Elser

1903 *Geburt in Hermaringen (Württemberg)*
1939 *Attentat auf Hitler und Verhaftung*
1939–1944 *KZ Sachsenhausen*
1945 *Ermordung im KZ Dachau*

Ein einfacher Mann aus dem Volk ist Johann Georg Elser, ein schwäbischer Handwerker, der sich vornimmt, Hitler aus dem Weg zu räumen.
Geboren wird er am 4. Januar 1903 im württembergischen Hermaringen als ältester Sohn eines Holzhändlers und Landwirts. Elser will Tischler werden und ist am Ende der Lehre Jahrgangsbester. Nach 1925 bekommt der Tischlergeselle zu spüren, dass es mit der Wirtschaft bergab geht. Öfter muss er den Arbeitsplatz wechseln. 1928/29 – die Wirtschaftskrise steuert ihrem Höhepunkt zu – tritt Georg Elser dem *Rot-Front-Kämpferbund* bei, ohne jedoch aktiv mitzumachen. Das aggressive Auftreten der NSDAP und insbesondere Hitlers beunruhigt ihn. Bei einer Armaturenfabrik in Heidenheim, die ihn vorübergehend anstellt, hört Elser von Rüstungsaufträgen. Sein Argwohn wächst. Bald gewinnt er die Gewissheit, dass das NS-Regime auf einen Krieg zusteuert.

Hitler muss weg

Im Herbst 1938 steht für ihn fest: Hitler muss verschwinden, weil er dem Land nur Unglück bringt. Mit großer Umsicht macht Elser sich ans Werk.
Bei der Arbeit in einem Steinbruch lernt er mit Sprengstoff umzugehen und baut schließlich eine Bombe, mit der er Hitler töten will.
Am Abend des 8. November 1939 spricht Hitler wie jedes Jahr im Bürgerbräukeller in Erinnerung an seinen Putschversuch 1923. Elser lässt sich in den Nächten vor Hitlers Auftritt in dem Gebäude einschließen, um eine Säule auszuhöhlen. Die sorgfältig präparierte Bombe baut er darin ein.
Der Sprengkörper explodiert wie vorgesehen und hätte Hitler vermutlich mit in den Tod gerissen, wäre dieser nicht vorzeitig abgereist. Sieben Menschen sterben, über 60 werden verletzt.

Einzelhaft

Beim Versuch in Konstanz die Grenze zur Schweiz zu überqueren, wird Elser von Zollbeamten angehalten und kurz darauf der Gestapo übergeben. Nach langen Verhören gesteht er, den Anschlag allein geplant und ausgeführt zu haben, um den Weg zu einem europäischen Frieden zu ebnen. Als Sonderhäftling wird der Attentäter in das KZ Sachsenhausen eingewiesen und verbringt dort über fünf Jahre in Einzelhaft. Um die Jahreswende 1944/45 folgt die Verlegung nach Dachau. Dort lässt ihn Himmler am 9. April 1945 erschießen. Nach 1945 wird behauptet, dass Georg Elser ein Werkzeug der Gestapo gewesen sei, die das Attentat den Briten anlasten wollte.
Verzweifelt wehrt sich seine Mutter gegen solche Behauptungen. Immer wieder betont sie, ihr Sohn habe allein gehandelt. Historiker geben ihr heute Recht: Georg Elser war ein Einzelkämpfer des Widerstands. In Königsbronn, wo er eine Schreinerwerkstatt unterhielt, wird die Erinnerung an ihn wach gehalten.

Claus Hansmann

Schon an der Front beginnt Claus Hansmann mit der Verarbeitung seiner Kriegserlebnisse und setzt sie schließlich sein Leben lang fort. Beim Ostfeldzug fertigt der spätere Maler und Grafiker Zeichnungen an, er fotografiert und macht sich Notizen: *„Drei Uhr 15. In uns verfangen sich die herben Düfte des Holunders … Vorne das zärtliche Murmeln des Flusses und drüben die schlafende russische Stadt. Dort an der Brücke der Grenzer, der erste Mensch, den dieser Tag hier fordern wird. Wir wissen schon, wie lange sein Leben noch bemessen ist.“ (22. Juni 1942)*

Zeuge von Erschießungen

Als Funker eines Infanteriebataillons kann Claus Hansmann sich freier bewegen als seine Kameraden. Abseits der Truppe geht er seinen Gedanken nach. Er lehnt diesen Krieg ab und ist fest davon überzeugt, dass Hitler ihn verlieren wird. Hansmann wird Zeuge von Erschießungen, die ihm schwer zu schaffen machen. Die Erinnerungen an die grausamen Mordaktionen belasten ihn immer mehr.
Die Gegnerschaft zum Krieg und zum NS-Regime hat auch mit seiner Herkunft zu tun. Claus Hansmann wächst in einem linksliberalen Elternhaus auf, in dem braune Parolen nicht verfangen. Die Mutter ist Pianistin und Fotografin, der Vater Schriftsteller und Übersetzer romanischer Literatur.
Zu den Eltern in München hält der Soldat regen Kontakt. Er schreibt viel und schickt ihnen seine Zeichnungen, z. B. Bilder von erfrorenen sowjetischen Soldaten und zu Tode erschöpften deutschen Landsern. Der Gedanke, wie er dem Krieg entkommen kann, lässt Hansmann nicht mehr los. Im Sommer 1942 zwingt ihn in Woronesch am Don eine schwere Vereiterung im Ohr ins Lazarett.

Selbstverstümmelung

Die Erkrankung zieht sich hin und führt ihn schließlich zurück, zunächst bis nach Linz, dann zu einem Heimaturlaub nach München. Mit einem befreundeten Arzt spricht er über Selbstverstümmelung. Der Mediziner rät ihm, sich Terpentin zu spritzen, um eine Muskelentzündung auszulösen. Hansmann folgt diesem Rat und muss wieder ins Lazarett.
Zwar schickt ihn die Wehrmacht danach noch einmal für kurze Zeit an die Front, doch anschließend kommt er bei einer Dienststelle der Luftwaffe in München unter. Am 30. April 1945 wird der Obergefreite Hansmann wegen *„Auflösung der Wehrmacht“* nach München entlassen.
In den Nachkriegsjahren arbeitet Claus Hansmann als Grafiker, Bühnenbildner und Fotograf. Gegen die Wiederbewaffnung Deutschlands setzt er sich mit künstlerischen Mitteln zur Wehr. *„Keine Raketen, sondern atomwaffenfreie Zone“* heißt es auf einem seiner Plakate von 1958. Im Jahre 1989 anlässlich des 50. Jahrestages des Überfalls auf die Sowjetunion veröffentlicht Hansmann seine Notizen aus den Kriegsjahren unter dem Titel *„Vorüber – nicht vorbei“*.

Claus Hansmann

1918 *Geburt in München*
1939 *Abschluss des Kunststudiums*
1939 *Soldat*
1942 *Lazarett und Selbstverstümmelung*
1945 *Rückkehr von der Front*
Seit 1945 *Grafiker*

Siege in Serie

98

98 Mai 1940: Ein deutscher Panzer überquert eine Behelfsbrücke in einer französischen Ortschaft.

99

99 23. Juni 1940: Hitler und sein Führungsstab vor dem Eiffelturm in Paris

Bevor Adolf Hitler den nächsten Blitzkrieg startet, ereignet sich am 10. Januar 1940 im belgischen Mechelen ein peinlicher Zwischenfall. Ein deutsches Flugzeug mit zwei Luftwaffenoffizieren an Bord, die genaue Angriffspläne mit sich führen, muss notlanden. Aus den Unterlagen geht hervor, dass die bevorstehende Westoffensive unter Missachtung der belgischen und der niederländischen Neutralität geplant ist.
Der Mechelen-Zwischenfall veranlasst Hitler, zunächst Dänemark und Norwegen anzugreifen. Am 9. April 1940 fallen deutsche Truppen in die Länder ein. Dänemark wehrt sich nicht lange, sodass die deutschen Streitkräfte sich auf Norwegen konzentrieren können. Nach der Besetzung der Häfen von Oslo, Bergen und Trondheim leisten die Norweger heftigen Widerstand. Sie werden von britischen und französischen Einheiten unterstützt, doch vergebens. Am 10. Juni 1940 kapituliert Norwegen.

Westfeldzug

Inzwischen hat der Westfeldzug gegen Belgien, die Niederlande und Frankreich begonnen. Obwohl diese Länder das Angriffsdatum 10. Mai vorher kennen, und zwar durch Heinz Oster von der deutschen Abwehr (militärischer Nachrichtendienst), reagieren sie nicht. Angesichts der deutschen Schlagkraft geben zuerst die Niederlande auf. Belgien wird kampflos besetzt. Und Frankreich muss im Wald von Compiègne, wo 1918 das Ende des Ersten Weltkrieges besiegelt wurde, den Waffenstillstand unterschreiben.

England widersteht

Nach den Blitzkriegen in Nord- und Westeuropa richtet Hitler seinen Eroberungsdrang gegen England. In zwei Stufen will der NS-Diktator das Inselreich bezwingen. Nach einer erfolgreichen Luftschlacht sollen deutsche Verbände in England an Land gehen.
Zunächst führen Hitlers Angriffspläne im Mai 1940 zu den ersten Luftangriffen der Royal Air Force gegen Deutschland. Städte wie Dortmund, Essen, Aachen und Hannover bekommen einen Vorgeschmack davon, was Luftkrieg für die Zivilbevölkerung bedeutet.

Blut, Tränen und Schweiß

Ein Regierungswechsel in London macht die Ausgangslage für Hitler nicht einfacher. Premierminister Neville Chamberlain, mit dem Hitler das *Münchener Abkommen* ausgehandelt hat, wird von Winston Churchill abgelöst. Churchill, ein entschiedener Gegner der Politik des Nachgebens, legt sofort eine härtere Gangart ein. Die Bevölkerung bereitet er auf das Schlimmste vor. Seine berühmte *„Blut, Mühsal, Tränen und Schweiß“*-Rede vom 13. Mai 1940 ist in die Geschichtsbücher eingegangen.
Die Taktik der Deutschen läuft darauf hinaus, die britische Bevölkerung zu zermürben. So greifen deutsche Bomber über zwei Monate lang Nacht für Nacht London an. Über 400 Maschinen verwandeln die Stadt Coventry in Mittelengland in einer Nacht in ein Flammenmeer. Von der berühmten Kathedrale aus dem 14. Jahrhundert bleiben nur noch die Außenmauern stehen. Die Luftschlacht führt aber nicht zum gewünschten Erfolg – es gibt keine deutsche Besatzung in England. Die Invasion kommt nicht zustande.

100

101

100 November 1940: Die Trümmer der durch deutsche Luftangriffe völlig zerstörten Kathedrale von Coventry

101 Winston Churchill besichtigt die Bombenschäden in London (1940).

Rudolf Heß

Rudolf Heß

1894 *Geburt in Alexandria*
1914–1918 *Teilnahme am Ersten Weltkrieg*
1920 *Eintritt in die NSDAP*
1923 *Teilnahme am Hitlerputsch, Festungshaft in Landsberg*
1933 *Stellvertreter des Führers der NSDAP*
1933 *Reichsminister ohne Geschäftsbereich*
1941 *Flug nach England*
1946–1987 *Verurteilung und Haft in Berlin-Spandau*
1987 *Selbstmord*

In seinen „*Spandauer Tagebüchern*" schildert Albert Speer eine Episode nach der Verkündung der Urteile im Nürnberger Kriegsverbrecherprozess im Jahre 1946. Speer, noch ganz benommen vom Schuldspruch, der ihn für 20 Jahre hinter Gitter schickt, soll die Zelle wechseln. Auf einer Wendeltreppe begegnet ihm Rudolf Heß: *„‚Was haben Sie bekommen, Herr Heß?' Er sah mich abwesend an: ‚Keine Ahnung, wahrscheinlich die Todesstrafe. Ich habe nicht hingehört.'"*
Tatsächlich war Hitlers Stellvertreter zu lebenslänglicher Haft verurteilt worden. Mit Speer und anderen Funktionseliten des NS-Staats verbringt Heß Jahrzehnte im Militärgefängnis in Berlin-Spandau, bis er als einziger Häftling übrig bleibt und seinem Dasein am 17. August 1987 freiwillig ein Ende setzt.

45 Jahre in Haft

Rechnet man die Jahre hinzu, die er nach seinem Flug nach England am 10. Mai 1941 in britischer Gefangenschaft verbringt, hat Heß etwa 45 Jahre seines Lebens in Haft gesessen.
In Großbritannien will er, nachdem er mit dem Fallschirm über Schottland abgesprungen ist, über ein Ende des Krieges verhandeln. Seine Mission ist mit Hitler nicht abgesprochen und damit zum Scheitern verurteilt. Adolf Hitler, dem das Ganze mehr als peinlich ist, lässt ihn für geistesgestört erklären. „*Irrenhaus oder Erschießung*" verfügt der NS-Diktator für den Fall der Rückkehr.

Stellvertreter des Führers

Mit Adolf Hitler fühlt sich Heß persönlich verbunden wie mit keinem anderen Menschen. Er ist zunächst Hitlers Privatsekretär. Er beteiligt sich 1923 am Hitlerputsch in München, verbringt mit dem Anführer der NSDAP die Festungshaft in Landsberg und lässt sich von Hitler einige Kapitel für das Buch „*Mein Kampf*" diktieren.
Stellvertreter des Führers – mit diesem Titel, der sich auf die NSDAP bezieht, nicht auf die Staatsführung, belohnt Hitler 1933 seinen treuesten Vasallen. Dem Führerkult huldigen viele, aber keiner so hemmungslos wie Rudolf Heß. Hitler wird für ihn zum Vater-Ersatz. Von seinem leiblichen Vater ist bekannt, dass er an die Erziehung des Sohnes strengste Maßstäbe angelegt hat.

Klagemauer der Bewegung

Als Hitlers Stellvertreter besitzt Rudolf Heß kaum Macht. Während andere NS-Größen ihre Karrieren durchboxen, bleibt der Kleinkram bei ihm hängen. So bezeichnet er sich einmal als die „*Klagemauer der Bewegung*". Sein Alltag besteht aus Kaffeekränzchen, Weihnachtsfeiern und Schirmherrschaften. Ansonsten immer wieder Hymnen auf Hitler – selbst dann noch, als alles längst in Trümmern liegt.

Das Inferno des Zweiten Weltkriegs

Der Führer wird euch erzählen:
Der Krieg
Dauert vier Wochen.
Wenn der Herbst kommt
Werdet ihr zurück sein. Aber
Der Herbst wird kommen
und gehen
Und wieder kommen
und gehen viele Male …

Bertolt Brecht, 1938

Vormarsch der deutschen Truppen an der Ostfront, 1941

„Größter Feldherr aller Zeiten"

102

Die Siegesserie der deutschen Wehrmacht seit Kriegsbeginn im September 1939 überrascht viele. Dieser Streitmacht scheint – von Großbritannien abgesehen – kaum noch ein Land gewachsen, so der Eindruck.
Mit diesen Erfolgen erreicht Hitler nach dem ersten Kriegsjahr den Höhepunkt seiner Popularität und zugleich die erste Etappe seiner Eroberungspolitik: Deutschland beherrscht weite Teile Europas. Hitler lässt sich gerne „*Größter Feldherr aller Zeiten*" nennen. Spötter machen daraus „*Gröfaz*".

Mehrfrontenkrieg

Mit seinen Feldherrnqualitäten ist es jedoch nicht weit her, wie schon das erste Halbjahr 1941 zeigt. Ohne Not begibt Hitler sich in einen Mehrfrontenkrieg. Während die Vorbereitungen für den Angriff auf die Sowjetunion auf Hochtouren laufen, verzettelt er sich in verschiedenen Kriegsregionen. Zur Unterstützung der Italiener schickt er einen Panzerverband nach Nordafrika. Im April 1941 sieht sich der Feldherr auf dem Balkan gefordert: Hitler greift Jugoslawien und Griechenland an und zwingt Belgrad und Athen noch im selben Monat zur Kapitulation. Und wenige Wochen vor dem Angriff auf die Sowjetunion lässt Hitler 500 Maschinen der Luftwaffe erneut London bombardieren, obwohl der militärische Nutzen gleich null ist. Schon zum Jahresende 1941, als die Wehrmacht vor Moskau steht, zeigt sich, wie unzureichend der Ostfeldzug vorbereitet ist. Die deutschen Soldaten haben nicht einmal warme Winterkleidung.

103

102 Hitler und der italienische Diktator Benito Mussolini an der ukrainischen Front, 1941

103 Hitler vor der Wandkarte im Führerhauptquartier „Felsennest" bei Münstereifel am Westwall

Unternehmen „Barbarossa"

Am Morgen des 22. Juni 1941 überschreiten 153 Divisionen der deutschen Wehrmacht, zusammen mit Verbänden aus Finnland, Rumänien und Ungarn, die Grenze der Sowjetunion. Das Unternehmen *Barbarossa*, dessen Vorbereitung sich Hitler in den Monaten zuvor widmete, beginnt.

Schneller Feldzug

Mit seiner Weisung *Nr. 21 Fall B.* vom 18. Dezember 1940 hat Hitler bestimmt, die Vorbereitungen für den Ostfeldzug *„bis zum 15. Mai abzuschließen"*. Die Wehrmacht soll noch *„vor Beendigung des Krieges gegen England Sowjetrussland in einem schnellen Feldzug"* besiegen.
Ein leichter Waffengang, denkt Hitler also. In weiteren Weisungen und Befehlen zum *Fall Barbarossa* – der Name geht vermutlich auf Kaiser Friedrich I. Barbarossa zurück –, regelt er die *„Sonderaufgaben"* der SS und die *„Ausübung der Gerichtsbarkeit"* in den besetzten Gebieten.

Sofort erledigen

Schließlich formuliert er den berüchtigten *Kommissar-Befehl*, wonach politische Kommissare der Roten Armee nach der Gefangennahme *„grundsätzlich sofort mit der Waffe zu erledigen"* seien – eine klare Verletzung des Völkerrechts. Für Einsatzgruppen, Sicherheitspolizei und Wehrmacht wird zudem eine enge Zusammenarbeit verabredet.
Da er den Ostfeldzug noch vor seinem Beginn für gewonnen hält, trifft Hitler bereits *„Vorbereitungen für die Zeit nach B"*. So plant er z.B. einen Aufmarsch in Afghanistan.

104

104 Generalfeldmarschall Wilhelm Keitel

105 22. Juni 1941: Einmarsch der deutschen Truppen in die Sowjetunion

105

Ostfeldzug

106

„Das bisschen Operationsführung kann jeder machen“, sagt Adolf Hitler am 19. Dezember 1941 bei der Entlassung von Walther von Brauchitsch, Oberbefehlshaber des Heeres. Folgerichtig übernimmt er dessen Aufgabe. Schon vorher hat er sich immer wieder in die operative Führung des Krieges eingeschaltet. Denn von seinen eigenen strategischen Fähigkeiten ist Hitler derart überzeugt, dass er alle Heerführer letztlich verachtet.

Ohne Kriegserklärung

Der Auftakt des Ostfeldzuges scheint seine Selbsteinschätzung zu bestätigen. Der Überfall – ohne vorherige Kriegserklärung und unter Bruch des *Deutsch-Sowjetischen Nichtangriffspaktes* – trifft die Sowjetunion völlig unvorbereitet. Die Rote Armee ist schlecht ausgerüstet und durch Säuberungen an ihrer Spitze verunsichert und geschwächt. Stalin hat in einer Art Verfolgungswahn die meisten seiner Kommandeure umbringen lassen.
Auch wenn Großbritannien und die USA gleich zu Anfang des Ostfeldzuges der UdSSR ihre Unterstützung zusichern, so erfordert die Lieferung von Kriegsmaterial doch Zeit. Jedenfalls kommen die deutschen Truppen und ihre Verbündeten zügig voran. Schon im Herbst 1941 haben sie das Baltikum und weite Teile der Ukraine und Weißrusslands besetzt.

Von Sieg zu Sieg

Die Wehrmacht eilt zunächst von Sieg zu Sieg. Nach den Kesselschlachten bei Bialystok (im von der Sowjetunion besetzten Teil Polens) und Minsk am 9. Juli 1941 bleiben 320 000 Rotarmisten als Kriegsgefangene zurück. Einen Monat später geraten bei Smolensk 310 000 sowjetische Soldaten in deutsche Kriegsgefangenschaft. Und am 2. Oktober liefern sich

107

106 Hilflose russische Kinder, 1942

107 Deutsche Soldaten in einem Graben vor Kiew, 1941

bei Wjasma und Brjansk beide Seiten eine Schlacht, die mit der Gefangennahme von weiteren 630 000 sowjetischen Soldaten endet.

Schlammwüsten

Doch schon bald darauf machen Regen und Schnee den deutschen Angreifern und ihren Verbündeten zu schaffen. Große Landstriche verwandeln sich in Schlammwüsten. Der Vormarsch gerät ins Stocken.
Von *„unerhörten Kampfbedingungen"* berichtet zum Beispiel Brigadegeneral Gotthard Heinrici in Briefen an seine Familie. Am 5. Dezember 1941 schreibt er: *„Die Leute haben seit gestern Abend um zwanzig Uhr nichts mehr außer Brot gegessen, der Kaffee in ihren Feldflaschen ist zu Eis gefroren … ich bemühe mich, diese durchgefrorenen, schlecht bekleideten, verhungerten, ungewaschenen und verdreckten Menschen aufzurichten."*

Wintereinbruch

Der frühe Wintereinbruch verlangt den deutschen Truppen äußerste Anstrengungen ab. Der Oberbefehlshaber der Heeresgruppe Mitte, Generalfeldmarschall von Bock, meldet nach Berlin, der Zeitpunkt rücke näher, *„an dem die Kraft der Truppe erschöpft ist"*.
Doch solche Mitteilungen interessieren niemanden. Dem Generalfeldmarschall wird empfohlen, sich um einen längeren Erholungsurlaub zu bemühen. Hitler selbst verlangt von den Soldaten an der Ostfront *„fanatischen Widerstand"*. Jeden Gedanken an Rückzug untersagt er in scharfer Form. Vielmehr seien die Frontlinien durch *„Igelstellungen"* zu verteidigen. Die Truppe solle sich in den tiefgefrorenen Boden *„einkrallen"*.

Partisanen

Solche Ratschläge müssen den Soldaten, die keine Pelzmützen, Handschuhe und Wintermäntel besitzen, wie Hohn vorkommen. In diesem Punkt sind ihnen die Rotarmisten mit ihren wattierten Uniformen, Pelzmützen und Filzstiefeln weit überlegen. Und was diesen an Waffen und Munition fehlt, machen sie – unterstützt durch freiwillige Untergrundkämpfer, den Partisanen – mit Kampfeifer wett. Am Anfang werden die deutschen Soldaten in manchen Dörfern noch als Befreier begrüßt. Doch das ändert sich schnell, als sie anfangen, ganze Ortschaften auszuplündern und niederzubrennen und die Mordaktionen gegen die Zivilbevölkerung und die Juden beginnen.

108

109

108 Motorisierte Truppen der Panzergruppe „Guderian" auf dem Vormarsch zwischen Minsk und Moskau, Juli 1941

109 Bei Kälte und ohne ausreichende Winterausrüstung kämpfen sich deutsche Einheiten durch den Schnee (Winter 1942).

Morden und Brandschatzen

110 Eine verzweifelte ukrainische Bäuerin vor ihrem brennenden Anwesen, 1941

111 Aus der Ukraine wird Obst und Gemüse nach Berlin transportiert.

In das Gedächtnis von Russen, Weißrussen, Ukrainern und anderen Nationalitäten der damaligen Sowjetunion ist das Datum 22. Juni 1941 tief eingeprägt. Diejenigen, die diesen Tag erleben, werden später noch oft davon erzählen – von einem Sonntag, der sommerlich warm war, der zur Fahrt ins Grüne einlud, zur Gartenarbeit und zum Beerensammeln.

110

111

Und dann um die Mittagszeit die Radioansprache von Außenminister Molotow, der mitteilt, Deutschland habe ohne jede Vorwarnung die Sowjetunion angegriffen. Es herrsche Krieg.

Leichengruben

Die Menschen brauchen Zeit, um zu begreifen, was diese Nachricht für sie bedeutet. Aber dann bricht die Wirklichkeit dieses Krieges mit seinem ganzen Horror über sie herein: brennende Dörfer, zur Abschreckung an öffentlichen Plätzen erhängte Partisanen, Gruben, gefüllt mit den Leichen ermordeter Männer, Frauen und Kinder – wie die Hölle muss der Bevölkerung dieser Krieg vorkommen, der einhergeht mit Vernichtungsfeldzügen der Deutschen.
Denn kaum sind die deutschen Armeen nach Weißrussland und in die Ukraine vorgestoßen, beginnen in den eroberten Gebieten die Einsatzgruppen mit ihrem Mordhandwerk. Den neuen, noch zu erobernden *„Lebensraum“* im Osten haben sie in vier Regionen aufgeteilt: Baltikum, Weißruthenien (Weißrussland), Ukraine und Krim.
Bereits am 24. Juni 1941 erfolgen die ersten Massenerschießungen von Juden in der litauischen Grenzstadt Garsden.

Penibel und spurenlos

Juden, Partisanen und Politoffiziere der russischen Armee sind die vorrangigen Ziele der Einsatzgruppen. Penibel wird über das Ausmaß der Morde Buch geführt und berichtet. So heißt es in einer Meldung aus Kiew: *„Zur Beseitigung dieses Zustandes* (Seuchengefahr) *wurden vom*

Kommando 4a 1107 erwachsene Juden und von der ukrainischen Miliz 661 Juden erschossen. Damit hat das Sonderkommando 4a bis zum 6. 9. 1941 insgesamt 11 328 Juden erledigt.“
Und um Platz zu schaffen für die Ansiedelung von Deutschen, wird die Zivilbevölkerung vertrieben. Etwa 10 Millionen Menschen müssen ihre angestammte Heimat verlassen.
Bei allen Mordaktionen im Osten soll nach Möglichkeit auf Kräfte vor Ort zurückgegriffen werden. Darauf hat der Chef der Sicherheitspolizei Reinhard Heydrich die höheren SS- und Polizeiführer hingewiesen. „*Selbstreinigung*“ nennt Heydrich das Töten von Juden und Kommunisten durch Einheimische: „*Den Selbstreinigungsbestrebungen antikommunistischer oder antijüdischer Kreise in den neu zu besetzenden Gebieten sind keine Hindernisse zu bereiten. Sie sind im Gegenteil, allerdings spurenlos, auszulösen, zu intensivieren und, wenn erforderlich, in die richtigen Bahnen zu lenken …*“
Die Handlanger von SS und SD sollen sich später nie auf Anordnungen oder „*auf gegebene politische Zusicherungen berufen können*“.

Wie Barbaren

Tod durch Erschießen, Erhängen, durch Hunger und Vergasung – in Auschwitz wird im September 1941 mit der Ermordung von Juden durch Gas begonnen.
Ob im Getto von Minsk, im Sammellager bei Baranowitschi oder im Gefangenenlager von Uman – die „*Herrenmenschen*“ aus dem Westen führen sich wie Barbaren auf.
Im *Generalplan Ost*, den Heinrich Himmler in Auftrag gegeben hat, wird der Tod von Millionen einkalkuliert. Danach ist vorgesehen, Polen, das Baltikum, Weißrussland und Teile der Ukraine innerhalb von 30 Jahren mit Deutschen zu besiedeln. Die dort noch ansässige Bevölkerung (31 Millionen) soll überwiegend nach Westsibirien vertrieben werden. 14 Millionen als „*gutrassig*“ eingeschätzte Einwohner dürfen bleiben und auf einer niedrigeren Entwicklungsstufe weiter existieren. Ihre Aufgabe wird sein, den „*Germanen*“ als Arbeitssklaven zu dienen, etwa in der Landwirtschaft oder in Betrieben.

112

113

112 Sowjetische Zivilisten werden erhängt. Das Foto wurde bei einem gefallenen deutschen Soldaten gefunden.

113 Russische Partisanen werden gezwungen, vor ihrer Erschießung die eigenen Gräber auszuheben (1941).

Zwangsarbeiter

114

Am 15. Februar 1940 werden auf den Straßen im besetzten Warschau Männer willkürlich verhaftet und anschließend zum Arbeitseinsatz ins Deutsche Reich deportiert. Es ist das erste Mal, dass die Besatzungsmacht solche Straßenrazzien durchführt.

Menschenjagd

Später wird die Jagd auf Menschen zu einem gängigen Instrument, dem wachsenden Mangel an Arbeitskräften in der deutschen Industrie und in der Landwirtschaft zu begegnen. Nicht nur Polinnen und Polen werden als Zwangsarbeiter in dem Land eingesetzt, das ihre eigene Nation mit einem grausamen Krieg überzieht. Auch Russen, Weißrussen und vor allem Ukrainer werden in großer Zahl als Zwangsarbeiter zum Reichseinsatz herangezogen. So ordnet Hitler z. B. Ende August 1942 an, bis zu 500 000 Ukrainerinnen als Hausgehilfinnen ins Reich zu schicken.

Heinrich Himmler, Reichsführer SS und als Reichskommissar für die Festigung des deutschen Volkstums der heimliche Herrscher in den besetzten Ländern, ändert gar die „*Rasse-Richtlinien*", um an neue Arbeitskräfte heranzukommen: *„Ich habe daher angeordnet, dass nach von mir bestimmten Richtlinien eine Auslese der rassisch wertvollsten, nordisch bestimmten Familien vorgenommen wird, und beabsichtige, diese in Betrieben des Altreiches unterzubringen."*

Ostarbeiter

„*Zwangsarbeiter*", „*Fremdarbeiter*", „*Ostarbeiter*" – egal, welche Kategorie, es geht letztlich immer um Sklavenarbeit, zu der auch Juden aus den besetzten Gebieten in großer Zahl gezwungen werden. Bald gibt es kein Großprojekt der National-

115

114 Russische Zwangsarbeiter, 1941

115 Russische Zwangsarbeiterinnen, 1943

sozialisten mehr, das nicht in erster Linie durch Zwangsarbeit verwirklicht wird. Das gilt für den Westwall, den Atlantikwall, für große Rüstungsbetriebe und für Vorhaben wie etwa den Bau eines riesigen U-Boot-Bunkers in Farge bei Bremen. Selbst bei der unterirdischen Raketenproduktion im KZ Dora-Mittelbau montieren Zwangsarbeiter Teile der als Geheimwaffe angesehenen *V2*. Im Spätsommer 1944 sind 5,9 Millionen Ausländer im Deutschen Reich beschäftigt, darunter 1,9 Millionen Kriegsgefangene und 400 000 KZ-Häftlinge, die zumeist in Baracken oder in anderen notdürftigen Unterkünften dahinvegetieren. Denn Zwangsarbeit bedeutet in vielen Fällen Vernichtung durch Arbeit.

116

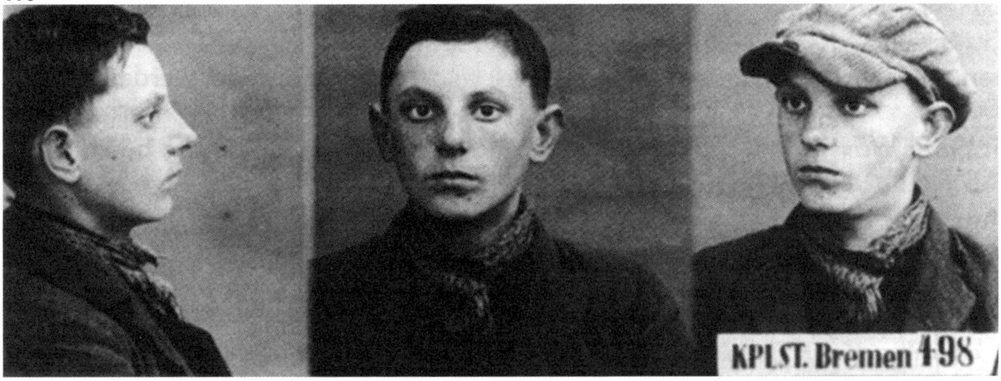

116 Der 16-jährige Walerjan Wróbel wird 1941 aus Polen nach Deutschland zur Zwangsarbeit verschleppt. Weil er aus Heimweh die Scheune der Hofbesitzerin anzündet, wird er 1942 hingerichtet.

117

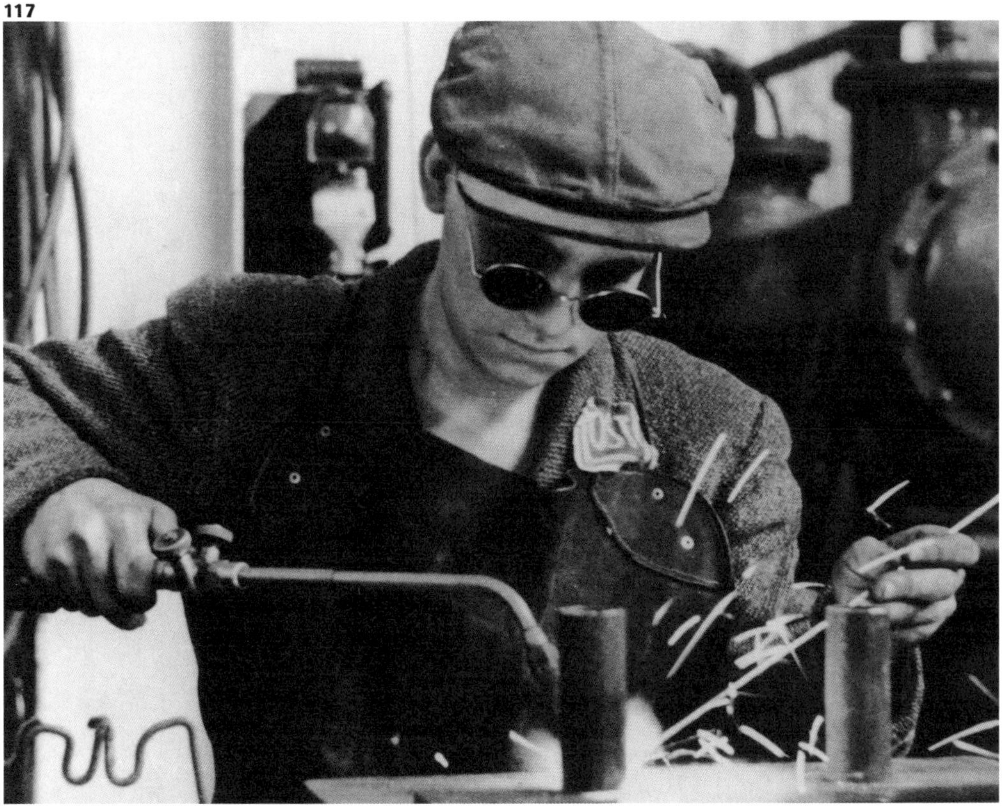

117 Russischer Zwangsarbeiter in einem deutschen Rüstungsbetrieb. Er trägt die Kennzeichnung „Ost" auf seiner Jacke.

Sowjetische Kriegsgefangene

118

119

Das Magazin „*Illustrierter Beobachter*“ veröffentlicht am 17. Juli 1941 ein Foto mit der Unterschrift: „*Gefangene Gruppe der Sowjetarmee – eine zusammengewürfelte Gesellschaft aus Untermenschen und unreifen Fanatikern.*“
Krieg heißt Propaganda, das gilt im Fall des Ostfeldzuges für die deutsche wie für die sowjetische Seite. Allerdings geht das NS-Regime noch ein ganzes Stück weiter als die von Deutschland angegriffene Sowjetunion.

Tiere und Bestien

Die Richtung dafür hat Adolf Hitler am 31. Juli 1940 vorgegeben, als er vor Generälen von der „*Auseinandersetzung zweier Weltanschauungen*“ spricht. Bei anderer Gelegenheit sagt Hitler: „*Wir kämpfen mit einem Gegner, der – das muss ich hier aussprechen – nicht aus Menschen besteht, sondern aus Tieren und Bestien.*“ Entsprechend werden die sowjetischen Kriegsgefangenen behandelt, die der Wehrmacht beim Ostfeldzug zu hunderttausenden in die Hände fallen. Als während der Sommeroffensive 1941 die Nahrungsmittel knapp werden, gilt folgende Rangordnung für die Verteilung: Zuerst wird die kämpfende Truppe beliefert, dann die Bevölkerung in Deutschland, wo es ebenfalls Engpässe gibt, und danach, sofern etwas übrig bleibt, die Kriegsgefangenen.

Verhungern befohlen

Generalquartiermeister Eduard Wagner, zuständig für den Lebensmittelnachschub, erklärt im November 1941 vor Offizieren der Heeresgruppe Mitte kategorisch: „*Nicht arbeitende Kriegsgefangene in den Gefangenenlagern haben zu verhungern.*“ Der Hungertod ist also gewollt. Und

120

118 Zehntausende sowjetischer Soldaten ziehen im August 1941 nach Westen in die deutsche Kriegsgefangenschaft.

119 Sowjetische Kriegsgefangene beim Ausbessern einer Straße, bewacht von Angehörigen der Organisation Todt

120 Russische Zivilisten werden 1943 zum Bau von Bunkern und Holzfällen zwangsverpflichtet.

tatsächlich beginnt in den Lagern ein Massensterben, von dem die Welt erst viel später Kenntnis erhält. Von 3 Millionen sowjetischen Kriegsgefangenen sterben bis Mai 1942 etwa 2 Millionen an Hunger und Folgeerkrankungen. Danach werden die Soldaten als billige Arbeitskräfte entdeckt und das Massensterben verlangsamt sich. Aber bis Kriegsende stirbt von insgesamt rund 6 Millionen sowjetischen Gefangenen etwa die Hälfte. Bei den Deutschen liegt die Zahl der in Gefangenschaft verstorbenen Soldaten bei etwa 1 Million von insgesamt 3 Millionen deutschen Kriegsgefangenen.

Liquidierung

Über den Umgang mit sowjetischen Kriegsgefangenen gibt ein Dokument Auskunft, das von der Zeitung „*Istvestija*" am 6. Oktober 1943 abgedruckt wird. Es handelt sich um den Bericht einer Kommission über eine Liquidierung von 135 000 Kriegsgefangenen und Zivilisten in Smolensk und Umgebung vom Juli 1941 bis September 1943. „*Auf dem Marsch nach Smolensk und besonders im KZ starben Kriegsgefangene zu dutzenden und zu hunderten.*" Hunger, schwerste körperliche Arbeit, Typhus- und Ruhrepidemien, Massenerschießungen – die Kommission findet an 14 Stellen Massengräber mit den Leichen von Rotarmisten und Zivilisten.

Verräter

Im Gegensatz zur Sowjetunion, die die Genfer Konvention als verbindlich ansieht und die eigenen Soldaten zu deren Einhaltung auffordert, fühlt sich Hitler-Deutschland nicht an das Völkerrecht gebunden. Nach Ansicht des Historikers Peter Jahn zählen die sowjetischen Kriegsgefangenen mit zu den „*größten Opfergruppen*" der NS-Vernichtungspolitik. Jahn erinnert auch daran, dass die Tragödie dieser Häftlinge 1945 noch nicht zu Ende ist: Heimkehrende Gefangene gelten als „*Verräter*". Sie verbringen weitere Jahre in Straflagern, schuften in Baubataillonen, und ihnen wird die ehrenvolle Entlassung verweigert als Strafe dafür, „*dass sie in der Haft des Feindes gewesen waren*".

121 Deutscher Wachsoldat mit sowjetischem Kriegsgefangenen, der gefesselt am Pranger steht

121

Großer Vaterländischer Krieg

122 Deutsche Soldaten ergeben sich 1941/42 der Roten Armee.

123 Sowjetische Partisaninnen nach der Rückeroberung von Minsk durch die Sowjettruppen, 1944

In der Nacht zum 22. Juni 1941 wird Josef Stalin um 3.30 Uhr durch einen Anruf seines Generalstabschefs Georgi Schukow geweckt. Schukow teilt mit, deutsche Truppen hätten die Sowjetunion angegriffen. Der Generalsekretär der Kommunistischen Partei der Sowjetunion (KPdSU) ringt um seine Fassung.
Er sei zunächst verwirrt gewesen, sagen russische Historiker. Erst am 3. Juli 1941 tritt Stalin vor die Öffentlichkeit, um den *„Vaterländischen Befreiungskrieg gegen die faschistischen Unterdrücker"* anzukündigen, der als der *„Große Vaterländische Krieg"* in die Geschichte der Sowjetunion eingeht.

122

123

Eine Million Deserteure

In seiner Rede weist Stalin darauf hin, *„dass in unseren Reihen kein Platz für Miesmacher und Feiglinge, für Panikmacher und Deserteure ist"*. Diese Mahnung ist aus seiner Sicht dringend geboten, denn bei den ersten Vorstößen der deutschen Wehrmacht laufen ihm seine Soldaten in Scharen davon. Historiker schätzen die Zahl der Deserteure für Ende 1941 auf etwa 1 Million. Dieses Problem nimmt ein solches Ausmaß an, dass Stalin zu blutigen Maßnahmen greift. Er lässt Kommandeure verhaften und erschießen. Der Geheimdienst NKWD stellt Sondertrupps zur Festnahme von *„Fahnenflüchtigen, Feiglingen und Panikmachern"* auf. Schließlich bekommt jede Division so genannte Sperrkommandos, die Deserteure aufgreifen und gegebenenfalls auf der Stelle erschießen. Dass Stalin im Krieg die Wende schafft, hängt nicht nur mit diesem brutalen Zwangssystem zusammen. Viele Russen melden sich freiwillig zur Roten Armee. Es gelingt auch, die Rüstungsproduktion anzukurbeln. Stalin ist zwar ein Diktator mit grausamen Zügen, aber anders als Hitler überschätzt er sich in strategischen Fragen nicht, sondern lässt sich beraten, vor allem von Marschall Schukow. Über ihn schreibt der britische Historiker Richard Overy: *„Sicherlich hat Schukow den Krieg nicht allein gewonnen, aber niemand hatte größeren Anteil am sowjetischen Sieg als er."*

Lew Kopelew

Die Liebe zur deutschen Sprache und Kultur durchzieht das sonst eher unruhige Leben von Lew Kopelew wie ein roter Faden. In seinem Elternhaus in Kiew ist es eine deutsche Familie, die den Sohn eines jüdischen Agrarfachmanns erstmals damit vertraut macht. In Charkow und dann in Moskau studiert er u. a. Germanistik und promoviert 1941 mit einem Thema über Schiller. Das Studium geht fast nahtlos über in den Militärdienst, den er mit Eifer versieht. Das Ziel Stalins, die *„faschistischen Unterdrücker"* zu vertreiben, ist auch sein Anliegen. Als Propagandaoffizier der Roten Armee verfasst Kopelew Flugblätter in deutscher Sprache, in denen die feindlichen Soldaten aufgefordert werden zu desertieren.

Protest gegen Gewalt

Gegen Kriegsende, beim Einmarsch der sowjetischen Truppen in Ostpreußen, wird er Zeuge von Übergriffen, die seinen Vorstellungen vom Umgang mit anderen Menschen zutiefst zuwiderlaufen. Rotarmisten plündern und vergewaltigen. Kopelew versucht sie zu stoppen und legt Protest ein. Die Folge: Nicht die Täter kommen vor Gericht, sondern der Offizier Kopelew, der zu zehn Jahren Haft verurteilt wird, weil er die *„Moral der Truppe"* untergraben habe. Diese Erfahrung führt letztlich zum Bruch mit dem Sowjet-System. Kaum hat Kopelew die Jahre im Lager hinter sich gebracht, tritt er als Schriftsteller umso entschiedener für Freiheit, Toleranz und Menschenrechte ein.

Heftig protestiert er 1968 gegen die Niederschlagung des Prager Frühlings.
Wie Andrej Sacharow und andere Bürgerrechtler wird auch er durch Berufs- und Auftrittsverbot kaltgestellt.

Freundschaft zu Heinrich Böll

Enge Kontakte zu dem Land, das er als Soldat im Zweiten Weltkrieg bekämpfte, helfen ihm über die schwierigen Jahre hinweg. Insbesondere mit dem Schriftsteller Heinrich Böll – dieser kämpfte als Wehrmachtssoldat auf der Gegenseite – verbinden ihn gemeinsame Anliegen: Freiheit des Wortes, Abbau der Mauern zwischen den Völkern, ein Europa, das Lehren aus der Vergangenheit zieht.
1981 – Kopelew hält sich gerade in Deutschland auf – wird er ausgebürgert. Er lässt sich in Köln nieder, in Nachbarschaft zu Heinrich Böll.
Als Emigrant schreibt Kopelew Essays und Bücher. Er mischt sich ein und erhält zahlreiche Auszeichnungen, darunter den Friedenspreis des deutschen Buchhandels.
Als das ZDF 1986 einen Film über ihn bringt, erhält der Schriftsteller viel Post, auch von den Ewiggestrigen, den Unbelehrbaren. Ihnen hält er entgegen, er habe den Krieg selbst erlebt, das Niederbrennen von dutzenden von Dörfern gesehen und erfahren, wie ihre Bewohner niedergemetzelt wurden.
1989, als die Möglichkeit zur Rückkehr nach Russland besteht, bleibt Lew Kopelew in Deutschland – bis zu seinem Tod 1997.

Lew Kopelew als Soldat, 1941

1912 *Geburt in Kiew*
1941 *Promotion und Abschluss des geisteswissenschaftlichen Studiums*
1941–1945 *Major in der sowjetischen Armee*
Bis 1954 *Haft*
1961–1968 *Wissenschaftler am Institut für Kunstgeschichte*
1966 *Unterstützt Regimekritiker, Berufsverbot, freier Schriftsteller*
1980 *Übersiedelung in die Bundesrepublik Deutschland*
1981 *Ausbürgerung*
1997 *Tod in Köln*

Katyn – eine offene Wunde

124

Kaum ein anderer Ort ist derart Gegenstand von Propaganda und gegenseitiger Schuldzuweisungen wie Katyn, westlich der russischen Stadt Smolensk gelegen.
Es beginnt damit, dass deutsche Soldaten im Februar 1943 Massengräber mit den Leichen von über 4400 polnischen Armeeangehörigen entdecken.
Schnell wird ein Zusammenhang hergestellt zu den 15 000 polnischen Soldaten und Offizieren, die seit September 1939 vermisst werden. Zu diesem Zeitpunkt ist die Sowjetunion dabei, sich aufgrund des *Deutsch-Sowjetischen Nichtangriffspakts* Ostpolen anzueignen.
Die Entdeckung der Massengräber im Wald von Katyn löst unterschiedliche Aktivitäten aus. Die in London ansässige polnische Exilregierung bittet am 17. April 1943 das Internationale Komitee des Roten Kreuzes, Untersuchungen anzustellen. Das Gleiche tut die NS-Regierung in Berlin, die außerdem Journalisten und Schriftsteller nach Katyn transportiert.
Das NS-Regime, das dabei ist, Millionen europäischer Juden sowie Kriegsgefangene und Zivilisten zu ermorden, sieht eine gute Gelegenheit, die Sowjetunion in heuchlerischer Weise anzuprangern. Stalin weist jedoch jede Verantwortung von sich und beschuldigt seinerseits die Deutschen, die Massenmörder von Katyn zu sein.

Schuldeingeständnis

Schon bald verdichten sich die Hinweise, der sowjetische Geheimdienst NKWD habe in dem Ort gemordet. Doch der Kreml streitet weiter alles ab. So bleibt Katyn für Jahrzehnte eine offene Wunde. Erst 1989 legt Michail Gorbatschow, Generalsekretär der KPdSU, ein öffentliches Schuldeingeständnis zu Katyn ab.

125

124 Tagebuch, das 1943 beim Leichnam eines von den Sowjets ermordeten polnischen Majors gefunden wurde

125 Eine polnische Delegation lässt sich die Uniform eines ermordeten Offiziers zeigen.

Winterkrise

Die militärische Lage beim Jahreswechsel 1941/42 ist weder für die Sowjetunion noch für das Deutsche Reich beruhigend. Die Rote Armee hat beim Ansturm der Wehrmacht schwere Niederlagen einstecken müssen. Hunderttausende von sowjetischen Soldaten sind in Gefangenschaft. Andererseits – die Rückschläge haben das russische Volk wachgerüttelt. Die Menschen sind zu neuen Opfern bereit. Ausgeruht und für den Winter gerüstet, beginnen im Januar 1942 sowjetische Truppen die Gegenoffensive.

Improvisieren

Auf deutscher Seite zwingt die „*Winterkrise*“ Adolf Hitler zum Improvisieren. Die Wehrmacht hat sich vor Moskau verschanzt. Für den entscheidenden Angriff auf die Hauptstadt fehlen ihr die Kräfte. Wie schwierig die militärische Lage ist, weiß Hitler. Die Schuld daran gibt er jedoch nicht sich selbst; am 27. November 1941 erklärt er: Wenn das deutsche Volk einmal nicht mehr stark genug sei, sein eigenes Blut für seine Existenz zu opfern, so solle es vergehen und von einer anderen, stärkeren Macht vernichtet werden. Der NS-Diktator hat das Land strategisch in eine kaum lösbare Situation gesteuert. Auf keinem der vielen Kriegsschauplätze gibt es durchgreifende Erfolge. Anfang 1942 ist die Zahl der Nationen, mit denen sich die Achsenmächte Deutschland, Italien und Japan im Krieg befinden, auf 26 angestiegen. Hitler hat auch den USA am 12. Dezember 1941, kurz nach dem japanischen Überfall auf den US-Flottenstützpunkt Pearl Harbor, den Krieg erklärt. Dem japanischen Botschafter in Berlin offenbart er, er wisse noch nicht, wie man die USA besiegen könne.

126

127

126 Deutsche Einsatzgruppen erschießen in Winniza (Ukraine) tausende von Juden.

127 Deutscher Panzer beim Vormarsch in der Ukraine, um 1941

Krieg im Pazifik

Als sich am Morgen des 7. Dezember 1941 die ersten japanischen Flugzeuge Hawaii nähern, liegt eine seltsame Ruhe über der Insel. Geschwaderkommandeur Mitsuo Fuchida, der als Aufklärer über dem US-Flottenstützpunkt Pearl Harbor kreist, traut seinen Augen kaum: Kein Abfangjäger steigt auf, keine Flakbatterie eröffnet das Feuer, sodass Fuchida seinen Funkspruch *„Tora, Tora, Tora"* absetzen kann. *Tora* bedeutet *Tiger* und ist der Code dafür, dass die Überraschung gelungen ist.

Pearl Harbor, ein Inferno

Eine Luftstreitmacht von 353 Maschinen verwandelt Pearl Harbor innerhalb kurzer Zeit in ein Inferno. Schlachtschiffe, Flugzeuge, Zerstörer, Kreuzer und Versorgungsschiffe brennen lichterloh. Über 2400 US-Soldaten werden getötet. Etwa die Hälfte der amerikanischen Pazifikflotte ist zerstört. Nun kennen die Japaner kein Halten mehr. 1942 erobern sie Burma, Thailand, Malaysia, Indonesien, die Philippinen und den Südpazifik. Sie besetzen Hongkong und Singapur.

„Germany first"

Mit dem Angriff auf Pearl Harbor will Japan seine Vorherrschaft in Fernost absichern und neue Rohstoffquellen in Südostasien erschließen. Doch Tokio erreicht das Gegenteil: US-Präsident Roosevelt kann endlich die USA in den Krieg führen, wobei es bei der mit Churchill verabredeten Reihenfolge bleibt: *„Germany first"*. Deutschland wird zuerst besiegt, dann Japan.

128

128 7. Dezember 1941: Japanischer Angriff auf den amerikanischen Stützpunkt Pearl Harbor auf Hawaii

Krieg auf allen Weltmeeren

Ob Pazifik oder Atlantik – um die Vorherrschaft auf den Weltmeeren mit ihren wichtigen Handelsrouten werden erbitterte Schlachten ausgetragen. General Douglas MacArthur, Oberkommandierender der US-Streitkräfte im Südpazifik, drängt aus Australien kommend die Japaner in einer Zangenbewegung zurück. Um fast jede Insel im Süd- und Zentralpazifik wird gekämpft.
Im Atlantik versucht die deutsche Marine, Geleitzüge der Handelsschiffe aufzubrechen. Sie operiert, zur Überraschung ihrer Gegner, häufig in „Rudeln". Über die strategische Richtung herrscht in der deutschen Marineführung ansonsten Unklarheit. Der Oberbefehlshaber der Kriegsmarine, Großadmiral Erich Raeder, befürwortet den Einsatz schwerer Schlachtschiffe wie *Bismarck, Gneisenau* und *Scharnhorst.* Karl Dönitz dagegen hält U-Boote für das beste Mittel, gegnerische Handelstonnage zu zerstören. Nach dem Untergang der *Bismarck* am 27. Mai 1941 übernimmt Dönitz die Seekriegsführung und Raeder muss gehen.

Flottenbau

Der neue Oberbefehlshaber setzt ein gewaltiges Flottenbauprogramm in Gang. Monatlich sollen 40 U-Boote gebaut werden. Das hilft jedoch nur vorübergehend. Ab Mitte 1943 übersteigen die Verluste auf See wieder die Zahl der Neubauten. Außerdem verfügen die Briten über eine radargestützte Luftaufklärung und knacken das Nachrichten-Verschlüsselungssystem der Deutschen.

129

130

129 Großadmiral Karl Dönitz, Befehlshaber der U-Boote, um 1941

130 Das deutsche Schlachtschiff „Gneisenau", 1940

Nur schlechte Nachrichten

131

Für Adolf Hitler reißt die Serie der schlechten Nachrichten nicht mehr ab. Im Herbst 1942 ist der letzte Versuch, britische Verbände aus Nordafrika zu verdrängen, bei El-Alamein gescheitert. Fast zur gleichen Zeit erreichen alliierte Verbände Marokko und Algerien. In Stalingrad kapituliert Ende Januar/Anfang Februar 1943 die 6. Armee unter Generalfeldmarschall Friedrich Paulus – der bitterste Rückschlag für den NS-Diktator.

Wende in Italien

Aber auch die Meldungen aus Italien müssen ihn hart treffen. Am 10. Juli 1943 gehen in Sizilien alliierte Truppen an Land. Als kurz darauf Mussolini gestürzt wird, schließt die neue Regierung Italiens einen Waffenstillstand mit den Alliierten. Wütend schlägt der NS-Diktator zurück. Deutsche Truppen besetzen Nord- und Mittelitalien. Italien erklärt daraufhin Deutschland den Krieg.

Landung in der Normandie

Am 6. Juni 1944 beginnt vor der Küste der Normandie in Frankreich die seit langem vorbereitete Operation *Overlord.* 6480 Kriegsschiffe und Boote bewegen sich auf das Land zu. Trotz ihrer großen Überlegenheit müssen die Alliierten hohe Verluste hinnehmen. Denn nach dem Verlassen der Landungsboote fehlt den Soldaten jede Deckung. Sie geraten in den Kugelhagel der in den Bunkern des Atlantikwalls verschanzten deutschen Soldaten. Eine Woche später jedoch verbinden 300 000 Soldaten fünf Brückenköpfe zu einer Frontlinie – ein bedeutender Schritt beim Vormarsch der Alliierten.

132

131 Juli 1943: Alliierte Truppen landen auf Sizilien.

132 6. Juni 1944, im englischen Sprachraum auch „D-Day" genannt: Landung der Alliierten in der Normandie

Verfolgung von Juden

„… jeder sollte [die Juden] *wie Leprakranke schon auf der Straße als Ausgestoßene, als Verfemte erkennen, meiden und verhöhnen.“*

Stefan Zweig

Ab 19. September 1941 müssen alle Juden über sechs Jahre den gelben Judenstern an der Kleidung tragen.

Antisemitismus

133

133 Antisemitisches Plakat, 1942: „Hinter den Feindmächten: der Jude"

134 Antisemitische Postkarte: „Vom Geier zu Meier"

135 Demütigung eines jüdischen Schülers, Wien 1938. Aufschrift auf der Tafel: „Der Jude ist unser größter Feind! Hütet euch vor dem Juden!"

Für Juden ist das Leben in Deutschland zur Jahreswende 1938/39 unerträglich geworden. Seit Beginn der NS-Herrschaft werden sie schikaniert und drangsaliert, jedes nationale Unglück, jede Katastrophe wird ihnen angelastet. Eine Fülle von Gesetzen und Verordnungen schränkt ihre Existenz immer weiter ein.

Kaum noch Chancen

Bis 1938 können die in Deutschland lebenden Juden noch davon ausgehen, dass ein Weiterleben – unter welchen Einschränkungen auch immer – möglich ist. Die Novemberpogrome von 1938, die von den Nationalsozialisten organisierte Gewaltserie gegen Juden und jüdische Einrichtungen in ganz Deutschland, machen diese Hoffnung zunichte.
Der staatliche Terror gegen die Juden wird ab 1938 brutaler, offensichtlicher und ihre Lebens- und Überlebenschancen werden immer stärker eingeengt.
So sind Juden seit dem 1. Januar 1939 gezwungen, die Beinamen *Israel* bzw. *Sara* zu tragen, sofern sie an ihrem Vornamen nicht als Juden erkennbar sind. Nach und nach wird ihnen untersagt, Radios, Fahrräder und Fotoapparate zu benutzen.
Ab September 1941 müssen alle Juden über sechs Jahren einen fest angenähten gelben Stern auf der Kleidung tragen (*„Judenstern"*).
Die Betroffenen spüren spätestens 1938, was ihnen droht. In dieser Lage versuchen verzweifelte jüdische Eltern, wenigstens ihre Kinder in Sicherheit zu bringen. Großbritannien ist zur Rettung bereit – fast 10 000 jüdische Kinder und Jugendliche aus Deutschland werden ohne Visum aufgenommen und in Pflegefamilien oder -heimen untergebracht. Ihre Eltern sehen die meisten nicht wieder.

Eine lange Tradition

„Staatsbürger kann nur sein, wer Volksgenosse ist. Volksgenosse kann nur sein, wer deutschen Blutes ist, ohne Rücksicht auf Konfession. Kein Jude kann daher Volksgenosse sein." So steht es im Parteiprogramm

134

135

der NSDAP von 1920. Die Umsetzung dieses judenfeindlichen Gedankengutes in konkrete Maßnahmen lässt nach Januar 1933 nicht lange auf sich warten. Judenfeindschaft ist jedoch keine Erfindung Adolf Hitlers. Die Diskriminierung und Verfolgung von Juden hat in Deutschland (und Europa) eine lange Tradition.

Religiös begründet

Seit dem Mittelalter wird die Feindschaft gegen Juden religiös begründet – Juden werden für den Tod von Jesus Christus verantwortlich gemacht. Im 19. Jh. bildet sich eine scheinbar wissenschaftliche „Rassenlehre" heraus und der Begriff „Antisemitismus" wird geprägt. Dahinter steckt die Behauptung, dass semitische Völker (zu denen die Juden gehören) anderen Völkern unterlegen seien. Juden werden als Fremdkörper und Schädlinge angesehen.
Schon vor dem Ersten Weltkrieg entstehen politische Parteien, die eine weitgehende Ausgrenzung der Juden befürworten.
Der Antisemitismus ist in großen Teilen der Bevölkerung verbreitet, auch unter Intellektuellen. Statt den Ursachen nachzugehen, werden tatsächliche oder vermeintliche Probleme der Gesellschaft vornehmlich Juden angelastet, die auf diese Weise als Sündenböcke herhalten müssen.

„Judenrepublik"

Das gilt vor allem für die Zeit nach dem Ersten Weltkrieg, als die völkische Rechte den Juden die Niederlage von 1918 und die Novemberrevolution anlastet. Wenn von *„Novemberverbrechern"* die Rede ist, dann sind in erster Linie Juden, Marxisten und Freimaurer gemeint. Aus dieser fanatischen und reaktionären Haltung entsteht eine fundamentale Gegnerschaft zur Weimarer Demokratie, die als *„Judenrepublik"* diffamiert wird. Solche Einstellungen sind der politische Nährboden für Adolf Hitler und die Nationalsozialisten. Der Antisemitismus wird zum wesentlichen Baustein der nationalsozialistischen Ideologie und erfährt seine schärfste Ausprägung: Juden gelten als minderwertige aber gefährliche Feinde, die die *„Arier"* in einer *„Weltverschwörung"* bedrohen. Terrorisierung, Deportation und Vernichtung sind die nationalsozialistischen Antworten auf die *„Judenfrage"*.

136 Die Postkarte von 1900 aus einem Frankfurter Hotel zeigt das Schild „Jüdischer Besuch verbeten".

137 Julius Streicher bei einer Rede im Berliner Sportpalast, 1935. An den Tribünen hängen Transparente mit antisemitischen Parolen.

136

137

Kein Platz für Juden

138

Eine Vielzahl von Verordnungen, Gesetzen und Erlassen wird ab 1933 gegen jüdische Mitbürger erlassen. Alle Regelungen verfolgen nur ein Ziel: Juden klar zu machen, dass für sie in Deutschland kein Platz mehr ist und dass sie rechtlos sind. Sie werden geduldet – aber wie lange noch?

Verdrängung – Vernichtung

Die nationalsozialistische Politik ist zunächst darauf ausgerichtet, den deutschen Juden neben den staatsbürgerlichen Rechten ihre existenziellen Grundlagen zu entziehen und sie aus dem wirtschaftlichen und öffentlichen Leben zu verdrängen. Gleichzeitig werden sie immer stärker eingeschränkt: Juden dürfen zahlreiche Berufe nicht mehr erlernen und ausüben. Ärzten z. B. wird schon 1933 die Kassenzulassung entzogen, ab 1938 dürfen sie nur jüdische Patienten behandeln. Vermögenswerte über 5000 Reichsmark können eingezogen werden. Das Führen und Halten von Autos ist Juden nicht mehr erlaubt. Die Telefonanschlüsse werden ihnen gekündigt. Mit jeder Schikane wird ihre Existenzberechtigung weiter eingeengt.

Juden dürfen nicht mehr auf Märkten einkaufen. Der Verkauf von Schokolade an Juden wird untersagt. Öffentliche Einrichtungen wie Kino oder Schwimmbad bleiben ihnen verschlossen. Jüdische Kinder dürfen keine öffentlichen Schulen mehr besuchen. 1941 erfolgt schließlich ein Ausreiseverbot.

Zu dieser Zeit beginnen im deutschen Machtbereich Massentötungen von Juden. Bei Kriegsende werden etwa 6 Millionen Menschen dem NS-Rassenwahn zum Opfer gefallen sein.

139

138 Straßenschild in Franken: „Juden sind in Behringersdorf nicht erwünscht."

139 Drei jüdischen Frauen werden im November 1938 vor johlendem Publikum die Haare geschoren. Sie müssen Schilder tragen mit der Aufschrift: „Ich bin aus der Volksgemeinschaft ausgestoßen."

Chronologie der Judenverfolgung

1. April 1933: Boykott jüdischer Geschäfte – erste reichsweit organisierte, deutlich sichtbare antijüdische Maßnahme zu Beginn der NS-Diktatur

7. April 1933: *Gesetz zur Wiederherstellung des Berufsbeamtentums* – nicht arische Beamte sind in den Ruhestand zu versetzen; wer als jüdisch bzw. nicht arisch gilt, regelt der so genannte *Arierparagraf.*

15. September 1935: Reichsbürgergesetz und Gesetz zum Schutze des deutschen Blutes und der deutschen Ehre *(Nürnberger Gesetze)* – Juden werden bloße Staatsangehörige ohne staatsbürgerliche Rechte; Eheschließungen und Geschlechtsverkehr zwischen Juden und Ariern werden verboten.

9./10. November 1938: Novemberpogrom – gewaltsame Ausschreitungen gegen Synagogen, jüdische Geschäfte und Einrichtungen; Misshandlung und Ermordung jüdischer Bürger

23. Oktober 1941: Verbot der Auswanderung für deutsche Staatsangehörige jüdischer Rasse

20. Januar 1942: *Wannseekonferenz* – SS-Führer und politische Beamte beraten über die Koordination und Organisation der Massenvernichtung der europäischen Juden *(„Endlösung der Judenfrage“).*

140

140 Tafel auf einem Sportplatz in Stuttgart: Weil Juden den Sportplatz benutzen dürfen, findet der „Kraft durch Freude“-Kurs an einem anderen Ort statt.

141 Der jüdische Anwalt Finkelstein wird 1933 aus der Liste der zugelassenen Anwälte gelöscht.

141

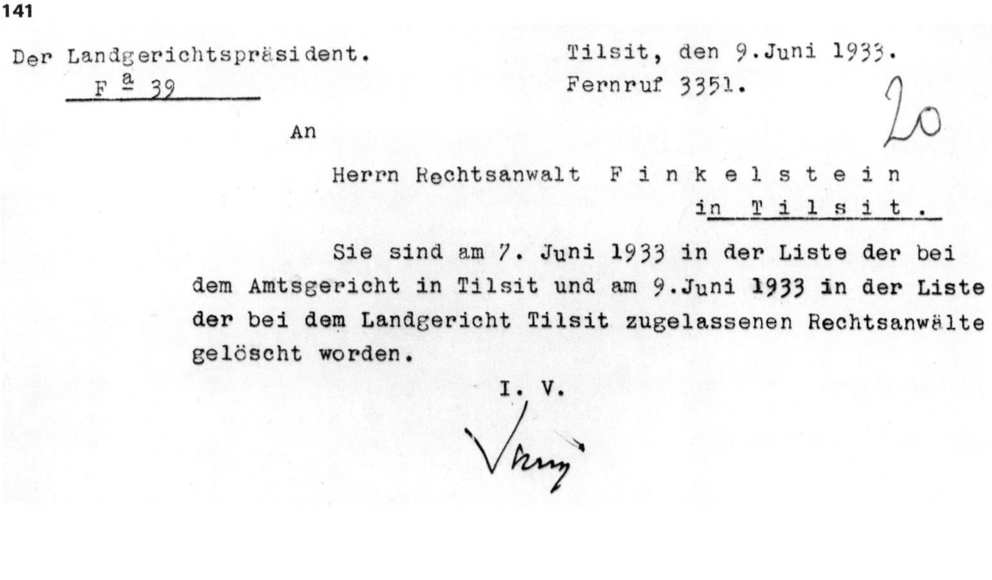

Der Landgerichtspräsident.　　　　Tilsit, den 9.Juni 1933.
F a 39　　　　Fernruf 3351.

20

An

Herrn Rechtsanwalt F i n k e l s t e i n
in T i l s i t .

Sie sind am 7. Juni 1933 in der Liste der bei dem Amtsgericht in Tilsit und am 9.Juni 1933 in der Liste der bei dem Landgericht Tilsit zugelassenen Rechtsanwälte gelöscht worden.

I. V.

Hetzblatt „Der Stürmer"

142

142 Aufruf zu einer Massenveranstaltung mit Julius Streicher unter der Überschrift „Die Juden sind unser Unglück!"

143 In „Stürmerkästen" wird die Wochenzeitung ausgehängt.

Die Wochenzeitung *„Der Stürmer"* kennt fast jeder im Dritten Reich. Kein anderes Blatt treibt den Antisemitismus der Nationalsozialisten dermaßen schrill auf die Spitze wie diese Zeitung. Ihr Gründer und Herausgeber ist Julius Streicher, einer der *„Alten Kämpfer"* aus der Frühzeit der NSDAP.

Gräuelgeschichten

1933 übernimmt Streicher die Leitung des *Zentralkomitees zur Abwehr der jüdischen Gräuel- und Boykotthetze.* Hinter diesem hochtrabenden Titel verbirgt sich nichts anderes als das, was Julius Streicher bereits seit 1923 mit seiner Zeitung unablässig tut: Er überzieht Juden mit verleumderischen Artikeln; er verbreitet Gräuelgeschichten und antisemitische Hetze. Seine Beiträge sind obszön und schamlos.

143

Verführung und Mord

„Der Stürmer" scheut nicht einmal davor zurück, den Juden scheußlichste Verbrechen anzudichten. Streichers Dauerthema ist der angebliche Hang jüdischer Männer zu Verführung und Vergewaltigung. Um zu erreichen, dass *„deutsche Frauen … niemals mehr deutsche Kinder gebären"* – so unterstellt er – vergreifen sich jüdische Männer an jungen Mädchen und vergewaltigen jüdische Ärzte ihre in Narkose liegenden Patientinnen. Diese Verleumdung, die schon in Hitlers Buch *„Mein Kampf"* vorkommt, taucht in immer neuen Abwandlungen auf, ähnlich wie Berichte über angeblich von Juden begangene Ritualmorde: Seit Jahrhunderten wird den Juden unterstellt, nicht jüdische Knaben zu töten und ihr Blut für rituelle Zwecke zu benutzen.

Niederträchtige Karikaturen

Streichers Hasstiraden kennen keine Grenzen; sie werden noch verstärkt durch niederträchtige Karikaturen des Zeichners Philipp Rupprecht, der sich *Fips* nennt. *„Der Stürmer"* fordert zudem seine Leser auf, *„Judenfreunde"* der Gestapo zu melden. Streichers Haltung zur *„Judenfrage"* druckt das Hetzblatt am 25. Dezember 1941: *„Wenn die Gefahr der Fortpflanzung dieses Fluches Gottes im jüdischen Blut endlich zu einem Ende kommen soll, dann gibt es nur einen Weg: die Ausrottung dieses Volkes, dessen Vater der Teufel ist."*
Die Hetze gegen Juden in Wort und Bild – die Auflage steigt von 20 000 im Jahr 1933 auf 400 000 im Jahr 1945 – wird auch durch öffentlichen Aushang in so genannten *„Stürmerkästen"* verbreitet.

Reinhard Heydrich

Seine bloße Anwesenheit kann Angst einflößen: Er ist eiskalt und unnahbar, misstrauisch und unsentimental, dazu hochintelligent. Diesem Mann ist alles zuzutrauen – so denken die meisten in der NS-Führung über Reinhard Heydrich. Zusammen mit Himmler beherrscht er den gesamten NS-Sicherheitsapparat.

Spitzel und Denunzianten

Seit 1932 sammelt Heydrich systematisch Nachrichten über politische Gegner und NS-Größen, Hitler und Himmler eingeschlossen, und schafft sich ein Netz von Spitzeln und Denunzianten.
Mit dem Sicherheitsdienst und dem Geheimen Staatspolizeiamt verfügt Heydrich über zwei mächtige Apparate.
„Ein junger böser Todesgott" – diesen Eindruck gewinnt Carl Jacob Burckhardt, der Abgesandte des Genfer Roten Kreuzes, von einer Unterredung mit Heydrich.
Die Vorbereitungen zum Völkermord an den Juden laufen ab September 1941 bei ihm zusammen. Er und Himmler setzen eine europaweite, noch nie da gewesene Mordoperation in Gang.
Unter der Leitung Heydrichs tagt im Januar 1942 die so genannte *Wannsee-Konferenz* in Berlin. Die systematische Ausweitung der Judenvernichtung wird vorgestellt und die Mitwirkung aller Dienststellen sichergestellt. Auszug aus dem *„Wannsee-Protokoll"*, 20. Januar 1942: *„Der Chef der Sicherheitspolizei und des SD, SS-Obergruppenführer Heydrich, teilte eingangs seine Bestallung zum Beauftragten für die Vorbereitung der Endlösung der europäischen Judenfrage durch den Reichsmarschall* (Hermann Göring) *mit und wies darauf hin, dass zu dieser Besprechung geladen wurde, um Klarheit in grundsätzlichen Fragen zu schaffen."*
Für kurze Zeit wechselt Heydrich an die Front. Seinem Ruf eines unsentimentalen Draufgängers folgend, meldet er sich zu den Jagdfliegern.

Stellvertretender Reichsprotektor

Hitler ist von diesem Abstecher wenig angetan und holt ihn nach Berlin zurück. Heydrich soll das Protektorat Böhmen und Mähren übernehmen, um dort für Ruhe zu sorgen. Wie von ihm erwartet, geht er mit eiserner Faust vor.
Auf seinen persönlichen Schutz legt er offenbar wenig Wert. Im offenen Wagen fährt er morgens zum Prager Hradschin, so auch am 27. Mai 1942. In einer Kurve drosselt der Fahrer das Tempo. Mehrere von der tschechischen Exil-Regierung in London geschickte Attentäter beschießen Heydrichs Wagen und werfen eine Handgranate. Heydrich erliegt bald darauf seinen schweren Verletzungen. Die Rache der Nazis ist furchtbar: Als Vergeltung für die Ermordung Heydrichs wird auf Befehl seines Nachfolgers Kurt Daluege die Bevölkerung des Dorfs Lidice (bei Prag) ermordet oder deportiert; der Ort wird völlig ausgelöscht. Insgesamt kosten die Vergeltungsmaßnahmen für den Tod Reinhard Heydrichs mehr als 5000 Menschen das Leben.

Reinhard Heydrich, um 1941

1904 *Geburt in Halle*
1931 *Eintritt in NSDAP und SS*
1936 *Chef der Gestapo*
1939 *Chef des Sicherheitshauptamtes*
1941 *Stellvertretender Reichsprotektor von Böhmen und Mähren*
1942 *Tod durch Attentat in Prag*

Grenzenlose Habgier

Jüdische Einzelhändler trifft es am häufigsten, aber auch Unternehmer, Handwerker, Gewerbetreibende, Ärzte, Apotheker, Rechtsanwälte, Viehhändler, Metzger und viele andere: Sie alle verlieren ab 1933 nach und nach ihr Hab und Gut. Immobilien, mittlere und große Betriebe samt Warenbeständen, Wertgegenstände – alles wechselt in *„arischen"* Besitz über. Denn die Habgier der Nationalsozialisten ist grenzenlos.

Jüdisches Vermögen

„Arisierung" wird der ungebremste Zugriff auf jüdisches Vermögen genannt. Für 1933 wird dieses Vermögen auf 12 Milliarden Reichsmark geschätzt (es ist erheblich niedriger als die raffgierigen NS-Größen annehmen, denn Juden sind keineswegs wohlhabender als die übrige Bevölkerung). Im Jahre 1938 sind die jüdischen Vermögenswerte bereits halbiert. Nach 1933 verläuft die *„Arisierung"* jüdischen Eigentums zunächst ohne staatliche Regelung ab. Jüdische Hausbesitzer etwa werden so lange unter Druck gesetzt, bis sie sich „freiwillig" von ihrem Besitz trennen. Jüdische Banken und Industriebetriebe bleiben vorerst verschont.

Jüdisches Geld in die Rüstung

Ab 1938 wird die Ausplünderung der Juden als systematische staatliche Zwangsenteignung betrieben. Hermann Göring lässt im Rahmen seines *„Entjudungsprogramms"* jüdisches Vermögen, das dem Rüstungshaushalt zugute kommt, auf Sperrkonten einzahlen.
Nach den Novemberpogromen von 1938 wird jüdischer Besitz dann flächendeckend enteignet. Weit unter Wert müssen Juden ihr Hab und Gut veräußern, sodass vielen kein Geld mehr zur Auswanderung bleibt. Selbst Patente werden ihnen entzogen.

144 & 145 1. April 1933: Jüdische Kaufleute, Ärzte und Anwälte werden boykottiert. SA-Männer postieren sich vor jüdischen Geschäften, um Kunden vom Einkauf abzuhalten.

144

145

Nürnberger Gesetze

Das NS-Regime beschließt insgesamt etwa 2000 Gesetze, Verordnungen und Erlasse, um Juden zu diskriminieren und sie rechtlos zu stellen. Aber keine dieser unmenschlichen Bestimmungen greift so tief in das Leben der Juden ein wie die *Nürnberger Gesetze.*

Vorstufe des Massenmordes

Ausgerechnet auf dem *Reichsparteitag der Freiheit* am 15. September 1935 verkündet, werden diese Gesetze zur Vorstufe des Massenmordes. Denn der Parteitag zieht Trennungsstriche, die bald über Leben und Tod entscheiden. *„Jude ist, wer von mindestens drei der Rasse nach volljüdischen Großeltern abstammt"*, bestimmt die erste Verordnung zum *Reichsbürgergesetz* vom 14. November 1935. Und wer zwei jüdische Großeltern hat, gilt als *„jüdischer Mischling"*.

In dem ebenfalls in Nürnberg verabschiedeten *Gesetz zum Schutze des deutschen Volkes und der deutschen Ehre (Blutschutzgesetz)* werden Ehen und sexuelle Kontakte zwischen *„Juden und Angehörigen deutschen oder artverwandten Blutes"* verboten. Zuwiderhandlungen werden als *„Rassenschande"* bezeichnet und mit Gefängnis, Zuchthaus und sogar mit dem Tod bestraft.

Mit Logik oder Biologie haben die *„Rassengesetze"* nichts zu tun. 1936, auf einer Tagung zum *„Blutschutz"*, erklärt Reichsjustizminister Franz Gürtner: *„Die These von der Reinheit des deutschen Blutes kann nicht zur Diskussion gestellt werden, denn sie ist ein Grundsatz und ein Glaubenssatz des neuen Staates …"* Dieser Glaubenssatz wird fortan an allen Bildungsstätten gelehrt, obwohl es sich um völligen Unsinn handelt. In der Bevölkerung lösen die *Nürnberger Gesetze* zunächst den Irrtum aus, Zweifelsfragen ließen sich durch eine Blutuntersuchung schnell klären.

Der Fall eines jungen Mannes, überzeugter NS-Anhänger und Judengegner, wiederholt sich: Als er seine schwangere Freundin heiraten möchte, wird der Standesbeamte beim Geburtsnamen der Frau stutzig. Er stellt fest, dass sie jüdische Vorfahren hat. Der junge Mann erklärt sich zu einer Blutuntersuchung bereit, doch der Standesbeamte winkt ab. Die Ehe darf nicht geschlossen werden.

146 Ein jüdischer Geschäftsmann und seine „arische" Freundin werden mit demütigenden Schildern um den Hals fotografiert und durch Cuxhaven getrieben.

146

Novemberpogrome

147

147 **9.** November 1938: Die brennende Synagoge in Frankfurt/Main

148 Der zerstörte Innenraum der Synagoge von Eberswalde

Am Morgen des 7. November 1938 kauft der 17-jährige polnische Jude Herschel Grynszpan in der Rue de Faubourg Saint Martin in Paris für 245 Francs einen Trommelrevolver. Mit der Waffe geht er zur Deutschen Botschaft und gibt dort mehrere Schüsse auf den Legationssekretär Ernst vom Rath ab – als Rache dafür, dass seine Eltern, wie etwa 17 000 andere in Deutschland lebende polnische Juden, nach Polen deportiert werden sollen.

Günstige Gelegenheit

Unmittelbar nach der Tat werden die Zeitungen vom Propagandaministerium angewiesen, wie sie über den Anschlag zu berichten haben – in großer Aufmachung auf der ersten Seite. Und: *„In eigenen Kommentaren ist darauf hinzuweisen, dass das Attentat des Juden die schwersten Folgen für die Juden in Deutschland haben muss.“* Schon lange wartet die NS-Führung auf eine günstige Gelegenheit, dem Judentum einen vernichtenden Schlag zu versetzen. Jetzt ist sie da.

Ernst vom Rath erliegt am 9. November seinen schweren Verletzungen. An diesem Tag sind die NS-Größen, Hitler eingeschlossen, in München versammelt, um wie in jedem Jahr an den Marsch zur Feldherrnhalle 1923 zu erinnern. Die Nachricht vom Ableben des Diplomaten macht die Runde. Wie Augenzeugen später berichten, spricht Hitler längere Zeit mit Goebbels und bricht dann auf, ohne seine übliche Ansprache gehalten zu haben. Dafür eilt Joseph Goebbels ans Mikrofon und gibt den Tod des Diplomaten bekannt. In seiner Rede beschimpft er die Juden in übelster Weise.

148

Befehl zum Losschlagen

Die anwesenden Funktionäre der NSDAP und der SA wissen, was zu tun ist. Telefonisch erteilen sie den Befehl zum Losschlagen. Nach bereits vorbereiteten Listen werden überall in Deutschland jüdische Wohnhäuser und über 700 Geschäfte zerstört. Hunderte von Synagogen und Gebetshäuser werden in Brand gesteckt. Und bald sind die Bürgersteige mit Glasscherben übersät, sodass später von der „*Kristallnacht*“ gesprochen wird.

Totgeprügelt

Wo immer die SA-Trupps – sie agieren in Zivil, um spontanen „*Volkszorn*“ zur Schau zu stellen – Juden zu Gesicht bekommen, schlagen sie blind auf sie ein. Auch SS und HJ beteiligen sich an den Ausschreitungen. Nach offiziellen Angaben werden 91 Juden zu Tode geprügelt. Etwa 26 000 werden in Konzentrationslager verschleppt.
Am nächsten Tag heißt es in den Zeitungen: „*Des Volkes Zorn nahm Vergeltung an den jüdischen Ladengeschäften, denen größtenteils Fenster eingeschlagen wurden.*“ Tatsächlich bleiben die meisten Menschen auf Distanz. Manche reagieren bestürzt. Andere bedienen sich plündernd in den jüdischen Geschäften.

Sühneleistung

Hermann Göring macht dem Propagandaminister Joseph Goebbels nach dem Pogrom den Vorwurf, die Gewaltaktionen provoziert zu haben, ohne die Folgen zu bedenken. Göring geht es dabei um Sachwerte. Er hätte es lieber gesehen, wenn 200 Juden erschlagen worden wären, aber „*nicht solche Werte vernichtet!*“ Goebbels schlägt deshalb vor, dass die Juden für die Folgen der Pogrome selbst aufkommen müssen.

In der *Verordnung über eine Sühneleistung der Juden deutscher Staatsangehörigkeit* verlangt der nationalsozialistische Staat von ihnen 1 Milliarde Reichsmark, die Summe ist bis zum 15. August 1939 zu entrichten. Ein Wiederaufbau der Synagogen komme nicht infrage, heißt es ausdrücklich. Allerdings werden die Juden verpflichtet, die Stätten der Verwüstung selbst aufzuräumen.

149

149 10. November 1938: Jüdische Männer werden aus Regensburg zum Transport in das KZ Dachau abgeführt.

150

150 Eines der vielen geplünderten jüdischen Geschäfte (Hannover)

Judenhäuser

151

152

Schon vor der Pogromnacht vom 9. November 1938 steht die Verhaftung von *„20 000 bis 30 000 Juden im ganzen Reich“* fest. Heinrich Müller, Leiter der Geheimen Staatspolizei, hat die Aktion den polizeilichen Leitstellen vorher angekündigt und den Beamten aufgetragen: *„Wohlhabende* (Juden) *sind dabei besonders auszusondern.“*
Die Anweisung geht zurück auf Reinhard Heydrich, den Chef des Sicherheitsdienstes, der die Auswanderung von Juden beschleunigen will und es dabei auf deren Vermögen abgesehen hat. Eine Art Modellversuch läuft seit 1938 in Wien. Dort leitet Heydrichs Mitarbeiter Adolf Eichmann die *Zentralstelle für jüdische Auswanderung*. Diese Behörde macht ein Millionengeschäft, indem sie ausreisewilligen Juden hohe Vermögenswerte für die notwendigen Papiere abverlangt.

In letzter Minute

Heydrich plant eine *Reichszentrale für jüdische Auswanderung* in Berlin. Jüdische Mieter werden zwangsweise in Häuser jüdischer Besitzer einquartiert. Diese so genannten *„Judenhäuser“* dienen der Konzentration und damit der besseren Überwachung der jüdischen Bevölkerung. Dadurch erhöht Heydrich den Druck auf die Juden, die sich jetzt vermehrt zur Ausreise entschließen. Buchstäblich in letzter Minute gelingt einigen noch die Auswanderung, die im Oktober 1941 endgültig verboten wird. Von 1933 bis 1937 verlassen 129 000 deutsche Juden ihre Heimat, zwischen 1938 und 1941 sind es 141 000. Die Zentralstellen für Auswanderung in Wien, Berlin, Prag und den Niederlanden dienen nach dem Auswanderungsverbot als Schaltstellen für die Deportation von Juden, ähnlich wie die *„Judenhäuser“*.

153

151 12. Dezember 1938: Ein jüdisches Mädchen aus Wien auf einem der ersten Kindertransporte nach England

152 Das Tragen des Judensterns ist seit 1941 Pflicht.

153 1939: Vor dem Berliner Reisebüro „Palästina und Orient Lloyd GmbH“ drängen sich Menschen, die auswandern möchten.

Wannsee-Konferenz

Ursprünglich sollte die *Wannsee-Konferenz* am 12. Dezember 1941 stattfinden. Aber der japanische Überfall auf den US-Flottenstützpunkt Pearl Harbor und die Kriegserklärung Deutschlands an die USA kommen dazwischen. Deswegen tagt die von Reinhard Heydrich einberufene Runde am 20. Januar 1942.
Die Vernichtung der europäischen Juden hat inzwischen längst begonnen. Über 500 000 Juden sind dem Massenmord der Einsatzgruppen in Polen und Russland bereits zum Opfer gefallen. Jetzt geht es darum, die beteiligten staatlichen Stellen in die „*Endlösung der Judenfrage*" einzubinden.
Die Zuständigkeiten sind klar: Hermann Göring ist seit 1938 von Hitler damit beauftragt, die „*Endlösung der Judenfrage*" in die Hand zu nehmen. Der Reichsmarschall seinerseits ermächtigt Reinhard Heydrich am 31. Juli 1941, „*alle erforderlichen Vorbereitungen ... für eine Gesamtlösung der Judenfrage im deutschen Einflussbereich in Europa*" zu treffen. Heydrich ist überzeugt davon, dass nur er in der Lage ist, das Werk der Vernichtung von Millionen von Menschen umzusetzen.
In einer Villa am Großen Wannsee 56–58 in Berlin werden Staatssekretäre, Beamte aus den besetzten Gebieten und SS-Offiziere über das Vorgehen informiert.
Die Niederschrift der Sitzung bestätigt, dass „*an der Stelle der Auswanderung*" als weitere Lösung „*die Evakuierung der Juden nach dem Osten*" getreten ist. Und: „*Im Zuge dieser Endlösung kommen rund 11 Millionen Juden in Betracht.*" Adolf Eichmann, der Protokoll führt, berichtet 1961 als Angeklagter in Israel: „*Tatsächlich wurde von töten und eliminieren und vernichten gesprochen.*"

154

155

154 Die Villa, in der die „Wannsee-Konferenz" tagt

155 1942: Die jüdische Bevölkerung Würzburgs wird deportiert.

Anne Frank

Anne Frank mit hellem Hut neben ihrem Vater Otto Frank, Amsterdam 1941. Dahinter ihre Schwester Margot (rechts) und die Mutter Edith Frank (links).

1926 *Geburt von Margot in Frankfurt/Main*
1929 *Geburt von Anne in Frankfurt/Main*
1933 *Umzug der Familie Frank nach Amsterdam*
1942–1944 *Leben im Versteck*
1944 *Verrat und Verschleppung der Familie*
1945 *Tod von Anne und Margot im KZ Bergen-Belsen*

„Du weißt längst, dass es mein liebster Wunsch ist, einmal Journalistin und später eine berühmte Schriftstellerin zu werden.“ Dieser Wunsch, den Anne Frank ihrem Tagebuch anvertraut, geht in Erfüllung – allerdings ganz anders, als sie es sich vorstellt.
Es ist das *„Anne Frank Tagebuch“*, das sie nach ihrem Tod weltberühmt macht. Es wird in zahlreiche Sprachen übersetzt, erzielt eine Auflage von vielen Millionen Exemplaren und ist Vorlage für Bühnenstücke und Filme. Durch das Tagebuch steht Anne Frank als Symbol stellvertretend für Millionen von Juden, die der nationalsozialistischen Vernichtungspolitik zum Opfer fielen.

Im Hinterhaus

Den größten Teil des Tagebuchs schreibt Anne Frank im Hinterhaus eines Gebäudes im Zentrum von Amsterdam. Dort lebt die jüdische Familie Frank von 1942 bis 1944 zusammen mit anderen Juden in einem Versteck.
Im Herbst 1933 sind Otto und Edith Frank mit ihren beiden Töchtern Margot und Anne aus Deutschland nach Holland geflohen. Otto Frank, Sohn einer alten jüdischen Familie in Frankfurt/Main, kann in den Niederlanden eine neue Existenz aufbauen. Der Verkauf von Zubehör für das Einwecken von Lebensmitteln sichert den Unterhalt der Familie. Ohne Mühe lernen die beiden Kinder die niederländische Sprache. Anne Frank besucht die Montessori-Schule in Amsterdam.

Einmarsch der Wehrmacht

Mit dem Einmarsch der deutschen Wehrmacht in Holland im Mai 1940 ändert sich die Lage der Familie Frank. Die Zivilverwaltung beginnt schon bald, Juden zu erfassen. Jüdische Lehrer verlieren ihre Stelle. Der Aufenthalt in Parks und Bädern wird verboten, das Tragen des *„Judensterns“* ist Pflicht.

Das Versteck

Otto Frank muss die Leitung seiner Firma abgeben. Im Hinterhaus des Firmensitzes richtet er heimlich zwei Etagen als Versteck ein.
Die an Margot adressierte Vorladung zum Arbeitsdienst ist für die Familie Frank das Signal sofort unterzutauchen. Mit einem Ehepaar und dessen Sohn sowie einem jüdischen Zahnarzt bezieht die Familie das *Achterhuis.* Ihre Versorgung übernehmen frühere vertrauenswürdige Mitarbeiter, voran Miep Gies, die ihr eigenes Leben damit ständig aufs Spiel setzt.

Kitty

Im Versteck schafft Anne Frank sich eine eigene kleine Welt. In ihrem Tagebuch hält sie Zwiesprache mit *Kitty*, einer Figur aus einem Jugendroman. Kitty erfährt alles: Annes Bewunderung für den Vater, ihre Kritik an der Mutter, die Streitereien im Versteck.
Wie andere Mädchen interessiert sie sich für Mode, Jungs und Hollywood. Neben einem Bild von sich notiert Anne am 18. Oktober 1942:

„Das ist ein Foto, wie ich es mir wünschen würde, immer so zu sein. Dann hätte ich wohl noch eine Chance, nach Hollywood zu kommen. Aber zurzeit sehe ich meistens leider anders aus."
Und an einer anderen Stelle: *„Rad fahren, tanzen, pfeifen, die Welt sehen, mich jung fühlen, wissen, dass ich frei bin – danach sehne ich mich."*

Verrat

Am 4. August 1944 erhält die Polizei einen Tipp aus der Bevölkerung auf das Hinterhaus. Daraufhin wird es unter Leitung von SS-Oberscharführer Karl Silberbauer durchsucht. Die acht Bewohner werden aufgespürt und verhaftet. Sie werden in das Durchgangslager Westerbork gebracht und am 3. September 1944 mit dem letzten Zug nach Auschwitz deportiert.

Es ist Herbst 1944. Der Krieg geht seinem Ende entgegen und überall herrscht Chaos. Als die Rote Armee näher rückt, wird Auschwitz evakuiert. Zusammen mit anderen Häftlingen werden Margot und Anne in Waggons nach Bergen-Belsen transportiert.
Das KZ, in dem täglich tausende von Gefangenen an Hunger und Seuchen elendig zugrunde gehen, bedeutet für sie den sicheren Tod. Beide sterben im März 1945 an Typhus.
Nur Otto Frank überlebt Auschwitz; er wird dort von sowjetischen Soldaten befreit. Für seine Frau Edith hingegen kommt jede Hilfe zu spät. Sie stirbt 1945.

Der Anbau hinter dem Gebäude Prinsengracht 263 in Amsterdam, in dem sich die Familie Frank ab 1942 versteckt hält

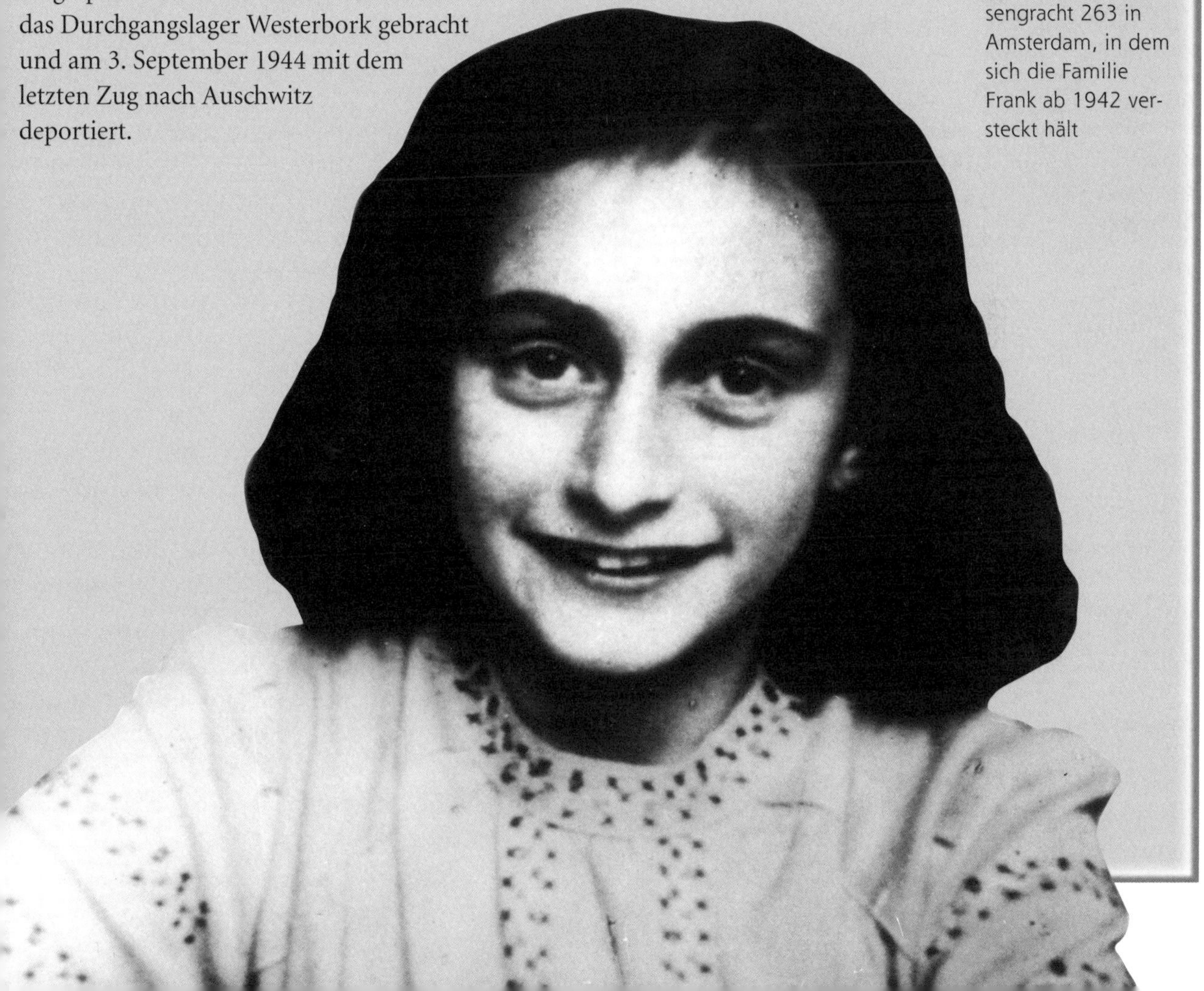

Leben in Verstecken

156

157

Amsterdam, die Stadt mit der größten jüdischen Gemeinde in den Niederlanden, ist 1933 und danach Fluchtpunkt für viele Juden aus Deutschland. Der Schriftsteller Konrad Merz erreicht die niederländische Hafenstadt 1934 nach einer überhasteten Abreise aus seiner Heimatstadt Berlin. Merz, im jüdischen Arbeiterviertel östlich des Alexanderplatzes aufgewachsen, droht die Verhaftung, als der Plan eines Freundes, ein Attentat auf Hitler zu verüben, auffliegt.
In Amsterdam erscheint 1936 Merz' bekanntes Buch „*Ein Mensch fällt aus Deutschland*". Ein Jahr später entsteht der (verschollene) Roman „*Generation ohne Väter*".

Im Wäscheschrank

Als die Deutschen 1940 in die Niederlande einmarschieren, muss Merz erneut sein Überleben organisieren. In einem Gärtnerhaus kommt er unter. Sobald Gefahr droht, verkriecht Merz sich in einen Wäscheschrank. An Schreiben ist jetzt nicht mehr zu denken. Verbittert stellt Konrad Merz nach dem Krieg fest: „*Weder eine Überschrift noch eine Unterschrift: ein Ermordeter schreibt keine Romane.*"

158

156 Otto Jogmin, 1984

157 Der Mauerdurchbruch, den Otto Jogmin im Keller eines Berliner Hauses für versteckte Juden gegraben hat

158 Eine Gruppe junger Juden feiert 1943 im Untergrund das jüdische Schawuotfest.

Helfer in der Not

Historiker schätzen, dass jeder Untergetauchte auf zehn nicht jüdische Helfer angewiesen ist. Das gilt für Berlin, für Amsterdam und andere Städte, in denen das Leben in Verstecken für Juden oft der einzige Ausweg aus einer verzweifelten Situation ist.
Einer dieser Helfer ist Otto Jogmin, Hauswart in Berlin-Charlottenburg. Nach den Novemberpogromen versorgt er die jüdischen Mieter des Hauses in der Wielandstraße 18 mit Lebensmitteln und Medikamenten. Später gewährt er schutzsuchenden Juden, die der Aufforderung zur Deportation nicht nachkommen, Unterschlupf – zunächst in verlassenen Wohnungen, dann in notdürftig eingerichteten Kellerräumen. Jogmin durchbricht schließlich sogar die Kellermauer zum Nachbargebäude und sichert den Versteckten damit eine Fluchtmöglichkeit im Falle einer Razzia, womit die untergetauchten Juden ständig rechnen müssen.

Letzte Form des Widerstandes

Der Historiker Wolfgang Benz sieht im Untertauchen auch eine Auflehnung gegen das unmenschliche Regime der Nationalsozialisten: „*Mit dem Beginn der Deportationen und dem Auswanderungsverbot im Herbst 1941 blieb den deutschen Juden die Flucht in den Untergrund als einzige Option und zugleich als letzte Form des Widerstandes.*"

Der Holocaust

„45 Waggons [kamen an]
mit 6700 Menschen,
von denen 1450 schon tot
waren bei ihrer Ankunft.
Hinter den vergitterten Luken
schauten, entsetzlich bleich
und ängstlich, Kinder durch,
die Augen voller Todesangst,
ferner Männer und Frauen.“

Kurt Gerstein

Transport französischer Juden in ein Vernichtungslager

Bruch der Zivilisation

159 Vor dem Transport in die Vernichtungslager, 1942

160 Nach ihrer Ankunft im KZ Auschwitz-Birkenau werden die Juden in „Arbeitsfähige" und „Arbeitsunfähige" selektiert.

Als die Würzburger Gestapo im Herbst 1941 damit beginnt, die mainfränkischen Juden zu deportieren, wird alles genau dokumentiert. Ein Beamter erhält den Auftrag, ihre Abreise im Bild festzuhalten. Insgesamt 119 Fotos entstehen. Sie werden zu einem Album zusammengefügt.
Der Leiter des Würzburger Judenreferats, Michael Völkl, diktiert seiner Sekretärin die Bildunterschriften: *„Truppweise findet sich die jüdische Mischpoke in der Evakuierungsstelle ein. Der jüdische Tinnef wird verladen … je weiter der Tag, desto schöner die Gäste … zu Fuß und motorisiert strömen die Juden herbei …"*
Bei der seit 1941 in Angriff genommenen *„Endlösung der Judenfrage"* gibt es viele Helfershelfer in den Sammelstellen und auf den Transporten: dienstbeflissene, zynische und grausam-sadistische. Ohne Zwang lassen sie sich einbinden in ein Programm zur Vertreibung und Vernichtung der Juden. Bei nur wenigen schlägt das christliche Gewissen. Die meisten erweisen sich als willige Mittäter.

159

160

Nur wenige überleben

In Zügen der Reichsbahn werden Juden quer durch Europa verfrachtet. An den Zielpunkten der Vernichtung kommen Eisenbahnwaggons voll beladen an und fahren leer zurück, es sei denn, die Wehrmacht nutzt die Waggons.
Nur wenige von denen, die in das KZ Auschwitz oder in ein anderes Vernichtungslager gebracht werden, überleben. Was sie durchmachen, verfolgt sie oft ein Leben lang – in ihren Albträumen mit allen erdenklichen Qualen und Todesängsten.

Trauma eines Jahrhunderts

Die Degradierung der KZ-Häftlinge zu einer Nummer, der Sadismus der Bewacher, das fabrikmäßige Morden von Millionen Juden und von Sinti und Roma: Mit dem Holocaust wird die Grenze zur Barbarei überschritten. Ein Bruch der Zivilisation findet statt, der in seinen Ausmaßen letztlich nicht fassbar ist.

Transport in den Tod

Seit Beginn der Deportationen von Juden in die Vernichtungslager im Jahr 1941 ist das Streckennetz der Deutschen Reichsbahn chronisch überlastet. Häufig kommt es zwischen dem *Reichssicherheitshauptamt*, der Terrorzentrale in Berlin, und der Wehrmacht zum Streit über die Verteilung der Transportkapazitäten.

Eichmann organisiert

Es ist vor allem SS-Obersturmbannführer Adolf Eichmann, der im *Reichssicherheitshauptamt* den Ablauf der Massentransporte in die Todesfabriken organisiert und koordiniert. Ein Teil dieser Vorbereitungen geschieht auch vor Ort. Und manchmal muss auch die jüdische Kultusgemeinde daran mitwirken, etwa wenn es gilt, den Betroffenen die „*Einberufungen*" zu überbringen. So erfährt der jüdische Arzt Dr. Otto Muneles: „*Wir haben Ihnen hierdurch mitzuteilen, dass Sie in den Transport eingereiht wurden. Sie haben sich zur Abfertigung pünktlich nach Anweisung des Gebäude- bzw. Hausältesten am Sammelplatz Lange Straße 5 einzufinden.*" Wohin es geht, wird nicht mitgeteilt. Es heißt lediglich, man solle sich nur auf ein „*persönlich tragbares Handgepäck*" beschränken.

Hunger und Durst

Der jüdische Häftling Primo Levi, der als Partisanenführer in Italien verhaftet und auf die lange Bahnfahrt nach Auschwitz geschickt wird, vegetiert tagelang in einem Viehwaggon. Draußen herrscht bittere Kälte und drinnen kommen die Gefangenen vor Hunger und Durst fast um. „*Durstig wie ich bin, sehe ich vom Fenster in Reichweite einen schönen Eiszapfen hängen. Ich öffne das Fenster und mache den Eiszapfen ab, doch gleich kommt ein großer, kräftiger Kerl, der draußen herumging, und reißt ihn mit Gewalt aus der Hand. ‚Warum?' frage ich in meinem beschränkten Deutsch. ‚Hier gibt es kein Warum', gibt er mir zur Antwort und treibt mich mit dem Stock zurück. ‚Ist das ein Mensch?'*" – Unter diesem Titel schildert Primo Levi nach dem Krieg seine Auschwitz-Erfahrungen. Verarbeiten wird er sie jedoch nie. Levi nimmt sich später das Leben.

Waggons mit Menschen

„*... um kurz vor sieben kündigt man mir an: In zehn Minuten kommt der erste Transport! Tatsächlich kam nach einigen Minuten der erste Zug von Lemberg aus an. 45 Waggons mit 6700 Menschen, von denen 1450 schon tot waren.*" So berichtet der Augenzeuge Kurt Gerstein. Kurz darauf sterben die Überlebenden in der Gaskammer des Lagers Belzec.

161

161 1943: Ein verängstigtes Mädchen schaut aus einem Deportationszug aus Westerborg (Holland).

162

162 Ein Transport mit jüdischen Frauen kommt in Lodz an.

Adolf Eichmann

Adolf Eichmann, 1942

1906 *Geburt in Solingen*
1932 *Eintritt in die NSDAP*
1938 *Chef des Amtes für jüdische Auswanderung, Wien*
1941 *Chef des Referats IV B 4 im Reichssicherheitshauptamt*
seit 1945 *Untergetaucht*
1950 *Flucht nach Argentinien*
1960 *Verhaftung Eichmanns in Argentinien und Entführung nach Israel*
1961 *Prozess in Jerusalem*
1962 *Hinrichtung*

Den Namen Adolf Eichmann lernen Millionen von Menschen erst in den 1960er-Jahren kennen. Bis dahin gilt Eichmann als verschollen und unauffindbar. Über seine Rolle als Organisator des Holocaust ist zu diesem Zeitpunkt nur wenig bekannt.
Das ändert sich, als der israelische Geheimdienst Adolf Eichmann im Jahr 1960 in Argentinien aufspürt. Dort hat Eichmann 10 Jahre lang unter dem falschen Namen *Ricardo Klement* gelebt und gearbeitet.
In einer spektakulären Aktion bringen die Agenten ihn nach Israel, wo er 1961 vor Gericht gestellt wird.

Die Anklage

Die Welt blickt auf diesen Prozess, sieht hinter schwerem Panzerglas den hageren Mann mit der hohen Stirn und der schweren Hornbrille, der bereitwillig Auskunft gibt: zum Beispiel über die *Zentralstelle für jüdische Auswanderung* in Wien, über seine Rolle bei der *Wannsee-Konferenz* 1942 in Berlin und vor allem über die *Dienststelle Eichmann*, die eine wichtige organisatorische Funktion bei der Ausrottung der europäischen Juden übernahm.
Angesichts des sicheren Todesurteils bietet Eichmann an, sich öffentlich zu erhängen. Doch darauf lässt das Gericht sich nicht ein. „*Tod durch Erschießen*“, so lautet das Urteil, das am 31. Mai 1962 kurz vor Mitternacht vollstreckt wird. Eichmanns Leichnam wird verbrannt, seine Asche ins Meer gestreut.

Sieg der Gerechtigkeit

„*Die Wirkung des Eichmann-Prozesses auf die Weltöffentlichkeit war beträchtlich*“, schreibt der Historiker Hermann Weiß. „*Für die öffentliche Meinung in Israel bedeutete Eichmanns Bestrafung einen Sieg der Gerechtigkeit zu einer Zeit, in der das Schicksal des Staates angesichts der Bedrohung durch die arabischen Nachbarstaaten noch ungewiss war. Israels Jugend erhielt erstmals ein detailliertes und umfassendes Bild der jüngsten Geschichte der Juden in Europa, das prägend war für die Vorstellung von einem wehrhaften Israel, aber auch für das Verhältnis zur Bundesrepublik Deutschland.*“

Dienststelle Eichmann

Der Hierarchie nach nimmt der frühere Vertreter Eichmann keinen hohen Dienstrang bei den Nazis ein. 1938 und 1939 organisiert er als Chef der *Zentralstelle für jüdische Auswanderung* die Abwanderung von tausenden von Juden aus Wien und Prag. Im Reichssicherheitshauptamt in Berlin leitet er das *Referat IV B 4*. Im Sommer 1941 entsteht daraus schließlich die *Dienststelle Eichmann* als Organisationszentrale. Die Pläne für die Bahntransporte quer durch Europa zu den Vernichtungslagern entstehen in dieser Dienststelle.

Lieferant des Todes

So wird Adolf Eichmann zu einem einflussreichen Schreibtischtäter im NS-Regime. Viele Fäden laufen bei ihm

zusammen. Wenn seine Behörde nicht funktioniert, gerät der Holocaust „ins Stocken".
Für Wilhelm Höttl, ehemals SS-Sturmbannführer und Agent des Auslandsgeheimdienstes, ist Eichmann deshalb ein *„Lieferant des Todes"*, kein Massenmörder. *„Er hat die Menschen in die Vernichtungslager getrieben; am zahlreichsten in Ungarn … Eichmann war trotz seiner geringen Bildung, was ihm ja furchtbar nachhing, ein Organisationsgenie."*

Die „Endlösung"

Emotionslos betreibt Eichmann das Vernichtungswerk. Er erledigt pünktlich und in höchster Perfektion, was ihm aufgetragen wird.
Bei der *Wannsee-Konferenz* am 20. Januar 1942 in Berlin, bei der Einzelheiten des bereits begonnenen Massenmords an europäischen Juden besprochen werden, liefert Adolf Eichmann die Zahlen und Fakten für das Einleitungsreferat von Reinhard Heydrich. Eine von Eichmann erstellte Länderliste weist die Zahl der für die so genannte *„Endlösung"* vorgesehenen Juden aus: *„Im Zuge dieser Endlösung der europäischen Judenfrage kommen rund elf Millionen Juden in Betracht"*, sagt Heydrich laut Niederschrift.

„Reines Gewissen"

Heydrich fährt fort: *„Der allfällig endlich verbleibende Restbestand wird … entsprechend behandelt werden müssen."* *„Entsprechend behandelt werden"* – hinter dieser Bezeichnung verbirgt sich das größte Verbrechen des NS-Regimes: der Völkermord an den Juden. Dieser wird mit Hilfe des „Organisationstalents" von Adolf Eichmann europaweit umgesetzt. Im August 1944 berichtet er Heinrich Himmler vom „Erfolg" seiner Tätigkeit: 4 Millionen Juden sind in den Konzentrationslagern und 2 Millionen von Einsatzgruppen ermordet worden.
17 Jahre später rechtfertigt Eichmann die ihm zur Last gelegten Taten vor seinen Richtern in Jerusalem mit dem Satz: *„Ich tat reinen Gewissens und gläubigen Herzens meine Pflicht."*

Eichmann in Argentinien

Gettos und Vernichtungslager

163

163 Seit 1941 werden im Gebiet der besetzten Sowjetunion „Gaswagen" zur Ermordung von Juden durch Autoabgase eingesetzt.

164 Halb verhungerte Jugendliche im Warschauer Getto, 1941

165 Kinder aus dem Getto von Lodz werden in das Vernichtungslager Chelmno transportiert (1942).

Gettos sind Zwischenstationen auf dem Weg in den Holocaust. Ob in der lettischen Hauptstadt Riga, im litauischen Wilna (Vilnius), in Warschau, Lodz (Litzmannstadt), Bialystok, Lemberg, Minsk oder Kiew – überall werden Juden auf bestimmte Wohnbezirke zusammengedrängt, wo sie zumeist unter entsetzlichen Bedingungen leben müssen. Hunger, Krankheiten und Seuchen machen das Leben dort zur Hölle.
Zu den einheimischen Juden kommen die Transporte aus dem Deutschen Reich, aus dem Protektorat Böhmen und Mähren, dann aus den von Deutschland eroberten Ländern in Westeuropa.

Massenerschießungen

Bald sind die Gettos derart überfüllt, dass Heinrich Himmler Massenerschießungen befiehlt, z. B. für Riga. Während neue Transporte eintreffen, werden in einem Waldgebiet unweit von Riga insgesamt 16 000 jüdische Männer, Frauen und Kinder zusammengetrieben und getötet. Kurz darauf müssen weitere 8000 Juden auf die gleiche Weise sterben.

Der Anschein des Normalen

Trotz der Überfüllung und der damit verbundenen katastrophalen hygienischen Verhältnisse in den Gettos wird der Anschein des Normalen vermittelt. Im Warschauer Getto etwa arbeiten Juden in einer Matratzenfabrik. In Lodz (Litzmannstadt) entsteht eine Sattlerei.

Belzec, Sobibór, Treblinka

Ende 1943 bestimmt Himmler jedoch, alle Gettos in Polen und der Sowjetunion aufzulösen. Denn inzwischen stehen Vernichtungslager *„betriebsbereit"*. Es sind die Lager Belzec, Sobibór und Treblinka, die im Rahmen der *Aktion Reinhardt* zum Einsatz kommen. Spezialisten aus Deutschland, geübt in der Ermordung von Geisteskranken durch Gas, überwachen Bau und Betrieb von Gaskammern in die-

164

165

sen drei Lagern. Den Häftlingen wird vorgetäuscht, sie bekämen ein *„Reinigungsbad“*. In Wirklichkeit strömen durch Öffnungen in der Decke die Abgase schwerer Dieselmotoren in die Kammern. Durch die *Aktion Reinhardt* werden 1,75 Millionen Juden aus Polen und Westeuropa ermordet.

Auschwitz

Zentrum des Holocaust ist Auschwitz, das größte nationalsozialistische Konzentrations- und Vernichtungslager, das sich in drei Bereiche gliedert: Zunächst das Stammlager, das Produktionsbetriebe und Versuchsanlagen umfasst. Das Lager II Auschwitz-Birkenau besteht aus Gaskammern und Krematorien, außerdem aus Sonderbereichen für Frauen sowie für Sinti und Roma. Und der dritte Komplex, das Lager Monowitz, ist Produktionsstätte des deutschen Industriekonzerns *I. G. Farben für synthetischen Kautschuk (Buna-Werke)*. Nach ersten Tötungsversuchen mit *Zyklon B*, einem Giftgas, werden große Gaskammern angelegt (Bunker I und Bunker II), in denen die Ermordung der Juden fabrikmäßig abgewickelt wird. Dazu gehören Krematorien, die über Monate unter Glut stehen und im weiten Umkreis einen süßlich-bitteren Leichengeruch verbreiten. Nach Untersuchungen sind allein in Auschwitz etwa 1 Million Menschen ermordet worden.

Chelmno – Kulmhof

Ab Dezember 1941 setzt die Leitung dieses Lagers *„Gaswagen“* als Mordinstrumente ein: Die Abgase der Fahrzeuge werden ins Wageninnere umgeleitet, wo die Menschen elendig ersticken. In Chelmno sterben insgesamt etwa 152 000 Menschen, vor allem Juden aus dem Getto Lodz (Litzmannstadt) und aus dem Deutschen Reich. Ausgeführt wird die Mordaktion von einem Sonderkommando, das die Gaswagen schon bei der Tötung von Kranken eingesetzt hat.

Majdanek

Majdanek bei Lublin ist ebenfalls ein kombiniertes Konzentrations- und Vernichtungslager. Himmler plant, in Majdanek ein riesiges Arbeitskräftereservoir für die Kolonisierung des Ostens anzulegen. Polen, die als *„bandenverdächtig“* gelten, werden dort eingewiesen, außerdem Juden aus Warschau und Bialystok, aus der Tschechoslowakei und Slowenien. Auch in Majdanek wird mit *Zyklon B* gemordet. Ferner kommt es zu Massenerschießungen von Häftlingen. In dem Lager sterben insgesamt mindestens 200 000 Menschen.

166

166 Bestrafung von Häftlingen im KZ Buchenwald, 1941

167

167 Nach der Ankunft im KZ Auschwitz-Birkenau, um 1943

Rudolf Höß

Ungarische Jüdinnen im KZ Auschwitz-Birkenau, 1944

1900 *Geburt in Baden-Baden*
Ab 1915 *Kriegsfreiwilliger im Ersten Weltkrieg*
1922 *Eintritt in die NSDAP*
1923–1928 *Zuchthaus*
1934 *Mitglied der SS*
1935 *Blockführer im KZ Dachau*
1938 *Adjutant im KZ Sachsenhausen*
ab 1940 *Kommandant des KZ Auschwitz*
1946 *Verhaftung und Verurteilung zum Tod*
1947 *Hinrichtung in Auschwitz*

„Es gab für mich nur ein Ziel, für das es sich zu arbeiten, zu kämpfen lohnte – der selbst erarbeitete Bauernhof mit einer gesunden großen Familie. Das sollte der Inhalt meines Lebens, mein Lebensziel werden."
Davon träumt Rudolf Höß – doch er wird nicht Landwirt, sondern Kommandant von Auschwitz, des größten NS-Konzentrations- und Vernichtungslagers, das in der Nähe der polnischen Stadt Oswiecim liegt.
Und der Inhalt seines Lebens besteht nicht darin, Äcker zu bestellen und Früchte zu ernten. Vielmehr leitet Rudolf Höß ein Lagersystem, das darauf angelegt ist, täglich möglichst viele Menschen zu ermorden.

Kein Sadist

Dabei ist der Lagerkommandant und SS-Obersturmbannführer alles andere als ein sadistischer Krimineller oder Psychopath, der seine Mordgelüste austobt. Der unscheinbare Mann verkörpert eher den Durchschnittstyp: pflichtbewusst, gehorsam und naturliebend. Die Auffassung, den Anordnungen von Eltern, Lehrern und Vorgesetzten unbedingt Folge leisten zu müssen, hat ihm sein Vater im Elternhaus in Baden-Baden eingebläut. Der Kaufmann, ein strenggläubiger Katholik, nimmt dem Sohn sogar das Versprechen ab, eines Tages Priester zu werden.
Doch nach dem Tod des Vaters meldet sich Rudolf Höß 1915 als Kriegsfreiwilliger im Ersten Weltkrieg. Beim Einsatz in der Türkei können die Vorgesetzten ihn kaum bremsen. Das Eiserne Kreuz I. und II. Klasse sind der Lohn für seinen Fronteinsatz.

Kein Zuhause, kein Beruf

Als jüngster Unteroffizier der Armee quittiert Höß bei Kriegsende 1918 den Dienst. Ein Zuhause besitzt er nicht mehr, denn inzwischen ist auch seine Mutter gestorben. Und einen zivilen Beruf hat er nicht erlernt. Wie viele andere Soldaten schließt er sich einem der Freikorps an, die Anhänger der Weimarer Republik verfolgen.
In eines dieser Attentate ist er direkt verwickelt. Höß erhält dafür zehn Jahre Haft. Durch eine Amnestie kommt er früher wieder frei. Noch einmal träumt er von einem Leben in freier Natur. Er schließt sich den *Artamanen* an, einem Jugendverband, der *„eine völkische Erneuerung"* durch harte Landarbeit und strenge Lebensregeln propagiert.

Kommandant in Auschwitz

Die Entscheidung, welchen Beruf er ergreifen soll, nimmt ihm 1934 Heinrich Himmler ab: Höß wird Mitglied der SS und startet eine „KZ-Karriere". Über die Lager Dachau und Sachsenhausen gelangt er nach Polen, wo er 1940 die Kommandantur von Auschwitz I und Auschwitz II übernimmt. In den Plänen Himmlers für die Vernichtung der europäischen Juden hat Auschwitz eine Schlüsselstellung.
„Nach dem Willen des RFSS (Reichsführer SS) *wurde Auschwitz zur größten*

Menschen-Vernichtungs-Anlage aller Zeiten", schreibt Höß in seinen Memoiren „*Kommandant in Ausschwitz*", die 1945 während der Haft entstehen.
Beflissen und bedenkenlos treibt Höß den Bau von Gaskammern und Krematorien voran. Er setzt alles daran, die tägliche Todesrate zu steigern. Es ist Rudolf Höß, der die Mordmaschinerie auf *Zyklon B* umstellt, ein Giftgas auf Blausäurebasis. Es wird durch Öffnungen in der Decke in die Gaskammern geschüttet. Das Giftgas wird bei einer bestimmten Temperatur freigesetzt.
Massenerschießungen kann der Kommandant nicht mit ansehen. „*Mir graute immer vor den Erschießungen, wenn ich an die Massen, an die Frauen und Kinder dachte … Nun war ich doch beruhigt, dass uns allen diese Blutbäder erspart bleiben sollten.*" Alles soll planmäßig vonstatten gehen, ohne unliebsame Überraschungen. So sorgt der Lagerkommandant dafür, dass „*unruhige Geister*", also Häftlinge, die das schreckliche Ende ahnen und verzweifelt aufbegehren, abseits der Rampe sofort erschossen werden.
Abends widmet sich Rudolf Höß dann im nahe gelegenen Wohnhaus der Familie – seiner Frau und den fünf Kindern – oder seinem Schäferhund. Saufgelage und andere Ausschweifungen, mit denen seine SS-Leute sich ablenken, verabscheut er.

Nach dem Zusammenbruch

Rudolf Höß wird am 16. April 1947 auf dem Gelände des KZ Auschwitz erhängt, nachdem ihn das Oberste Polnische Volksgericht 1946 in Warschau zum Tode verurteilt hat.

Schuld und Mitverantwortung für die Ermordung so vieler Menschen weist er bis zuletzt von sich. Rudolf Höß sieht sich als Empfänger von Befehlen. Auch vor Gericht gehorcht er. Folgsam schildert der Vollstrecker des Massenmordes den Alltag von Auschwitz und wirbt gar um Verständnis: „*Sie können mir glauben, es war nicht immer ein Vergnügen, diese Berge von Leichen zu sehen und das fortwährende Verbrennen zu riechen.*"

oben: Höß beim Prozess in Polen, 1946

links: 1946 wird Höß an Polen ausgeliefert.

Polen wehrt sich

168 Auflösung des Warschauer Gettos und Abtransport der Juden in Vernichtungslager, 1943

169 Jüdische Widerstandskämpfer werden aus dem Getto abgeführt.

Neben der Sowjetunion leidet Polen am meisten unter den Deutschen. Aber die polnische Bevölkerung wehrt sich am heftigsten gegen die Unterdrücker. In Warschau gibt es während des Kriegs zwei Aufstände, und beide sind Ruhmesblätter in der Geschichte der Nation, auch wenn sie jeweils in einer Katastrophe enden. Auch in den Vernichtungslagern kommt es zu Aufständen. Im Januar 1943 weigern sich die Juden im Warschauer Getto, einer neuerlichen Aufforderung zur Deportation nachzukommen.

Am 19. April 1943 beginnt der Kampf: Schlecht bewaffnete junge Männer und Frauen stehen bestens gerüsteten Einheiten der SS und der Wehrmacht gegenüber. Am Anfang können die Aufständischen sich noch behaupten. Doch dann lässt SS-General Jürgen Stroop alle Häuser in Brand schießen, Gebäude sprengen und unterirdische Abwasserkanäle fluten. Nicht nur in Warschau, in dutzenden von anderen Gettos gibt es ebenfalls heftigen Widerstand, etwa in Bialystok in Nordostpolen. Allerdings überleben auch hier nur wenige.

168

169

Operation aus dem Untergrund

Am 1. August 1944 beginnt eine Operation aus dem polnischen Untergrund, die – in Absprache mit der polnischen Exilregierung in London – die Befreiung Warschaus von den deutschen Besatzern zum Ziel hat. Anfang Oktober müssen die Aufständischen kapitulieren, nachdem tausende von Kämpfern und Zivilisten getötet worden sind.

Aufstand in den Lagern

Im Vernichtungslager Treblinka organisieren *„Arbeitsjuden"* einen Aufstand, als wegen Mangel an Beschäftigung ihre Ermordung droht. Einige Dutzend entkommen.

Häftlingen im Vernichtungslager Sobibór gelingt es am 14. Oktober 1943, SS-Wachleute aus dem Weg zu räumen. Über 300 Gefangene können fliehen. Himmler reagiert mit einem Rachefeldzug, dem etwa 43 000 Menschen zum Opfer fallen.

Guta Trokenheim

Guta Trokenheim ist eine von tausenden Warschauer Jüdinnen und Juden, die Anfang 1940 von den Deutschen aus ihren Wohnungen vertrieben und ins Getto gebracht werden. Zusammen mit ihrem Mann Leo und ihrer Tochter Lili lebt sie zwei Jahre auf wenigen Quadratmetern, bis die Deutschen 1942 anfangen, Juden in Waggons zu verfrachten und zu deportieren.

In dieser Situation fasst Guta Trokenheim, 1909 in Warschau geboren, einen folgenreichen Entschluss: Sie will zusammen mit ihrer Tochter *„diesen Platz tödlicher Gefährdung"* verlassen. Ihr Mann unterstützt sie in ihrem Plan, will aber selber bleiben. Es wird ein Abschied für immer. Die Flucht gelingt, und damit beginnt für Guta Trokenheim und ihre Tochter eine Odyssee durch eine Vielzahl von Verstecken. In der Umgebung der Stadt Checiny bei Kielce suchen sie Unterschlupf. Selten bekommen sie bei einem Bauern ein Zimmer. Zumeist hausen sie in Kellern, auf Dachböden, in Scheunen, Viehställen und Erdlöchern, manchmal auch unter freiem Himmel.

Überleben unter der Erde

Trokenheims Cousin Isaak Grünbaum schließt sich den beiden Frauen an, denn auch er ist seines Lebens nicht sicher. Ihm gelingt es, in der Nähe eines jüdischen Friedhofs einen Totengräber zu bewegen, sie vor Einbruch des Winters aufzunehmen. Der alte Mann gräbt unter seinem Haus eine geräumige Höhle, die nur über eine Falltür und eine Leiter erreichbar ist. Dort hausen sie viele Monate. Nur nachts verlässt Isaak das gemeinsame *„Grab"*, wie sie es nennen, um Lebensmittel zu besorgen.

Von einem dieser nächtlichen Streifzüge kehrt er im März 1944 nicht mehr zurück – für Guta Trokenheim ein harter Schlag. Wie sie später erfährt, wurde er umgebracht. Mehrfach durchsuchen deutsche Soldaten das Haus des Totengräbers nach versteckten Juden. Und stets gelingt es Guta Trokenheim, rechtzeitig in ihre Höhle zu flüchten. In dem Erdloch beginnt sie, die Geschichte ihrer abenteuerlichen Flucht aufzuschreiben: *„Ich weiß nicht, ob mein Kind und ich als Nächste getötet werden und unsere Geschichte nie erzählt wird …"*

In der Schusslinie

Mitte Januar 1945 verschanzen sich die Deutschen rund um den Friedhof mit dem Haus des Totengräbers. *„Wir befinden uns buchstäblich in der Schusslinie zwischen den Russen und den Deutschen"*, schreibt Guta Trokenheim.

Auch dies überstehen Mutter und Tochter. Sie werden von der Roten Armee befreit und kehren in das zerstörte Warschau zurück. Dort gibt es aber keine Bleibe mehr für sie. Die ersten Nachkriegsjahre verbringen sie in Lodz, bevor Guta Trokenheim 1950 nach Israel und von dort in die USA auswandert. Ihre Erinnerungen erscheinen 2003 unter dem Titel *„Überleben unter der Erde"*.

Guta Trokenheim

1909 *Geburt in Polen*
1942 *Flucht aus dem Warschauer Getto*
Bis 1945 *Versteck in einer Höhle*
1950 *Auswanderung nach Israel*
1956 *Auswanderung in die USA*
1989 *Tod*

Richard Glazar

Richard Glazar

1920 *Geburt*
1942 *Verschleppung nach Theresienstadt und Treblinka*
1943 *Flucht nach Deutschland*
1944 *Befreiung und Rückkehr nach Prag*
1963/71 *Zeuge bei den Düsseldorfer Prozessen*
1997 *Selbstmord nach dem Tod seiner Frau*

Als das Düsseldorfer Landgericht in den 1960er-Jahren beginnt, über die Täter im Todeslager Treblinka zu verhandeln und weltweit überlebende Zeugen aufruft, melden sich 54 Personen. Einer von ihnen ist Richard Glazar. Er hat Treblinka überlebt, weil er am 2. August 1943 zusammen mit anderen Häftlingen einen Aufstand unternimmt und als einer der wenigen flüchten kann. Mit einem Freund schlägt er sich bis nach Deutschland durch. Als tschechische „*Fremdarbeiter*" gelangen sie nach Mannheim, wo sie bis 1945 für eine Rüstungsfirma arbeiten.

Todesfabrik

Treblinka, im Nordosten von Warschau gelegen, ist nach Auschwitz die größte fabrikmäßig betriebene Vernichtungsstätte der Nationalsozialisten. Über 900 000 Menschen, zumeist Juden, werden innerhalb von etwa 13 Monaten in dem abgelegenen Ort durch Motorenabgase ermordet.
Durch einen Zufall kommt der 22-jährige Jude Richard Glazar nach seiner Deportation aus dem Getto Theresienstadt nach Treblinka nicht in die Gaskammer. Wegen seines kräftigen Aussehens wird er in letzter Sekunde als „*Arbeitsjude*" eingeteilt.

Arbeitsjude

Diese sind in die Tötungsmaschinerie eingebunden. Sobald neue Transporte eingetroffen sind, müssen die Deportierten alles ablegen, was sie noch bei sich tragen: Kleidung, Lebensmittel, Schmuck. In den Baracken werden Mäntel, Jacken, Wäsche und andere Habseligkeiten von den „*Arbeitsjuden*" sortiert und nach Geld und Gold durchsucht. Außerdem sind sie für die Beseitigung der Toten zuständig. Mit den Wertsachen betreiben Wachleute Tauschgeschäfte mit Händlern aus der Umgebung. Aber auch für die „*Arbeitsjuden*" fallen immer wieder Lebensmittel und Kleidung ab. Bleiben die Transporte aus, was immer wieder vorkommt, sind die „*Arbeitsjuden*" in Gefahr. Weil sie nicht gebraucht werden, können sie jederzeit ihr Leben verlieren. In einem Interview sagt Glazar später: „*Sie können sich nicht vorstellen, was wir fühlten, als nichts mehr da war. (…) Wenn es keine Sachen mehr zu verwalten gab, warum sollten sie uns am Leben lassen?*"

Chronist von Treblinka

Richard Glazar kann Treblinka nicht aus seinem Gedächtnis löschen. Gleich nach dem Krieg schreibt er auf, was er dort durchlebt und erlitten hat – nüchtern und sachlich. Damit wird er zum Chronisten von Treblinka. 40 Jahre später werden seine Aufzeichnungen unter dem Titel „*Die Falle mit dem grünen Zaun*" veröffentlicht. 1963 und 1971 sagt Glazar bei den Düsseldorfer Prozessen gegen die Nazi-Verbrecher und ihre Helfer aus. Sie werden wegen Beihilfe zum Mord mit milden Urteilen bestraft. In Vorträgen berichtet Glazar über die entsetzlichen Erlebnisse in Treblinka, zur Erinnerung an die Leiden der unzähligen Opfer.

Odilo Globocnik

Der Dienstkalender von Heinrich Himmler verzeichnet für den 13. Oktober 1941 eine Besprechung mit Odilo Globocnik, SS-Gruppenführer und Generalleutnant der Polizei, Spitzname Globus. Die beiden erörtern *„Umsiedlungsmaßnahmen“* für den Distrikt Lublin im polnischen Generalgouvernement, wo Globocnik als SS- und Polizeiführer mit unbeschränkten Vollmachten herrscht.
Der Reichsführer SS ist überzeugt, in Globocnik den richtigen Mann für seine Pläne gefunden zu haben, denn es geht keineswegs nur um die Vertreibung von Polen und die Ansiedelung von Deutschen. Im Vordergrund steht die Errichtung von Lagern zum Zweck der *„Säuberung“*, das heißt der Ermordung von Juden.

Als Gauleiter versagt

Mit Anweisungen ausgestattet, verlässt Globocnik die Reichshauptstadt in Richtung Osten. Der gelernte Baumeister ist Himmler direkt unterstellt und ihm zu Dank verpflichtet. Himmler hat ihn immer unterstützt, auch nachdem Globocnik 1939 als Gauleiter in Wien wegen Devisenschiebung gefeuert worden war.

„Aktion Reinhardt“

Globocnik, der als ungebildeter Hitzkopf und skrupelloser Draufgänger gilt, bekommt die Leitung der *Aktion Reinhardt* übertragen. Unter diesem Decknamen wird mit der Ermordung der polnischen Juden im großen Umfang begonnen.
„Vergasungsspezialisten“, die bereits in Deutschland an der Ermordung von Behinderten und Kranken mitgewirkt haben, werden nach Polen verlegt. Im Bezirk Lublin und darüber hinaus entstehen Vernichtungslager: Belzec, Chelmno, Sobibór und Treblinka.
„Aus dem Generalgouvernement werden jetzt, bei Lublin beginnend, die Juden nach dem Osten abgeschoben … Der ehemalige Gauleiter von Wien (Odilo Globocnik), *der diese Aktion durchführt, tut das mit ziemlicher Umsicht und auch mit einem Verfahren, das nicht allzu auffällig wirkt.“*
Das Verfahren, das Joseph Goebbels am 27. März 1942 in seinem Tagebuch umschreibt, heißt Tod in *„Gaswagen“* durch Kohlenmonoxyd aus Dieselmotoren.
Globocnik handelt nicht umsichtig, sondern mit unvorstellbarer Brutalität. Über 1,75 Millionen Juden kommen durch die *Aktion Reinhardt* um. Ihr Hab und Gut wird geraubt.
„2 Millionen haben wir erledigt!“, behauptet Globocnik 1945 stolz. Als das barbarische Unternehmen 1943 zu Ende geht, erhält Odilo Globocnik in der *Operationszone Adriatische Küste* ein neues Aufgabengebiet.
Während der letzten Kriegsmonate hält sich Globocnik versteckt. Dann flieht er nach Kärnten, wo eine britische Militärstreife ihn am 31. Mai 1945 auf einer Almhütte verhaftet. Bevor die Soldaten ihn abführen können, vergiftet Globocnik sich mit Zyankali.

Odilo Globocnik

1904 *Geburt in Triest*
1931 *Mitglied der NSDAP*
1938 *Gauleiter von Wien*
1939 *SS- und Polizeiführer des Distrikts Lublin*
1943 *Höherer SS- und Polizeiführer*
1945 *Selbstmord nach Verhaftung*

Mobile Mordkommandos

170 In Olkusz (Polen) werden 1942 die Juden gezwungen, die Nacht vor ihrer Deportation auf dem Ringplatz liegend zu verbringen.

171 Am Ortsrand von Olkusz werden die gefangenen Juden in Listen erfasst.

Abgesehen von den Vernichtungslagern sind die Einsatzgruppen das „wirksamste“ Instrument bei der Bekämpfung derer, die Heydrich und Himmler für *„Reichsfeinde“* halten. Diese mobilen Sondereinheiten der Sicherheitspolizei und des Sicherheitsdienstes werden vor allem im Osten hinter der Front für die *„radikale, gnadenlose Bekämpfung des Gegners“* eingesetzt. Einsatzgruppen verbreiten, wo immer sie auftauchen, Angst und Terror. Zumeist bleiben tausende von Toten zurück. Juden, Kriegsgefangene, Roma, *„bandenverdächtige“* Zivilisten und Partisanen fallen den Mordkommandos zum Opfer. Heydrich spricht von *„reichs- und deutschfeindlichen Elementen in Feindesland“*, die zu beseitigen seien. Dazu zählen neben einfachen Dorfbewohnern auch Geistliche, Intellektuelle sowie die polnische Führungsschicht.

Historiker gehen von über 500 000 Opfern aus, die durch Erschießen oder durch *„Gaswagen“* umgebracht werden, wobei die Einsatzgruppen auch zusammen mit der Waffen-SS und Einheiten der Wehrmacht vorgehen. Zu den Opfern gehört nahezu die gesamte jüdische Bevölkerung der eroberten Gebiete.

170

171

Babij Jar

Eines der entsetzlichsten Verbrechen verüben die mobilen Mordkommandos vom 28. bis 30. September in Babij Jar, einer Schlucht am Stadtrand von Kiew. Dort werden vom *Sonderkommando 4a* und den *Polizeibataillonen 45* und *314* insgesamt 33 771 Juden aus der ukrainischen Hauptstadt angeblich zur *„Umsiedlung“* zusammengetrieben. Auf freiem Feld müssen sie Gepäck und Kleidung ablegen. Dann werden sie erschossen und in Massengräbern verscharrt, ihre Habseligkeiten eingesammelt.

Im *„Abschlussbericht“* zu diesem unbeschreiblichen Massaker heißt es: *„Obwohl man zunächst nur mit einer Beteiligung von etwa 5000 bis 6000 Juden gerechnet hatte, fanden sich über 30 000 Juden ein, die infolge einer überaus geschickten Organisation bis unmittelbar vor der Exekution noch an ihre Umsiedlung glaubten.“*

Mordserie

Die Serie an Vernichtungsaktionen in den Kriegsjahren 1941 bis 1944, an der in erster Linie Einsatzgruppen beteiligt sind, ist lang:

- Brest-Litowsk, Weißrussland: 4000 Juden und 400 Partisanen ermordet (7. Juli 1941)
- Pinsk, Weißrussland: 7000 Juden ermordet (5. bis 8. August 1941)
- Kamenez-Podolsk, Weißrussland: 23 700 Juden ermordet (27. und 28. August 1941)
- Babij Jar, Ukraine: 33 771 Juden ermordet (28. bis 30. September 1941)
- Stanislaw, Ostgalizien: 12 000 Juden ermordet (12. Oktober 1941)
- Dnjepropetrowsk, Ukraine: 11 000 Juden ermordet (13. Oktober 1941)
- Rowno, Ukraine: 15 000 Juden ermordet (5. und 6. November 1941)
- Kowno/Kaunas, Litauen: 5000 Menschen ermordet (25. bis 29. November 1941)
- Bogdanowka/Domanevka, Transnistrien: 70 000 Juden ermordet (21. Dezember 1941)
- Charkow, Ukraine: 12 000 Juden ermordet (31. Januar 1942)
- Lidice, Tschechien: 205 Einwohner ermordet; das Dorf wird aus Rache für das Heydrich-Attentat *„ausgelöscht"* (9. und 10. Juni 1942)
- Weißrussland: Operation *Sumpffieber* zur Partisanenbekämpfung; 10 000 Menschen ermordet, davon 8000 Juden (22. August bis 21. September 1942)
- Wladimir Wolynsk, Ukraine: 13 500 Juden ermordet (1. bis 3. September 1942)
- Brest-Litwowsk, Weißrussland: Getto von Brest aufgelöst; 19 000 Juden ermordet (15. bis 16. Oktober 1942)
- Pinsk, Weißrussland: Getto von Pinsk aufgelöst, 18 000 Juden ermordet (28. Oktober 1942)
- Weißrussland: Operation *Hornung* zur Partisanenbekämpfung; 13 000 Menschen ermordet, davon 3300 Juden. (10. bis 20. Februar 1943)
- Minsk, Weißrussland: Getto Minsk aufgelöst; viele Bewohner ermordet, genaue Zahl unbekannt (11. bis 14. September 1943)
- Lublin, Polen: Aktion *Erntefest*; in den Lagern des Distrikts Lublin 43 000 Juden ermordet (2. und 4. November 1943)
- Jugoslawien: Säuberungs-Aktionen gegen Partisanen; 23 000 Menschen ermordet (2. bis 31. Dezember 1943)
- Minsk, Weißrussland: 6500 Menschen ermordet (Juli 1944)

172

173

172 Festgenommene Jüdinnen in Kaunas (Litauen), 1941

173 15. Dezember 1941: Jüdische Frauen werden vor ihrer Hinrichtung in Lettland von deutschen Einsatzgruppen fotografiert.

Maja Kratina

Maja Kratina

1935 *Geburt in Minsk*
1943 *Flucht aus dem Getto*
1960er-Jahre *Akrobatin*

Am Eingang des Dorfes Poreschtje, etwa 70 Kilometer östlich von Minsk, steht ein bescheidenes Denkmal, das denen gewidmet ist, die während des Krieges 40 jüdische Kinder vor den Deutschen versteckten. Eines dieser Kinder, die den Einwohnern von Poreschtje ihr Leben verdanken, ist Maja Kratina, 1935 in Minsk geboren. In den 1960er-Jahren ist sie die bekannteste Akrobatin in Weißrussland.

Als die deutsche Wehrmacht Ende Juni 1941 in Weißrussland einmarschiert, lebt Maja mit ihren Eltern und vier Geschwistern in Minsk. Soldaten errichten ein Getto für 85 000 Juden aus Minsk und Umgebung.

Durch Massenerschießungen und den Einsatz von *„Gaswagen"* wird das nahe gelegene Lager Maly Trostinez zu einem der Zentren für die Vernichtung europäischer Juden. Auch Maja und ihre Angehörigen müssen ins Getto, wo auf kleinstem Raum tausende zusammengepfercht leben und dem Terror der Sicherheitspolizei ausgesetzt sind.

Im Untergrund

Regelmäßig gibt es Razzien. Maja und ihre Angehörigen versuchen sich zu schützen. Ihr Großvater baut ein Versteck, in dem sie schnell untertauchen können, sobald Gefahr droht. Während einer Razzia fängt in diesem Versteck Majas erst wenige Monate alte Schwester plötzlich an zu weinen. Maja berichtet viele Jahre später im Gespräch, jemand habe dem Baby ein Stück Brot gegeben und ihm den Mund zugehalten. Das Kind sei erstickt. Majas Bruder Josif schließt sich den Partisanen an, hält aber Kontakt zur Familie, die er nachts aus dem Getto holen will. Zuerst soll die Mutter gerettet werden. Bei der Flucht werden sie von einer deutschen Streife angehalten. Josif kann entkommen, doch die Mutter wird verhaftet und am nächsten Morgen öffentlich gehängt.

Zu Fuß nach Poreschtje

Nach und nach verliert Maja fast alle Angehörigen: ihren Vater, zwei Schwestern, die Großeltern. Sie werden abgeholt und ebenfalls ermordet. Bevor das Getto im Oktober 1943 aufgelöst wird, gelingt es dem Bruder, Maja rechtzeitig zu befreien. Josif sammelt weitere jüdische Kinder um sich und geht mit ihnen zu Fuß nach Poreschtje. Dort wollen die Partisanen sich um sie kümmern. Völlig ausgehungert treffen sie in dem Dorf ein. Jedes Kind bekommt eine Gastfamilie zugeteilt. Sobald deutsche Soldaten auftauchen, verschwinden die Kinder in den nahe gelegenen Sümpfen.

Bis Kriegsende bleiben sie unentdeckt. Doch Majas Bruder wird gefasst, als eine Warnung ihn zu spät erreicht. Als Zwangsarbeiter wird er nach Deutschland deportiert. Nach dem Krieg wandert er in die USA aus, während Maja eine Karriere als Akrobatin beginnt. Dieser Beruf hilft ihr, mit den Schrecken der Vergangenheit zu leben. In ihren Träumen bleibt das furchtbare Geschehen bis heute gegenwärtig.

Helene Holzman

Am 25. September 1944 fasst Helene Holzman einen Entschluss, der ihren Alltag in den nächsten elf Monaten ausfüllen wird. Die Malerin und Kunstlehrerin will sich von der Seele schreiben, was sie in den Jahren zuvor in Kaunas (Litauen) nach dem Einmarsch der deutschen Wehrmacht 1941 erlebt und erlitten hat. Am Ende sind es drei Bücher mit über 700 Seiten geworden – eine Chronik entsetzlicher Erlebnisse, von Angst und Widerstand. Sie berichten vom Willen zu überleben und von Wegen und Möglichkeiten, auch in höchster Gefahr anderen Menschen zu helfen.

Leben in Kaunas

1923 ist das Ehepaar Holzman von Deutschland nach Kaunas gezogen. Es ist eine Stadt mit einer lebendigen jüdischen Gemeinde. Max und Helene Holzman sind Künstler – sie haben sich im Atelier des Malers Max Beckmann in Berlin kennen gelernt – und träumen von einer Karriere. Doch zunächst gilt es, den Lebensunterhalt zu verdienen. Helene Holzman unterrichtet Kunst, ihr Mann führt eine Buchhandlung, der ein kleiner Verlag angegliedert ist. 1936 werden sie litauische Staatsbürger.

Die Besetzung des Landes durch die Rote Armee im Sommer 1940 verändert ihr Leben radikal. Die Buchhandlung wird geschlossen. Da sie als *„bürgerliche Intellektuelle"* gelten, droht ihnen die Verbannung in die russischen Arbeitslager in Sibirien.

„Ihre Tochter ist tot"

Der Einmarsch der Deutschen ein Jahr später macht alles noch schlimmer. Hunderte von Litauern werden willkürlich verhaftet, darunter Max Holzman und seine Tochter Marie. Von ihrem Mann erhält Helene Holzman nie wieder ein Lebenszeichen. Ihre Tochter Marie, die im *Komsomol*, dem kommunistischen Jugendverband aktiv ist, kommt drei Tage später frei. Weil sie sich in den Kopf gesetzt hat, mit deutschen Soldaten über den Frieden zu diskutieren, wird sie erneut verhaftet und kehrt nicht mehr zurück. In Panik läuft Helene Holzman von Dienststelle zu Dienststelle, bis sie erfährt: *„Ihre Tochter ist tot. – Das war doch eine gefährliche Kommunistin und ihr Vater ein Jude. Jetzt wird mit allen Juden hier aufgeräumt."* Helene Holzman erstarrt, denn sie selbst hat jüdische Vorfahren.

Für die Juden von Kaunas wird im Juli 1941 ein Getto eingerichtet. Die Malerin überwindet ihre Angst. Denn sie will nicht nur ihre kleine Tochter Margarete retten, sondern so vielen bedrohten Menschen wie möglich helfen, vor allem Kindern aus dem Getto.

Helene Holzman kehrt 1965 nach Deutschland zurück. Etwa 20 Jahre nach Helenes Tod entschließt sich ihre Tochter Margarete, die Erinnerungen ihrer Mutter zu veröffentlichen. *„Dies Kind soll leben"* erscheint im Jahr 2000 und wird mit dem renommierten Geschwister-Scholl-Preis ausgezeichnet.

Helene Holzman, 1911

1891 *Geburt in Jena*
1922 *Heirat mit Max Holzman*
vor 1941 *Malerin, Kunst- und Deutschlehrerin*
1941 *Ermordung ihres Mannes und ihrer Tochter Marie*
1968 *Tod in Gießen*

Hilfe für Juden

Juden zu helfen bedeutet im Dritten Reich, sich selbst in Lebensgefahr zu bringen. Dennoch nehmen viele dieses Risiko auf sich. In Belgien überleben beispielsweise über 4000 jüdische Kinder unter falschen Namen in Familien, Klöstern, Internaten und Heimen den Holocaust. Immer sind es einzelne mutige Menschen, die bewusst gegen NS-Gesetze verstoßen, um Leben zu retten.

Oskar Schindler

In Osteuropa, wo sich das eigentliche Drama des Völkermordes abspielt, sind es einzelne Unternehmer und Diplomaten, die das Schicksal der Juden bewegt. Ein Beispiel dafür ist der sudetendeutsche Unternehmer Oskar Schindler, der für seinen Betrieb in Polen (1944 in die Tschechoslowakei verlegt) jüdische Arbeitskräfte anfordert und sie auf diese Weise vor dem sicheren Tod bewahrt. Der amerikanische Regisseur Steven Spielberg verfilmt 1992 unter dem Titel *„Schindlers Liste"* seine Lebensgeschichte. Mit dem preisgekrönten Film macht er Oskar Schindler nach seinem Tod weltberühmt.

Berthold Beitz

Ähnlich wie Schindler handelt Berthold Beitz, der in Polen als Direktor die Firma *Karpaten Oel AG* leitet. Im August 1942 wird er Zeuge der ersten Deportationen aus Ostgalizien (Polen) in die Lager. Der Anblick dieser dem Tod geweihten Menschen schockiert ihn derart, dass er versucht, möglichst viele in Sicherheit zu bringen.
Wie Schindler fordert Beitz Juden als Arbeitskräfte an, manchmal sogar Frauen und Kinder, was gegenüber den NS-Stellen nicht leicht zu begründen ist. Gelegentlich hält er selber einen Zug an, um Menschen aus den Waggons zu holen. Seine Frau versteckt unterdessen zu Hause jüdische Kinder vor den Fahndern des SD und der SS.
Diese humane Haltung bleibt der Gestapo nicht verborgen. Beitz wird denunziert und entgeht nur knapp der Verhaftung. Beitz, der später die Geschicke des Krupp-Konzerns lenkt, macht kein Aufheben von seinem Einsatz. Er wird wie Schindler und Wallenberg nach dem Krieg vom Staat Israel mit dem Titel *„Gerechter der Völker"* geehrt.

174 Oskar Schindler

175 Berthold Beitz

176 Raoul Wallenberg

177 Carl Lutz

174

175

176

177

Chiune Sugihara

Manche solcher Hilfsaktionen bleiben zunächst unbemerkt und werden erst nach dem Krieg bekannt. So stellt der japanische Konsul Chiune Sugihara, der in Kaunas, der damaligen Hauptstadt von Litauen, seinen Dienst versieht, tausenden von jüdischen Flüchtlingen Transitvisa nach Japan aus. Sugihara handelt ausdrücklich gegen Anweisungen des japanischen Außenministeriums, das ihn schließlich nach Tokio zurückbeordert. Noch auf dem Bahnhof von Kaunas, unmittelbar vor seiner Abreise, soll der Diplomat Transitvisa unterzeichnet haben. Gefragt nach seinem Motiv antwortet der Japaner später: *„Aus Liebe zur Menschheit.“*

Raoul Wallenberg – Carl Lutz

Oder das Beispiel des schwedischen Diplomaten Raoul Wallenberg, der ab Sommer 1944 über 20 000 ungarischen Juden das Leben rettet. Diese erhalten Schutzpässe und werden in Häusern untergebracht, die Wallenberg eigens für sie organisiert.
Die Sowjets, die im Dezember 1944 eine provisorische Regierung in Budapest einsetzen, beobachten die Hilfsaktionen von Wallenberg mit Misstrauen. Sie argwöhnen, der Schwede könne ein Spion im Dienst der USA sein. Im Januar 1945 wird Wallenberg in das Hauptquartier der Roten Armee bestellt. Danach verliert sich seine Spur. Sein Schicksal bleibt ungeklärt.
In Ungarn arbeitet der Schweizer Vizekonsul Carl Lutz zeitweise eng mit Raoul Wallenberg zusammen, um Juden vor dem Zugriff der NS-Verfolger zu schützen. Als einer der wenigen Diplomaten in Budapest – zehn Staaten haben die Beziehungen zu Ungarn abgebrochen und werden von der Schweiz mitvertreten – verfügt Lutz über gute Kontakte ins Ausland. Er verschafft 200 jüdischen Kindern die Ausreisemöglichkeit nach Palästina und wirkt an der Rettung von 62 000 ungarischen Juden mit.

178

178 Vor der Schweizer Botschaft in Budapest (Ungarn) suchen Juden Zuflucht und Schutz (1942).

Sklavenarbeit

179

Je länger der Krieg dauert, desto brutaler werden die Methoden, die letzten Arbeitskraftreserven zu mobilisieren. Kriegsgefangene, KZ-Häftlinge und nach Deutschland verschleppte „*Fremdarbeiter*“ werden noch stärker zur Arbeit herangezogen als zuvor, damit der Waffengang überhaupt fortgesetzt werden kann. Ohne das Heer der ausländischen Arbeitskräfte würden Rüstungsproduktion, Güterindustrie und Landwirtschaft im Deutschen Reich zusammenbrechen.

Nachschub für die Front

In den besetzten Gebieten Osteuropas entstehen im Umfeld der Konzentrations- und Vernichtungslager zahlreiche neue Betriebe. Dort stellen Häftlinge und andere Zwangsbeschäftigte den Nachschub für die Front her: Munition, Uniformen und Ausrüstungsgegenstände für die Soldaten der Wehrmacht.

Russen, Weißrussen, Ukrainer

Im Reich selbst gibt Hitler unter dem Druck der katastrophalen Wirtschaftslage und der verheerenden Zerstörungen durch die alliierten Luftangriffe seinen ursprünglichen Widerstand gegen den Einsatz sowjetischer Arbeitskräfte auf. Zu den Kriegsgefangenen und Deportierten aus Polen, Frankreich, Belgien und den Niederlanden, die in Landwirtschaft und Rüstungsproduktion, zum Schuttaufräumen und beim Straßenbau eingesetzt werden, kommen verstärkt Russen, Weißrussen und Ukrainer nach Deutschland.

Unterste Stufe

Die sowjetischen „*Ostarbeiter*“, die 1942/43 etwa nach Berlin zwangsverschickt werden, treffen auf Chaos, Zerstörung und, was die einheimische Bevölkerung angeht, auf wachsendes Misstrauen. Denn die Rote Armee gewinnt allmählich die Ober-

180

179 Bremer Jüdinnen bei Zwangsarbeiten am Bahnhof von Minsk, 1942

180 Zwangsarbeiter aus dem KZ Dora-Mittelbau bei der Serienproduktion der „V2“-Rakete

hand. In der Skala der Arbeitssklaven nehmen die Menschen aus der Sowjetunion, aber auch die aus Polen und den südosteuropäischen Ländern den untersten Rang ein, was Verpflegung und Unterbringung angeht. Außerdem stehen sie unter der besonderen Kontrolle der Gestapo.

Nadesha Koroljowa

Eine der Zwangsarbeiterinnen, die zur Arbeit nach Berlin übersiedeln müssen, ist Nadesha Koroljowa, Jahrgang 1924. Im Sommer 1942 wird sie von den Besatzungsbehörden gezwungen, ihr Heimatdorf in der Westukraine zu verlassen. Nach einer langen Bahnfahrt ohne Verpflegung hält der Zug fünf Kilometer vor der Reichshauptstadt. Luftangriffe verhindern die Weiterfahrt. Zu Fuß legen Nadesha Koroljowa und etwa 80 andere ukrainische Frauen den Rest der Strecke zurück. Nadesha passiert das Durchgangslager für Zwangs- und Fremdarbeiter in Berlin-Wilhelmshagen und bekommt eine Arbeit bei der Firma *AEG* zugewiesen.

Dünne Suppe

Ihr Berlin-Aufenthalt wird bald zum Albtraum: *„Die nächsten Monate waren furchtbar. Die Ernährung war schlecht, ich nahm stark ab und wurde sehr schwach. Es gab am Tag nur ein Stück Brot und zwei Mal Balanda* (dünne Suppe)."
Nach gelungener Flucht wird sie von einem Deutschen verraten, als sie um ein Glas Wasser bittet. Bei der Verhaftung hetzt die Polizei einen Hund auf sie. Das anschließende Verhör wird zur Qual. Die Beamten schlagen ihr mehrere Zähne aus. Es folgen Zwangsarbeit, Verhaftung, dann wieder Zwangsarbeit, dieses Mal in einem Steinbruch. Beim Schleppen schwerer Felsbrocken bricht die junge Frau endgültig zusammen. Die Narbe einer Blinddarmoperation platzt auf. Man schafft sie ins Krankenhaus, bevor sie verblutet. Dort kommt sie mit Hilfe eines Arztes wieder auf die Beine. Er gibt Nadesha Koroljowa ein paar Kleidungsstücke und etwas Geld und zeigt ihr den Weg zu anderen Frauen aus der Ukraine. Nadesha Koroljowa überlebt die Torturen der Zwangsarbeit in Deutschland, die sich ihr tief eingeprägt haben.

181 Gefangene Frauen leisten im KZ Krakau-Plaszów Schwerstarbeit (1944).

182 Frauen müssen eine Kiesgrube im KZ Auschwitz ausheben (1942).

181

182

Sinti und Roma

Bis 1933 ist das Ansehen der Sinti und Roma – abschätzig *„Zigeuner"* genannt – von Vorurteilen und Verachtung bestimmt. Sie gelten als vagabundierendes Volk, verschlagen und kriminell, wobei die *„Zigeunerin"* als sexuell durchtrieben und besonders zügellos angesehen wird. Die Nationalsozialisten belassen es nicht bei der seit Jahrhunderten betriebenen Diskriminierung dieser ursprünglich aus Indien stammenden Minderheit.

183 Razzia in einem „Zigeunerlager", 1940

184 Gefangene Roma und Sinti im KZ Belzec, 1942

183

184

Nach der NS-Vorstellung sind Sinti und Roma *„Volksschädlinge"* und *„Untermenschen"*.

„Rassenhygiene"

Um dem Rassenwahn eine pseudowissenschaftliche Fassade zu geben, schwärmen *„fliegende Arbeitsgruppen"* des Rassenhygiene-Instituts aus, um so genannte *„Gutachten"* anzufertigen. Die danach entwickelte völlig absurde Skala reicht vom *„reinrassigen"* bis zum *„Achtel-Zigeuner"*.

Brutale Verfolgung

Die staatliche Verfolgung der Sinti und Roma wird immer brutaler. Zur *„vorbeugenden Verbrechensbekämpfung"* werden im Frühsommer 1938 arbeitsfähige Sinti und Roma zur Zwangsarbeit nach Dachau, Buchenwald und Mauthausen verschleppt. Im Mai 1940 werden die ersten 2500 Sinti und Roma aus dem Reich nach Polen gebracht, wo sie in Gettos und Lagern schwerste körperliche Arbeit verrichten.

Hinter der Front

Einsatzgruppen ermorden tausende von Sinti und Roma hinter den Fronten in Osteuropa. Am 16. Dezember 1942 verfügt Himmler, alle im Deutschen Reich und in den besetzten Ländern lebenden *„Zigeuner-Mischlinge"* und *„zigeunerischen Sippen"* in ein Konzentrationslager einzuweisen. Im *„Zigeunerlager"* in Auschwitz-Birkenau befinden sich bald 23 000 Sinti und Roma aus elf Staaten. Sie sterben an Unterernährung, Krankheiten, Misshandlungen oder werden vergast.

Im Widerstand

*„Was wir sagten und schrieben,
denken ja so viele.
Nur wagen sie nicht,
es auszusprechen.“*

Sophie Scholl, 1943

Die Hinrichtungsanlage Berlin-Plötzensee ist heute eine Gedenkstätte für die Opfer des Nationalsozialismus.

Mut zum Protest

Die Opposition gegen Hitler ist keine Massenbewegung. Der Historiker Hermann Graml schreibt: *„Widerstand gegen das NS-Regime, also jeder Akt aktiver Bekämpfung des Systems und seines Führers Adolf Hitler, von der Herstellung und dem Kleben regimefeindlicher Plakate bis zum versuchten Attentat und Staatsstreich, war von 1933 bis 1945 die Sache relativ kleiner und in der Bevölkerung isolierter Gruppen …“*
Daneben gibt es Einzelkämpfer und Ende der 1930er-Jahre auch Verbindungen zwischen verschiedenen Widerstandskreisen. Eine breite Widerstandsbewegung bildet sich jedoch nicht.

Spektakuläre Aktionen

Es gibt NS-Gegner, die mit spektakulären Aktionen im Deutschen Reich wie im besetzten Ausland Widerstand leisten. Manche dieser Unternehmen sind bis heute kaum bekannt, beispielsweise ein Ereignis vom 22. September 1943 in Minsk. Minsk ist die Hauptstadt von Weißrussland, das *„Weißruthenien“* genannt wird und der Verwaltung von Generalkommissar Wilhelm Kube untersteht. Dessen Hausgehilfin Jelena Masanik steht in Verbindung mit den Partisanen. Sie befestigt einen Sprengkörper unter dem Bett von Kube; bei der Explosion wird der Generalkommissar getötet.
Ohne Erfolg bleibt dagegen das Attentat, das der Schreiner Johann Georg Elser auf Adolf Hitler verübt. Die Zeitzünder-Bombe, die Elser vor einem Treffen der NS-Größen im Münchener Bürgerbräukeller dort angebracht hat, detoniert zwar, aber der Diktator hat zu diesem Zeitpunkt das Gebäude schon verlassen.

Einzelne Gruppen

Nach der Zerschlagung des kommunistischen und sozialdemokratischen Widerstandes in Deutschland finden

185

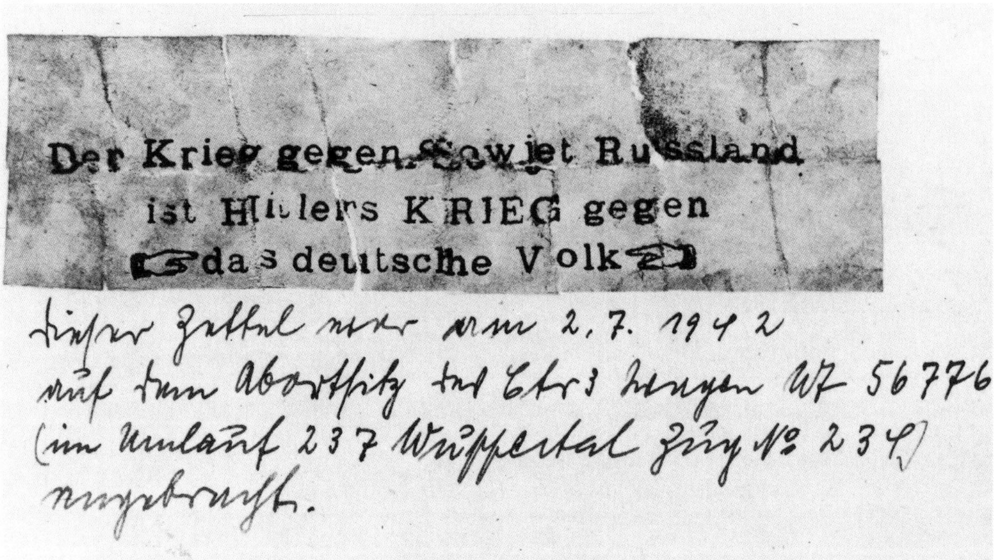

185 „Der Krieg gegen Sowjet Russland ist Hitlers KRIEG gegen das deutsche Volk“ – Dieser Zettel wird 1942 in einer Zugtoilette aufgefunden.

vorwiegend einzelne, relativ kleine Gruppen den Mut zum Protest. Es sind einerseits linke Splittergruppen, die sich gegen das NS-Regime zur Wehr setzen, wie z. B. *Neu Beginnen* oder die *Rote Kapelle.* Ende der 1930er-Jahre formiert sich auch Widerstand im bürgerlichen Lager. In diesen Kreisen beschäftigt man sich u. a. damit, neue Gesellschaftsordnungen für die Zeit nach Hitler zu erarbeiten. Es werden aber auch Umsturzpläne geschmiedet, etwa von Carl Friedrich Goerdeler oder Helmuth James Graf von Moltke *(Kreisauer Kreis).*

Weiße Rose

In München bildet sich die Widerstandsgruppe *Weiße Rose.* Intensiv diskutiert sie im Hinblick auf Hitler und den Krieg die Rechtmäßigkeit des Tyrannenmordes. Der Kern dieser Gruppe besteht aus den Geschwistern Scholl, Alexander Schmorell, Christoph Probst und Willi Graf. Hinzu kommt der Philosophieprofessor und Musikpsychologe Kurt Huber. In Gesprächen gelangen die Studenten zu der Überzeugung, es sei Zeit, etwas gegen das NS-Regime zu unternehmen. Durch Flugblätter versuchen sie 1942/1943 die Bevölkerung dafür zu gewinnen, sich von Hitler zu distanzieren und Widerstand gegen den unmenschlichen Krieg zu leisten. Im weiteren Umfeld der *Weißen Rose* wirken auch Schüler, Lehrer, Ärzte, Buchhändler und Schriftsteller an den Aktivitäten mit.

Attentate auf Hitler

Die militärische Opposition gewinnt an Bedeutung, als Hitler an mehreren Fronten Rückschläge hinnehmen muss. Von den über 40 Attentatsplänen und -versuchen auf den NS-Diktator geht ein Großteil auf das Konto von Soldaten und Offizieren.

So versucht der Stab der Heeresgruppe Mitte um Henning von Tresckow, Hitler am 13. März 1943 mit Gewalt aus dem Weg zu räumen. Während eines Truppenbesuchs soll der Diktator erschossen werden. Dazu kommt es jedoch nicht, weil Hitler im entscheidenden Moment von Offizieren umstellt ist. Die Bombe, die von Tresckow für den Rückflug in das Flugzeug von Hitler schmuggelt, explodiert nicht.

Auch das Attentat, das Claus Schenk Graf von Stauffenberg am 20. Juli 1944 verübt und das symbolhaft für den militärischen Widerstand steht, schlägt fehl.

186 Christoph Probst

187 Professor Kurt Huber

188 Willi Graf

189 Alexander Schmorell

186

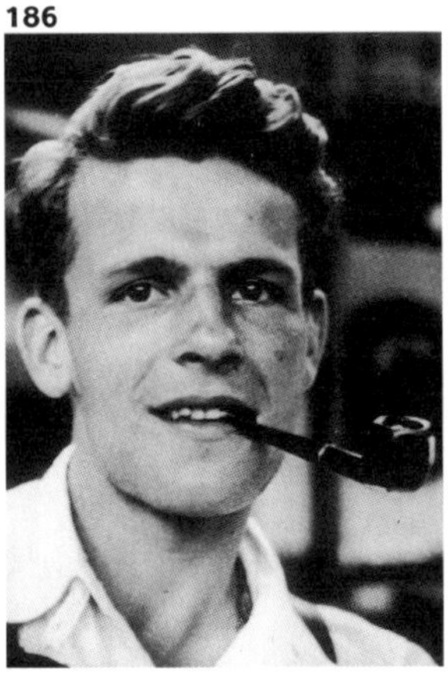

187

188

189

Hans und Sophie Scholl

EIN DEUTSCHES FLUGBLATT

DIES ist der Text eines deutschen Flugblatts, von dem ein Exemplar nach England gelangt ist. Studenten der Universität München haben es im Februar dieses Jahres verfasst und in der Universität verteilt. Sechs von ihnen sind dafür hingerichtet worden, andere wurden eingesperrt, andere strafweise an die Front geschickt. Seither werden auch an allen anderen deutschen Universitäten die Studenten „ausgesiebt''. Das Flugblatt drückt also offenbar die Gesinnungen eines beträchtlichen Teils der deutschen Studenten aus.

Aber es sind nicht nur die Studenten. In allen Schichten gibt es Deutsche, die Deutschlands wirkliche Lage erkannt haben; Goebbels schimpft sie „die Objektiven''. Ob Deutschland noch selber sein Schicksal wenden kann, hängt davon ab, dass diese Menschen sich zusammenfinden und handeln. Das weiss Goebbels, und deswegen beteuert er krampfhaft, „dass diese Sorte Mensch zahlenmässig nicht ins Gewicht fällt''. Sie sollen nicht wissen, wie viele sie sind.

Wir werden den Krieg sowieso gewinnen. Aber wir sehen nicht ein, warum die Vernünftigen und Anständigen in Deutschland nicht zu Worte kommen sollen. Deswegen werfen die Flieger der RAF zugleich mit ihren Bomben jetzt dieses Flugblatt, für das sechs junge Deutsche gestorben sind, und das die Gestapo natürlich sofort konfisziert hat, in Millionen von Exemplaren über Deutschland ab.

Manifest der Münchner Studenten

Erschüttert steht unser Volk vor dem Untergang der Männer von Stalingrad. 330.000 deutsche Männer hat die geniale Strategie des Weltkriegsgefreiten sinn- und verantwortungslos in Tod und Verderben gehetzt. Führer, wir danken Dir!

Es gärt im deutschen Volk. Wollen wir weiter einem Dilettanten das Schicksal unserer Armeen anvertrauen? Wollen wir den niedrigsten Machtinstinkten einer Parteiclique den Rest der deutschen Jugend opfern? Nimmermehr!

Der Tag der Abrechnung ist gekommen, der Abrechnung unserer deutschen Jugend mit der verabscheuungswürdigsten Tyrannei, die unser Volk je erduldet hat. Im Namen des ganzen deutschen Volkes fordern wir von dem Staat Adolf Hitlers die persönliche Freiheit, das kostbarste Gut der Deutschen zurück, um das er uns in der erbärmlichsten Weise betrogen hat.

In einem Staat rücksichtsloser Knebelung jeder freien Meinungsäußerung sind wir aufgewachsen.

G.39

Flugblatt, von britischen Piloten abgeworfen

Hans Scholl

1918 *Geburt in Ingersheim*
1937 *Erste Inhaftierung*
1939 *Beginn des Medizinstudiums*
1942 *Die ersten Flugblätter der „Weißen Rose"*
1942 *An der Ostfront*
1943 *Hinrichtung in München-Stadelheim*

Sophie Scholl

1921 *Geburt in Forchtenberg*
1937 *Erste Inhaftierung*
1942 *Beginn des Studiums, Mitarbeit bei der „Weißen Rose"*
1943 *Hinrichtung in München-Stadelheim*

Das Verhältnis der Geschwister Hans und Sophie ist von Kind an sehr eng. Hans, der ältere Bruder, wird am 22. September 1918 in Ingersheim/Württemberg geboren. Sophie kommt am 9. Mai 1921 im württembergischen Forchtenberg zur Welt. In beiden Orten ist der Vater Robert Scholl als Bürgermeister tätig gewesen: ein liberaler und fortschrittlicher Mann. Die Mutter Magdalene Scholl, eine ehemalige Diakonissenschwester, kümmert sich um den Haushalt, denn es sind insgesamt fünf Kinder Scholl, die ab 1934 in einer großen Wohnung am Münsterplatz in Ulm leben. In Ulm arbeitet Robert Scholl als Steuerberater und Wirtschaftsprüfer. Dass seine Kinder nach und nach der *Hitlerjugend* beitreten, kann er nicht verhindern. Er selbst ist gegen Hitler, und das verschweigt er nicht.

Besondere Talente

Die Wohnung am Münsterplatz wird zum Mittelpunkt eines großen Freundeskreises. Es wird musiziert, getanzt und diskutiert. Angeregt durch Bücher, aber auch durch befreundete Maler entwickelt Sophie Scholl ihre Talente. Sie schreibt und zeichnet gern.

Die Begeisterung für die *Hitlerjugend* zeigt bald erste Risse. Hans Scholl, der 1936 als Fähnleinführer am Nürnberger Parteitag teilnimmt, kehrt ernüchtert zurück. Marschieren, Fahnenhissen, die immer gleichen Parolen – mit seinem Interesse an fremden Ländern und Kulturen passt das nicht zusammen.

Ein Schock

Verstärkt sucht Hans Scholl den Kontakt zur *Deutschen Jungenschaft vom 1. 11.*, einem Ableger der verbotenen bündischen Jugend. Im Spätherbst 1937 holt die Gestapo in ganz Deutschland zum Schlag gegen die bündische Jugend aus und nimmt auch die Kinder der Familie Scholl fest. Der Aufenthalt hinter Gittern wirkt wie ein Schock.

Sophie Scholl, die als Erste freikommt – die Geschwister folgen Wochen später – lernt im selben Jahr beim Tanzen Fritz Hartnagel kennen, einen gut aussehenden jungen Mann aus Ulm. Hartnagel will Offizier werden. Aus dem losen Kontakt wird Freundschaft. Weil sie sich selten sehen, schreiben sie sich, manchmal täglich. Literatur, Christentum, die Natur, ihre Gefühle und Ängste, davon handeln ihre Briefe.

Bei Ausbruch des Zweiten Weltkriegs wird ein Konflikt über Fritz Hartnagels Offizierslaufbahn deutlich, der ihre Beziehung belastet. Sophie lehnt den Krieg entschieden ab.

Wann Sophie und Hans Scholl sich vom NS-Regime lossagen, ist nicht mehr genau festzustellen. Nach einem zweijährigen Wehrdienst beginnt Hans im Frühjahr 1939 sein Studium der Medizin in München.

Im Sommer 1940 nimmt er am Frankreichfeldzug teil. Zwei Jahre später wird Hans Scholl zum Sanitätsdienst an die Ostfront abkommandiert, zusammen mit seinen Freunden.

Flugblätter

In den Wochen vor diesem Einsatz entstehen die ersten vier Flugblätter der *Weißen Rose.* Durch Kontakte zu Intellektuellen und Künstlern in München verfügen Hans Scholl und Alexander Schmorell, die beiden Verfasser der ersten Flugblätter, über gute Informationen, zum Beispiel, was die Judenvernichtung in Polen angeht.
An der Ostfront sehen die Studenten persönlich, welche Spur der Vernichtung der Krieg zurücklässt.
Seit Mai 1942 hält Sophie Scholl sich zum Studium der Biologie und Philosophie in München auf.

Nach der Rückkehr ihres Bruders und seiner Freunde aus Russland im Oktober 1942 beteiligt Sophie sich an der Herstellung und Verteilung von weiteren Flugblättern. Als sie und ihr Bruder Hans am Vormittag des 18. Februar 1943 das sechste Flugblatt in der Universität München auslegen, werden sie vom Hausmeister gestellt und von der Gestapo verhaftet. Nach tagelangen Verhören reist der Volksgerichtshof aus Berlin an, um über Sophie und Hans Scholl sowie Christoph Probst zu urteilen. Wegen „*Vorbereitung zum Hochverrat*“ werden sie zum Tode verurteilt und noch am selben Tag hingerichtet. „*Es lebe die Freiheit!*“ Das sind die letzten Worte von Hans Scholl. Seine Schwester sagt beim Abschied von ihren Eltern: „*Wir haben alles, alles auf uns genommen. Das wird Wellen schlagen.*“

oben: Lichthof der Universität München, in dem Hans und Sophie Scholl entdeckt werden

unten: Hans und Sophie Scholl

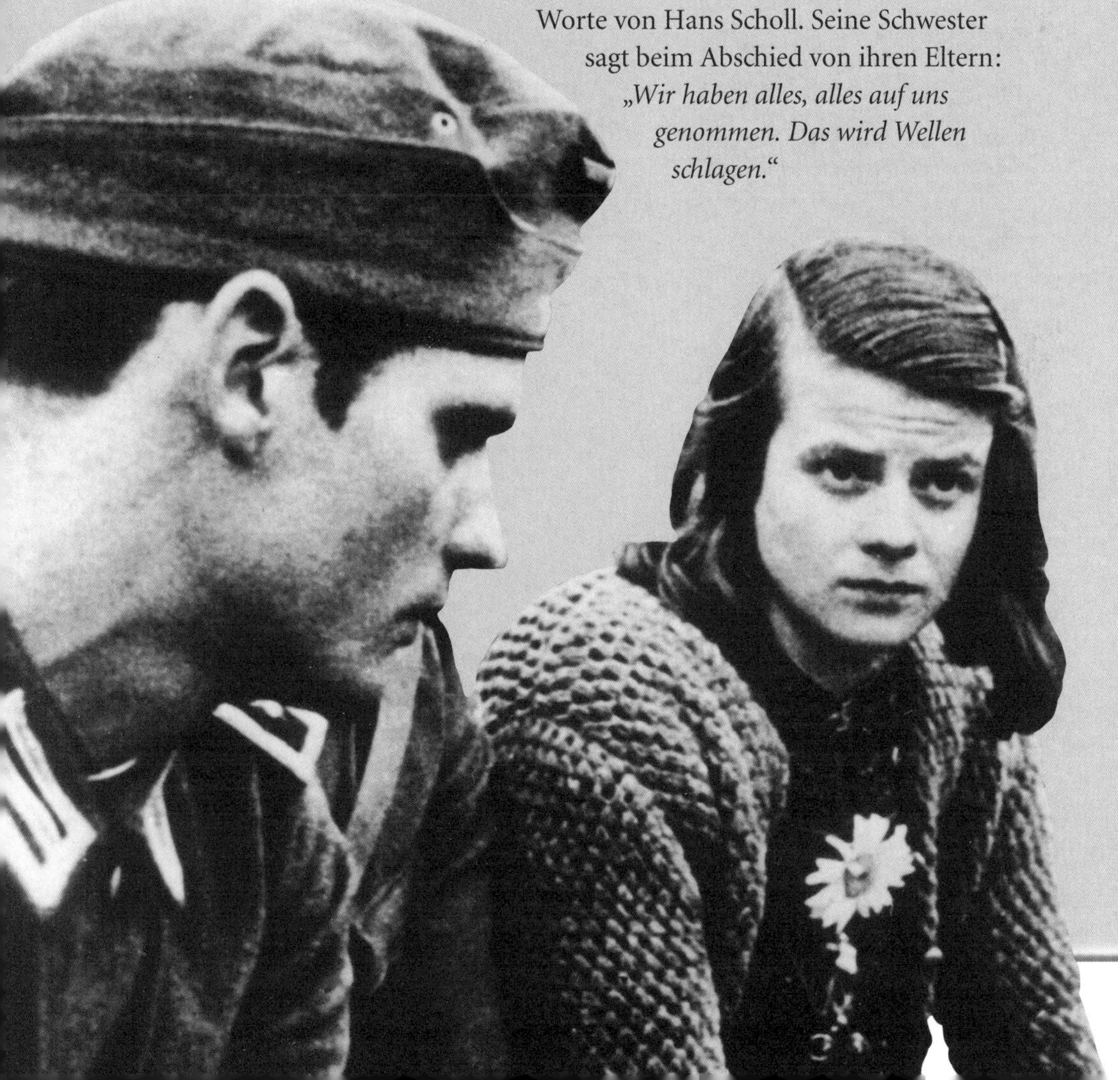

Roland Freisler

Roland Freisler

1893 *Geburt in Celle*
1925 *Eintritt in die NSDAP*
Seit 1933 *Mitglied des Reichstags*
1942 *Präsident des Volksgerichtshofs*
1945 *Tod in Berlin*

Freislers Verhandlungsführung ist darauf angelegt, Angeklagte zu demütigen und Schrecken zu verbreiten. Beim Prozess in München gegen die Geschwister Scholl und Christoph Probst am 22. Februar 1943 beobachtet der Gerichtsreferendar Leo Samberger den Präsidenten des *Volksgerichtshofs*.
Seine Erinnerung an ihn: *„Allen voran die tobende, schreiende bis zum Stimmüberschlag brüllende, immer wieder explosiv aufspringende Figur des berüchtigten Präsidenten des Volksgerichtshofes Roland Freisler.“*

Strafverteidiger

In den 1920er-Jahren gilt der 1893 in Celle geborene Freisler als ein energischer Strafverteidiger. Seine Mandanten gehören weitgehend der extremen Rechten an, der er sich selber ebenfalls politisch zugehörig fühlt.
Politisch hat Freisler einen radikalen Wechsel vollzogen. Denn aus der russischen Kriegsgefangenschaft war er als Marxist zurückgekehrt. Er hatte fließend Russisch gelernt und war Anhänger der Bolschewisten.
Offensichtlich will er diese Vergangenheit verdrängen. Jedenfalls ist Freisler in seinem Fanatismus nicht zu übertreffen. Die NSDAP belohnt ihn: Freisler wird Ministerialdirektor, bald darauf Staatssekretär. Als aggressiver NS-Jurist drängt Freisler darauf, die Justiz in Deutschland ganz auf die Linie der Nationalsozialisten zu bringen.

Volksgerichtshof

Den Höhepunkt seiner NS-Karriere erreicht Freisler im August 1942, als Hitler ihn zum Präsidenten des *Volksgerichtshofes* ernennt. Sein Vernichtungswille, sein Hass auf Regimegegner kennt keine Grenzen mehr. Zu hunderten schickt er *„Defätisten“* oder *„Wehrkraftzersetzer“* zumeist aus nichtigem Anlass in den Tod.

Hohn und Spott

Nicht nur die Widerstandsgruppe *Weiße Rose* wird auf diese Weise zerschlagen. Auch die Männer des 20. Juli 1944 sind einem Richter ausgesetzt, dem jedes Mittel recht ist, sie zu erniedrigen und mit Hohn und Spott zu überziehen.
Eine Kamera dokumentiert im Gerichtssaal seine schändliche Prozessführung. Ein Propagandafilm soll entstehen, um die *„Verkommenheit“* der Verschwörer zu zeigen.
Doch selbst die Auftraggeber müssen erkennen, dass der Film nicht die Angeklagten ins schlechte Licht rückt, sondern in erster Linie Freisler mit seinen Tiraden und Tobsuchtsanfällen.
Der Blutrichter kann seine verbrecherische Tätigkeit noch bis Anfang 1945 fortsetzen. Bei einem Luftangriff auf das Gebäude des Volksgerichtshofes in Berlin kommt Freisler am 3. Februar 1945 ums Leben.

Der Kreis um Carl Goerdeler

Auf Fachleute wie Carl Goerdeler, den Oberbürgermeister von Leipzig und Reichskommissar für die Preisüberwachung, ist Adolf Hitler am Anfang dringend angewiesen. Goerdeler mit seiner nationalkonservativen Einstellung hat keine Bedenken, den NS-Staat mit aufzubauen.
Dies ändert sich erst 1935, als er feststellt, dass Hitler mit einer unsoliden Finanzpolitik die Rüstung ankurbelt. Außerdem missfällt Goerdeler, wie das Regime mit den Juden und den christlichen Kirchen umgeht. Aus Protest tritt er als Reichskommissar zurück. 1937 gibt er auch das Amt des Oberbürgermeisters von Leipzig auf.

Konsequente Abkehr

Die Abkehr vom NS-Regime vollzieht er so konsequent, dass er bald zum Kopf des bürgerlichen Widerstandes in Deutschland wird. Er knüpft Kontakte zu hochrangigen Militärs und wirbt erfolgreich für den Widerstand. Generalstabschef Ludwig Beck (ab 1938 im Ruhestand), dessen Nachfolger Franz Halder, General von Witzleben und andere Generäle erklären sich bereit, gegen Hitler vorzugehen. Darüber hinaus nimmt Goerdeler nach Kriegsbeginn Verbindung zu Gewerkschaftern, Sozialdemokraten, Zentrumspolitikern und Anhängern des *Kreisauer Kreises* auf.

Zwei Lager

Bald stehen sich in seinem Umfeld zwei Lager gegenüber: Nationalkonservativ geprägte ältere Herrschaften, die eine eher autoritäre als demokratische deutsche Großmacht anstreben. Sie befürworten einen Sturz Hitlers, lehnen ein Attentat aber ab. Auf der anderen Seite stehen jüngere Regimegegner, die stärker liberal und demokratisch gesinnt sind, sowie junge Offiziere, die in den alten Kräften ein Hindernis für einen Neuanfang sehen.

Goerdeler als Reichskanzler

Allerdings kommt es zwischen beiden Richtungen zu einer Annäherung und im Falle eines geglückten Sturzes soll Goerdeler Reichskanzler werden. Nach dem gescheiterten Attentat auf Hitler am 20. Juli 1944 erübrigen sich jedoch sämtliche Planungen. Alle führenden Männer des Kreises um Carl Goerdeler werden gefasst und getötet.
Goerdeler selbst wird am 8. September 1944 zum Tode verurteilt. Seine Hinrichtung in Berlin-Plötzensee wird aber erst am 2. Februar 1945 vollstreckt. Das Gericht benutzt ihn für andere Prozesse als Zeugen.

190 Carl Friedrich Goerdeler als Angeklagter vor dem Volksgerichtshof

190

Rote Kapelle

191

191 Cato Bontjes van Beek

192 Arvid und Mildred Harnack

Kaum ein Widerstandskreis im Dritten Reich ist nach dem Krieg derart für politische Zwecke missbraucht und diffamiert worden wie die *Rote Kapelle* in Berlin. *Rote Kapelle* – bei dem Namen handelt es sich um einen Tarnbegriff der Gestapo, der für mehrere in Westeuropa tätige Gruppen angewendet wird.

Harnack und Schulze-Boysen

In Berlin sammeln sich ab 1935 über 100 Personen verschiedener sozialer Herkunft und mit unterschiedlichen politischen Ansichten um Arvid Harnack, Oberregierungsrat im Reichswirtschaftsministerium, und Harro Schulze-Boysen, Offizier im Reichsluftfahrtministerium. Dieser Kreis organisiert Hilfe für Verfolgte, dokumentiert NS-Verbrechen, bringt Flugblätter in Umlauf und steht in Kontakt zu anderen Regimegegnern. Der Kreis entschließt sich unter dem Eindruck des Krieges, kriegswichtige Informationen an die Sowjetunion weiterzugeben.

192

Funkspruch entschlüsselt

Ein von der deutschen Abwehr abgefangener und entschlüsselter Funkspruch führt im Herbst 1942 zur Zerschlagung der *Roten Kapelle.* Etwa 130 Personen werden verhaftet und fünf davon ohne Gerichtsverhandlung ermordet. Vier wählen den Freitod und 92 kommen vor Gericht.

Insgesamt 49 Todesurteile werden verhängt und vollstreckt. Eine von insgesamt 19 ermordeten Frauen ist Cato Bontjes van Beek, eine angehende Grafikerin aus Fischerhude bei Bremen. Sie ist über Libertas Schulze-Boysen mit der *Roten Kapelle* in Kontakt gekommen und hat an der Herstellung von Flugblättern mitgewirkt. Nach fast zehnmonatiger Haft wird Cato Bontjes van Beek am 5. August 1943 hingerichtet.

Rechtmäßiger Widerstand

Nach dem Krieg dauert es Jahrzehnte, bis ihr Eintreten gegen das NS-Regime, wie das der übrigen Anhänger der *Roten Kapelle*, als rechtmäßiger Widerstand anerkannt wird.

Denn die DDR vereinnahmt den Kreis als zentral gesteuerte kommunistische Widerstandsorganisation, deren Anhänger als *„Kundschafter des Friedens"* tätig gewesen seien. Und in der Bundesrepublik reicht vielen offenbar schon die Bezeichnung *Rote Kapelle*, um diesen Teil des Widerstandes kaum zu beachten und totzuschweigen oder – wie Anfang der 1960er-Jahre, also mitten im Kalten Krieg, geschehen – die Gruppe als eine Spionageorganisation im Dienste der Sowjetunion zu diffamieren.

Harro Schulze-Boysen

Der Luftwaffenoffizier Harro Schulze-Boysen ist 33 Jahre alt, als er zwei Tage vor Weihnachten 1942 in Berlin-Plötzensee gehenkt wird. Hitler selbst hat diese Hinrichtungsart befohlen. Der Diktator will jede Erinnerung an Schulze-Boysen und seine Frau Libertas, die ebenfalls in Plötzensee ermordet wird, vernichten. Schulze-Boysen ist der Kopf der von der Gestapo so genannten *Roten Kapelle*, ein Widerstandskreis in Berlin, der weit über hundert Anhänger umfasst.

Umstritten

Kein Widerstandskämpfer ist nach 1945 in Deutschland so umstritten wie Harro Schulze-Boysen. Ihm werden alle möglichen Bezeichnungen angehängt: Abenteurer, Fanatiker, Kundschafter, Kommunist, Landesverräter, Antifaschist. Sie machen vor allem eines deutlich: Schulze-Boysen soll nicht als Widerstandskämpfer anerkannt werden.
Seine Herkunft und sein Werdegang lassen einen Menschen erkennen, der – hochtalentiert und äußerst sprachbegabt – lange nach einem eigenen Standort sucht und ihn letztlich in der Gegnerschaft zu Hitler findet.
Schon früh interessiert sich der Sohn eines Marineoffiziers und Großneffe des Admirals von Tirpitz für Politik. 1931 erhält er die Chance, als Redakteur und dann als Herausgeber seine Vorstellungen in der Zeitschrift „*Gegner*" zu veröffentlichen, die zur politischen Mitte tendiert und sich von KPD und NSDAP absetzt.

Gefoltert

Seine journalistische Laufbahn geht schon 1933 wieder zu Ende. Die Nationalsozialisten verbieten die Zeitschrift. Wegen oppositioneller Aktivitäten kommt Schulze-Boysen für kurze Zeit in Schutzhaft und wird gefoltert.
An der Fliegerschule Warnemünde versucht er, dem Blickfeld der NS-Verfolger zu entkommen. Mit Unterstützung seines Vaters gelingt es ihm, ins Luftfahrtministerium zu wechseln. Der junge Offizier entschließt sich zu einer Doppelstrategie: Strikte äußere Anpassung an das Regime und gleichzeitig aktiver Widerstand in einem Kreis von Gleichgesinnten. Auch seine Frau Libertas Schulze-Boysen, geborene Haas-Heye, wirkt mit. Sie kann im direkten Kontakt mit Göring die militärische Karriere ihres Mannes voranbringen. Harro Schulze-Boysen wird 1939 zum Leutnant und zwei Jahre später zum Oberleutnant befördert. Im Ministerium bekommt er Zugang zu streng vertraulichen Dokumenten über die Kriegsplanung Hitlers.
Der Ausbruch des Zweiten Weltkriegs und vor allem der Angriff Hitler-Deutschlands auf die Sowjetunion veranlassen die *Rote Kapelle*, kriegswichtige Informationen an Moskau weiterzugeben.
Ein von der deutschen Spionageabwehr entschlüsselter Funkspruch führt im August 1942 zur Verhaftung von Harro Schulze-Boysen, Arvid Harnack und zahlreichen anderen Anhängern des Widerstandskreises.

Harro und Libertas Schulze-Boysen

1909 *Geburt in Kiel*
1941 *Oberleutnant; Zusammenarbeit mit sowjetischem Geheimdienst*
1942 *Verhaftung von Schulze-Boysen und seiner Frau; Hinrichtung*

Widerstand im Alltag

Menschen, die in einer entscheidenden Situation das Richtige tun, die sich, wenn es darauf ankommt, für die Sache der Menschlichkeit entscheiden, gibt es auch im Dritten Reich in großer Zahl. Die Hamburgerin Hiltgunt Zassenhaus gehört dazu.

Briefe von Gefangenen

Im Jahre 1938 legt die 22-Jährige ihr Dolmetscher-Diplom ab und bekommt eine Stelle bei der Briefprüfstelle in Hamburg zugewiesen. Sie soll Post von jüdischen Häftlingen in Polen und anderen besetzten Ländern kontrollieren. Briefe, in denen Gefangene z. B. um Lebensmittel, Kleidung und Medikamente bitten, sollen aussortiert und vernichtet werden. Hiltgunt Zassenhaus tut jedoch das Gegenteil. Sie nimmt einzelne Schreiben an sich und sorgt mit Hilfe eines Hamburger Schiffsmaklers dafür, dass sie an die richtigen Adressaten gelangen. Bald übernimmt Hiltgunt Zassenhaus auch die Kontrolle der Post von skandinavischen Häftlingen in Deutschland und begleitet den Gefängnispfarrer bei seinen Besuchen in den Strafanstalten.

Kartei mit 1000 Namen

Jetzt kommt sie in direkten Kontakt mit Professoren, Schriftstellern, Lehrern und Anwälten, die aus Dänemark und Norwegen nach Norddeutschland verschleppt worden sind. Hiltgunt Zassenhaus schafft Verbindungen zwischen den Gefangenen und ihren Angehörigen. Beim Weiterleiten der Briefe helfen ihr die skandinavische Seemannsmission in Hamburg und das schwedische Rote Kreuz. Um den Überblick über die vielen Gefangenen nicht zu verlieren, legt Zassenhaus eine Kartei an, die bald über 1000 Namen umfasst.
Kurz vor Kriegsende sollen auf Befehl Hitlers alle politischen Gefangenen umgebracht werden. Zassenhaus gibt über ihre Verbindungen nach Skandinavien den Anstoß, dass das schwedische Rote Kreuz mit Himmler die Freilassung der skandinavischen Häftlinge aushandelt. Ihre Kartei erweist sich dabei als äußerst wertvoll. Denn mit Hilfe der registrierten Namen können etwa 1200 Häftlinge ausfindig gemacht und gerettet werden.
Auf die Frage nach dem Motiv für ihr Handeln im Dritten Reich gibt sie eine einfache Antwort: *„Es war … so etwas Ähnliches wie menschlicher Anstand.“*

193

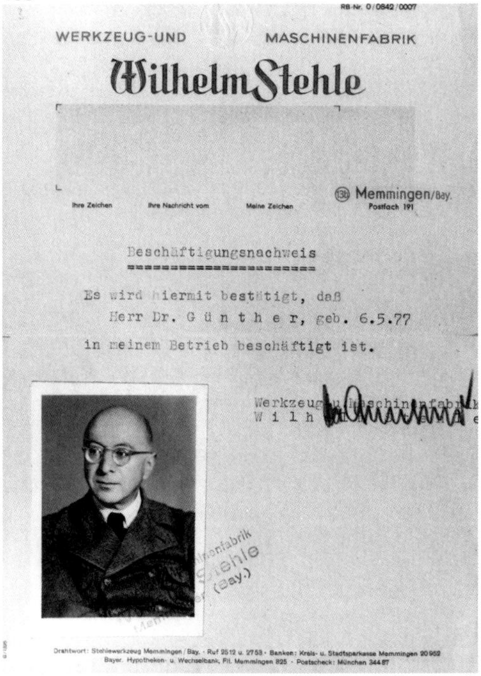

RB-Nr. 0/0842/0007

WERKZEUG-UND MASCHINENFABRIK

Wilhelm Stehle

Ihre Zeichen | Ihre Nachricht vom | Meine Zeichen

(13b) Memmingen/Bay.
Postfach 191

Beschäftigungsnachweis

Es wird hiermit bestätigt, daß
Herr Dr. G ü n t h e r, geb. 6.5.77
in meinem Betrieb beschäftigt ist.

Werkzeug- u. Maschinenfabrik
Wilh[elm Stehl]e

Drahtwort: Stehlewerkzeug Memmingen/Bay. · Ruf 2512 u. 2753 · Banken: Kreis- u. Stadtsparkasse Memmingen 20952
Bayer. Hypotheken- u. Wechselbank, Fil. Memmingen 825 · Postscheck: München 34487

193 Beschäftigungsnachweis für Dr. Günther: Der mit seiner Frau untergetauchte jüdische Dr. Pineas ist seit 1943 unter dem Namen Günther bei einer Firma in Memmingen beschäftigt.

Bei Gefahr: Onkel Emil

Eine Gruppe, die in Berlin aktiv ist und sich dort insbesondere um die von Deportation und Ermordung bedrohten Juden kümmert, nennt sich *Onkel Emil.* Initiatoren sind Ruth Andreas-Friedrich und ihr Lebensgefährte Leo Borchard. Sie schaffen ein Netz von Gleichgesinnten, die für Gefahrensituationen den Ruf „*Onkel Emil*" verabreden. Sie sorgen für untergetauchte Juden und politische Flüchtlinge. Verfolgte Personen, die sich wieder an die Öffentlichkeit wagen, erhalten Kleidung und Ausweispapiere. Auch Werksabotage, das Zerstören von Nazisymbolen sowie die Weitergabe von Lageberichten und politischen Informationen ins Ausland gehören zu den Aktivitäten der Gruppe *Onkel Emil,* die bis Kriegsende unentdeckt bleibt.

Flucht in die Schweiz

1900 in Liverpool geboren, kommt Gertrud Luckner als Kind nach Deutschland. Die Eltern ermöglichen ihr ein Studium der Sozialwissenschaften und der Volkswirtschaft. Mit Hilfe des Freiburger Institutes für Caritas-Wissenschaften setzt Gertrud Luckner sich ab 1933 für politisch Verfolgte ein. Insbesondere versucht sie, Juden zur Flucht in die Schweiz zu verhelfen, als diese von Deportation bedroht sind. Im Frühjahr 1943 gerät Luckner selbst in die Fänge der Gestapo und wird bis zum 3. Mai 1945 im Frauen-KZ Ravensbrück festgehalten.

Gegen die Bestimmungen

Die Schweiz ist wegen ihrer politischen Neutralität ein wichtiges Fluchtziel für Juden und andere Flüchtlinge. Doch ab 1938 weist die Schweiz alle jüdischen Flüchtlinge an der Grenze zurück. Paul Grüninger, Polizeikommandant von St. Gallen, setzt sich über die Einreisebestimmungen der Schweizer Behörden hinweg und ermöglicht in den Jahren 1938/39 jüdischen Flüchtlingen den Grenzübertritt. Als die von Grüninger geleistete Fluchthilfe in Behördenkreisen auffliegt, wird er 1939 vom Dienst suspendiert und 1940 wegen Amtspflichtverletzung entlassen. Auch nach dem Krieg kann er nicht in seinen Beruf zurückkehren. Dass er für die Rettung von hunderten von Menschen Stellung und Ansehen verspielt hat, gerät bald in Vergessenheit. Erst 23 Jahre nach seinem Tod wird Paul Grüninger in den 1990er-Jahren durch die St. Galler Regierung rehabilitiert.

194 Hiltgunt Zassenhaus

195 Ruth Andreas Friedrich

196 Gertrud Luckner

197 Paul Grüninger

194

195

196

197

Plötzensee

198

Am Volkspark Rehberge im Berliner Wedding liegt der Plötzensee, umgeben von leicht abfallenden Ufern und mit einem Strandbad an seiner südwestlichen Seite. Man kann sich kaum vorstellen, dass sich nur wenige Schritte von hier entfernt ein Ort des Schreckens befand.

Zentrale Hinrichtungsstätte

Das Gefängnis Plötzensee ist bis 1942 die zentrale und neben dem Zuchthaus Brandenburg-Görden die größte Hinrichtungsstätte in Norddeutschland. Alle vom Volksgerichtshof und dem Kammergericht Berlin zum Tode verurteilten Angeklagten werden in Plötzensee hingerichtet. Zunächst sind es deutsche, ab 1942 auch Widerstandskämpfer aus vielen anderen Ländern, die in Plötzensee auf grausame Weise umgebracht werden. Anhänger der *Roten Kapelle*, Mitglieder des *Kreisauer Kreises*, Männer des 20. Juli 1944, aber auch Menschen, die nach NS-Recht als „*Volksschädlinge*" eingestuft werden, sterben an diesem Ort.

Acht Haken

Anfangs enthauptet der Henker mit dem Beil, später mit der Guillotine. Zudem sind in dem Hinrichtungsgebäude aus rotem Backstein an einem Eisenträger acht Haken befestigt. Es sind Haken zum Aufhängen von Menschen.
Einen grausigen Höhepunkt erreicht die Hinrichtungswelle vom 7. bis 9. September 1943, als 360 Menschen erhängt werden. Eine gewisse Anzahl von Hingerichteten übernimmt das Anatomische Institut der Berliner Universität für Forschungszwecke – es wehrt allerdings gelegentlich ab, wenn zu viele Tote überstellt werden.

199

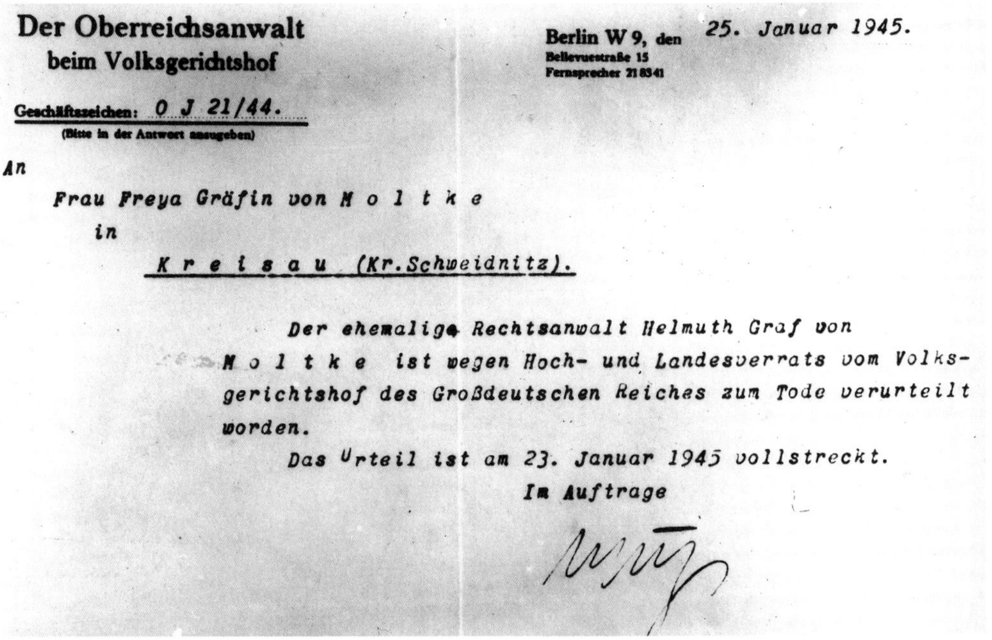

Der Oberreichsanwalt
beim Volksgerichtshof

Berlin W 9, den 25. Januar 1945.
Bellevuestraße 15
Fernsprecher 21 83 41

Geschäftszeichen: O J 21/44.
(Bitte in der Antwort angeben)

An

Frau Freya Gräfin von M o l t k e
in
K r e i s a u (Kr. Schweidnitz).

Der ehemalige Rechtsanwalt Helmuth Graf von M o l t k e ist wegen Hoch- und Landesverrats vom Volksgerichtshof des Großdeutschen Reiches zum Tode verurteilt worden.

Das Urteil ist am 23. Januar 1945 vollstreckt.

Im Auftrage

198 Hinrichtungsstätte Berlin-Plötzensee

199 Mitteilung an Freya Gräfin von Moltke über die Hinrichtung ihres Mannes Helmuth James Graf von Moltke am 23. Januar 1945

„Solf-Kreis" und „Baum-Gruppe"

Der Salon des Ehepaares Johanna und Wilhelm Solf in Berlin ist in den 1930er-Jahren ein beliebter Treffpunkt für Diplomaten, Künstler und Intellektuelle. Was sie verbindet, ist vor allem die Gegnerschaft zu Hitler und zur NSDAP, die sie als Bedrohung empfinden. Als Wilhelm Solf, der ehemalige Gouverneur von Samoa und frühere deutsche Botschafter in Japan, 1936 stirbt, beschließt seine Witwe, die Begegnungen fortzusetzen. Der *Solf-Kreis* wächst und steht in engem Kontakt zu anderen Oppositionellen.

Visa für Verfolgte

Johanna Solf nutzt ihre vielen Verbindungen ins Ausland, rassisch und politisch Verfolgten die Flucht zu ermöglichen. Um Visa zu erhalten, verbringt sie viele Stunden in den ausländischen Vertretungen. Ihr humanitärer Einsatz kommt zu einem jähen Ende, als es der Gestapo gelingt, einen Spitzel in die Widerstandskreise um Hanna Solf und die Erzieherin Elisabeth von Thadden zu schleusen, die in ihren Teestunden ebenfalls regelmäßig Regimegegner um sich versammelt. Elisabeth von Thadden wird zum Tode verurteilt und hingerichtet.

Johanna Solf kommt mit KZ-Haft davon. Zusammen mit ihrer Tochter verbringt sie Monate im Frauen-KZ Ravensbrück. Nächtliche Verhöre, Folter und Hungerkost treiben die beiden an den Rand ihrer Existenz. Doch sie überleben den Krieg. Die meisten Anhänger des *Solf-Kreises* dagegen werden ermordet.

Protest und Brandanschlag

Ein ähnliches Schicksal erleidet die *Herbert-Baum-Gruppe*, deren Mitglieder dem jüdischen Arbeiter- und Kleinbürgermilieu Berlins entstammen. Der gelernte Elektriker Herbert Baum hat zusammen mit Marianne Cohn, Martin Kochmann und Sala Rosenbaum etwa 100 Personen um sich geschart.

Die *Herbert-Baum-Gruppe* erregt durch Wandparolen, Flugschriften und Klebezettel Aufsehen. Gegen die antikommunistische und diffamierende NS-Propaganda-Ausstellung „*Das Sowjetparadies*" unternimmt die Gruppe im Mai 1942 einen Brandanschlag. Elf Personen werden verletzt.

Wenige Tage später kommt die Gestapo der Widerstandsgruppe auf die Spur. Einige Mitglieder werden rechtzeitig gewarnt und können sich in Sicherheit bringen. Zahlreiche Anhänger der *Baum-Gruppe* werden jedoch verhaftet; 20 von ihnen werden zum Tode verurteilt und hingerichtet. Baum selbst stirbt nach schweren Folterungen in der Haft, vermutlich durch Freitod.

200

201

202

203

200 Illegale Schulung der Gruppe Baum, etwa 1937/38

201 Johanna Solf

202 Herbert Baum

203 Kommunistische Widerstandsgruppe um Helmuth Warnke, 1933

Kreisauer Kreis

Die Fotos zeigen ernste, voller Anspannung in sich gekehrte Gesichter: Die meisten Aufnahmen der führenden Köpfe des *Kreisauer Kreises* entstehen in den Prozessen des Volksgerichtshofs, der den Angeklagten zunächst die Würde zu nehmen versucht, bevor das Gericht sie in den Tod schickt.

Gut Kreisau in Schlesien

Kreisauer Kreis – der Name geht auf die Gestapo zurück. Das Gut Kreisau in Schlesien ist einer der Treffpunkte der Gruppe; es gehört Helmuth James von Moltke, der mit seiner Frau Freya im Zentrum des Widerstandskreises steht. Etwa 40 Personen zählen insgesamt dazu – Adelige und Sozialdemokraten, Liberale und Konservative, protestantische und katholische Geistliche, die sich als Vordenker für die Zeit nach Hitler verstehen. Darunter sind Peter und Marion Yorck von Wartenburg, Julius Leber, Adolf Reichwein, Adam von Trott zu Solz, Alfred Delp, Harald Poelchau, Theo Haubach, Eugen Gerstenmaier und andere.

Keine andere Widerstandsgruppe befasst sich so intensiv mit Plänen für einen neuen demokratischen Staat wie der *Kreisauer Kreis*. Dieser Staat soll die Lehren der gescheiterten Weimarer Republik wie auch die Konsequenzen aus der NS-Diktatur berücksichtigen. Eine Mischung aus Plan- und sozialer Marktwirtschaft soll das Dritte Reich ablösen – so lautet die Vorstellung des *Kreisauer Kreises*.

Verhaftungswelle

Als die Gestapo gegen führende Militärs der Abwehr ermittelt – an der Spitze des Nachrichten- und Erkundungsdienstes hat sich ein Kreis von Regimegegnern gebildet – wird Helmuth James von Moltke im Januar 1944 verhaftet.
Nach der fehlgeschlagenen Verschwörung vom 20. Juli 1944, an der mehrere Anhänger des *Kreisauer Kreises* beteiligt sind, rollt eine Verhaftungswelle an. Sie erfasst beinahe alle führenden Vertreter der Widerstandsgruppe um Helmuth James Graf von Moltke. Die meisten von ihnen werden nach Schauprozessen zum Tode verurteilt und in Plötzensee ermordet.

204 Peter Yorck Graf von Wartenburg

205 Dr. Julius Leber

206 Adolf Reichwein

207 Adam von Trott zu Solz

204

205

206

207

Helmuth James Graf von Moltke

Der Jurist und Widerstandskämpfer Helmuth James Graf von Moltke entstammt einer Familie des mecklenburgischen Adels. Ein Vorfahre war der legendäre Feldmarschall Helmuth Graf von Moltke (1800–1891), dem der preußische König als Anerkennung für erfolgreiche Kriegsführung das Gut Kreisau bei Schweidnitz in Niederschlesien schenkte.

Weltläufig

Seine Herkunft zusammen mit dem Einfluss seiner aus Kapstadt (Südafrika) stammenden Mutter gibt ihm etwas Weltläufiges.
Mit Unterstützung der Eltern erhält von Moltke eine gediegene Ausbildung. Er studiert in Potsdam, Berlin, Breslau und später in London und schafft die Voraussetzung für eine Anwaltstätigkeit sowohl in Deutschland als auch in England. Neben sozialen Fragen beschäftigt ihn vor allem das internationale Recht, und er denkt an eine Tätigkeit beim Völkerbund oder anderswo im Ausland.

Deutschland ohne Hitler

Doch der Machtantritt Hitlers hält ihn in Deutschland. Von Anfang an steht von Moltke auf der Seite der Hitler-Gegner. Auf seinem Gut Kreisau, später auch in Berlin und München, sammelt er Gleichgesinnte aus unterschiedlichen Lagern um sich und diskutiert mit ihnen gemeinsam über die Zukunft Deutschlands ohne Hitler.

Beruflich übernimmt der Anwalt während des Krieges im Oberkommando der Wehrmacht eine Aufgabe als Sachverständiger für Völkerrecht. Seine Kontakte erlauben ihm, von Verhaftung bedrohte Menschen zu warnen und Verfolgten bei der Flucht zu helfen.

Gegen Tyrannenmord

Im Gegensatz zu den Männern des 20. Juli 1944 lehnt Helmuth James Graf von Moltke den Tyrannenmord aus christlicher Überzeugung ab. Der Gestapo hat er sich längst verdächtig gemacht, aber offenkundig zögert die Polizei, einen Mann mit einem so berühmten Namen zu verhaften. Als die militärische Niederlage Deutschlands näher rückt, legt das NS-Regime jede Zurückhaltung ab. Von Moltke wird im Januar 1944 abgeführt. Zunächst kommt er ins KZ Ravensbrück, dann in das Gefängnis Berlin-Tegel. Aus der Haft schreibt er seiner Frau und seinen damals sieben und drei Jahre alten Söhnen Briefe, die eine Art Vermächtnis enthalten:
„Ich habe mein ganzes Leben lang, schon in der Schule, gegen den Geist der Enge und der Gewalt, der Überheblichkeit, der Intoleranz … angekämpft, der in den Deutschen steckt und der seinen Ausdruck im nationalsozialistischen Staat gefunden hat.“
Der Volksgerichtshof verurteilt Graf von Moltke wegen Hochverrats zum Tode. Am 23. Januar 1945 wird er in Berlin-Plötzensee hingerichtet.

Helmuth James Graf von Moltke vor dem Volksgerichtshof, 1945

1907 *Geburt in Kreisau*
1927–1929 *Jurastudium*
1935–1938 *Anwalt*
1939–1944 *Sachverständiger für Kriegs- und Völkerrecht im Oberkommando der Wehrmacht*
1944 *Verhaftung und Verurteilung*
1945 *Hinrichtung in Berlin-Plötzensee*

Der 20. Juli 1944

Am 20. Juli 1944 ist alles für einen Machtwechsel vorbereitet – die Regierungserklärung liegt vor und auch die künftige Führung steht fest. Als Präsident ist der aus der Wehrmacht ausgeschiedene Generaloberst Ludwig Beck vorgesehen. Kanzler soll Carl Goerdeler werden, der ehemalige Bürgermeister von Leipzig.

Operation „Walküre"

Die unter den Verschwörern verabredete Operation *Walküre* verläuft zunächst nach Plan. Oberst Claus Schenk Graf von Stauffenberg trifft am 20. Juli gegen Mittag im Führerhauptquartier *Wolfsschanze* bei Rastenburg in Ostpreußen ein. Hitler hat Generäle und Offiziere zu einer militärischen Lagebesprechung geladen.
Kurz bevor Stauffenberg den Raum betritt, aktiviert er den Zünder der Bombe. Dann deponiert er seine Aktentasche mit dem Sprengstoff in der Nähe von Hitler und verlässt unter einem Vorwand den Raum wieder.

Die Bombe explodiert

Draußen vernimmt Stauffenberg die Detonation und macht sich in der Gewissheit, das Attentat sei erfolgreich verlaufen, mit dem Flugzeug wieder auf den Weg nach Berlin. Fünf der insgesamt 24 Anwesenden kommen ums Leben. Hitler erleidet nur leichtere Verletzungen.
In Berlin versucht Stauffenberg mit seinen Mitverschwörern die Operation *Walküre* reichsweit zu starten, um die Staatsgewalt zu übernehmen. Doch die Operation misslingt, nicht zuletzt deshalb, weil die Nachrichtenverbindung zur *Wolfsschanze* intakt bleibt. Die Nachricht vom Überleben Hitlers macht schnell die Runde. Die Verschwörer werden innerhalb kurzer Zeit identifiziert und hingerichtet.
Eine Verhaftungswelle erfasst tausende von NS-Gegnern. Angehörige der Verschwörer verschwinden in Gefängnissen. Vor dem *Volksgerichtshof* beginnt eine Prozess-Serie, die bis zum Ende des NS-Regimes andauert.

208 Hermann Göring besichtigt die Zerstörungen in der „Wolfsschanze" nach dem Attentat auf Hitler am 20. Juli 1944.

209 Hitler besucht einen der beim Attentat Verletzten.

208

209

Claus Schenk Graf von Stauffenberg

Schon seit dem Frühjahr 1942 ist Claus Schenk Graf von Stauffenberg davon überzeugt, dass Hitler getötet werden müsse. Doch erst am 20. Juli 1944 unternimmt er den Versuch, den NS-Diktator aus dem Weg zu räumen.

Endlich handeln

Dem Anschlag in der *Wolfsschanze* gehen mehrere Versuche voraus, Hitler gewaltsam aus dem Weg zu räumen. Vor allem Stauffenberg drängt immer wieder darauf, endlich zu handeln, bevor es zu spät sei. Die Novemberpogrome von 1938, insbesondere aber Berichte über Massaker der SS an Juden und das Massensterben sowjetischer Gefangener lösen bei dem adeligen Offizier Entsetzen aus.
Den Überfall auf Polen und den Feldzug gegen Frankreich hat Stauffenberg zunächst noch ohne innere Auflehnung mitgemacht. Er ist grundkonservativ, sein Interesse an Literatur und Kunst verdankt er dem Elternhaus, die liberale, offene Ausbildung dem Gymnasium in Stuttgart.

„Die erschießen Juden"

Mit seiner Einstellung gerät er zwangsläufig in einen Konflikt zur NS-Politik, die er anfangs noch gutgeheißen hat.
Im August 1942 äußert Stauffenberg gegenüber einem Mitarbeiter: *„Die erschießen massenhaft Juden, diese Verbrechen dürfen nicht weitergehen."*
Als Stauffenberg sich Anfang Juli 1944 entschließt, das Attentat selber auszuführen, ist die militärische Lage Deutschlands schon aussichtslos. Ihm geht es jedoch darum, den Krieg so schnell wie möglich zu beenden, um weiteres Blutvergießen zu verhindern.
Alles ist generalstabsmäßig vorbereitet. An den Kontakten zum *Kreisauer Kreis* und anderen Gruppen hat er mitgewirkt. Stauffenberg wird geschätzt wegen seiner Zuverlässigkeit und seines Charmes.
Für den Anschlag auf Hitler kommt letztlich nur er infrage, denn als Stabschef des Befehlshabers des Ersatzheeres hat er Zutritt zu den Lagebesprechungen mit Hitler.

Es bleibt nur die Bombe

Eine Pistole kann Stauffenberg zu diesem Zeitpunkt nicht mehr bedienen. Bei einem Luftangriff in Nordafrika verlor er ein Auge, die rechte Hand und zwei Finger der linken Hand. Somit bleibt nur die Bombe.
Nach dem gescheiterten Attentat dauert es nur wenige Stunden, bis die Verschwörer aufgeben müssen. Hitler übt grausame Rache an ihnen: Stauffenberg wird mit General Friedrich Olbricht und weiteren Verschwörern noch in der Nacht zum 21. Juli 1944 im Hof des Oberkommandos des Heeres standrechtlich erschossen. Generaloberst Beck wird zum Selbstmord gezwungen.
Nach dem Krieg bezeichnen von Staufenberg manche als Verräter. Es vergehen Jahre, bis das Attentat als ein heroischer Akt des Widerstandes gewürdigt wird.

Claus Schenk Graf von Stauffenberg

1907 *Geburt bei Günzburg*
1939 *Teilnahme am Polenfeldzug*
1940–1943 *Teilnahme am Russlandfeldzug*
Seit 1944 *Chef des Stabes des Befehlshabers des Ersatzheeres*
20. Juli 1944 *Attentat auf Hitler, standrechtlich erschossen*

Widerstand in den besetzten Gebieten

210

210 Zwei Angehörige der französischen „Résistance"

211 Redaktion und Druckerei der Untergrundzeitung „Roter Stern"

212 Polnische Widerstandskämpfer in Warschau, 1944

In den von Deutschland besetzten Ländern wehren sich Menschen zum Teil mit dem Mut der Verzweiflung gegen die Fremdherrschaft. Das gilt u.a. für die *Résistance* in Frankreich, die etwa die Auslieferung französischer Juden an SS und Gestapo bekämpft und Verfolgten hilft, ins sichere Ausland zu entkommen. Für ihren Kampf aus dem Untergrund zahlt die *Résistance* einen hohen Blutzoll. Über 20 000 Tote sind zu verzeichnen.
Mehr als 60 000 Widerstandskämpfer werden nach Deutschland in Konzentrationslager deportiert.

Im Auftrag de Gaulles

Einer davon ist Stéphane Hessel, französischer Widerstandskämpfer mit einer ungewöhnlichen Lebensgeschichte. 1917 in Berlin geboren, verbringt Hessel seine Jugend in Paris, wo er 1937 die französische Staatsbürgerschaft annimmt. Nach der Kapitulation Frankreichs schließt er sich General de Gaulle an, der von London aus den Widerstand gegen die deutsche Besatzung organisiert.
Freiwillig meldet Hessel sich für eine gefährliche Mission im besetzten Frankreich. Als Funker soll er die Lage dort auskundschaften. Das Netz seiner Informanten ist jedoch bald von Spitzeln durchsetzt. Am 10. Juli 1944 verhaftet ihn die Gestapo und veranlasst seine Deportation nach Buchenwald.

Todesliste

Im KZ bleibt Hessel von den meisten anderen Häftlingen getrennt. Aus der Art seiner Behandlung schließt er, dass er auf der Todesliste steht.
Durch einen Identitätstausch, den sein Mithäftling Eugen Kogon anregt, entgeht Stéphane Hessel dem sicheren Tod: Unter dem Namen eines an Typhus gestorbenen Mithäftlings überlebt er das KZ Buchenwald.

211

212

Untergrundarmee

Auch der organisierte Widerstand in Polen muss wie die *Résistance* in Frankreich immer wieder Rückschläge und Niederlagen hinnehmen.
Bereits 1939 entsteht eine Untergrundarmee, die Aufstände organisiert, z. B. den Warschauer Aufstand vom August 1944, und Partisanen mobilisiert. Die *Armia Krajowa* (Armee im Lande) umfasst 1941/42 über 100 000 Mann.

Dörfer niedergebrannt

In der Sowjetunion gehen Waffen-SS und Teile der Wehrmacht besonders grausam gegen den bewaffneten Untergrund vor. Dabei artet die Bekämpfung von Partisanen häufig in Massaker an der Zivilbevölkerung aus. Frauen und Kinder werden zu tausenden umgebracht, Dörfer niedergebrannt, Felder zerstört.
Berüchtigt sind besonders die Einsätze der Waffen-SS in den Pripjet-Sümpfen im Südwesten Russlands. Dazu bestimmt Himmler: „*Ist die Bevölkerung, national gesehen, feindlich, rassisch und menschlich minderwertig oder gar, wie es in Sumpfgebieten sehr oft der Fall sein wird, aus angesiedelten Verbrechern zusammengesetzt, so sind alle, die der Unterstützung der Partisanen verdächtig sind, zu erschießen.*“

In die Sümpfe

Im Gebiet der Pripjet-Sümpfe bringen Soldaten des 1. SS-Kavallerieregiments zwischen dem 30. Juli und dem 13. August 1941 annähernd 14 000 Menschen um, überwiegend Frauen und Kinder. Himmler verlangt darüber hinaus, alle Juden zu erschießen – und: „*Judenweiber sind in die Sümpfe zu treiben.*“
Die Partisanen lassen sich durch nichts abschrecken. Sie hausen in Wäldern, Erdhöhlen und verlassenen Scheunen. Gegen diese unsichtbare Front erleidet die Wehrmacht fast nur Niederlagen.
Vor allem nach der Schlacht von Stalingrad verstärken die Partisanen ihre bewaffneten Überfälle auf die Soldaten der Wehrmacht und die Anschläge auf Bahnlinien sowie deutsche Lastwagenkonvois.

213

213 Die sowjetische Partisanin Soja Kosmodemjanskaja auf dem Weg zur Hinrichtung, 1941

Geneviève de Gaulle

Geneviève de Gaulle

1920 *Geburt bei Saarlouis*
1940 *Mitglied der Résistance*
1944 *Verhaftung und Deportation in das KZ Ravensbrück*
1945 *Freilassung*
2002 *Tod in Paris*

In der Nacht vom 2. auf den 3. Februar 1944 trifft im Konzentrationslager Ravensbrück, 90 Kilometer nördlich von Berlin, ein Transport mit 958 Frauen aus Frankreich ein. Unter dem Gebrüll der SS-Aufseher werden sie auf die Zellen verteilt. Vorher erhalten sie ihre KZ-Nummern. Eine von den Frauen ist Geneviève de Gaulle; sie trägt die Nummer 27 372. Die 23-Jährige ist Mitglied der *Résistance* und Nichte von General Charles de Gaulle, der von England aus den Widerstand gegen die Deutschen leitet.

Hölle der Frauen

Ravensbrück gilt als „*Hölle der Frauen*". Geneviève de Gaulle erfährt von den grauenhaften Experimenten, die Karl Gebhardt in Ravensbrück unternimmt. Der Chirurg operiert an polnischen Mädchen und macht sie zu Krüppeln. Bei anderen Frauen infiziert er offene Wunden mit Bakterien, um neue Heilmethoden zu erproben. Wer sich wehrt, kommt in den „*Bunker*", eine Art Hochsicherheitstrakt. Auch Geneviève muss in das Verlies, ohne ersichtlichen Grund. Abgesehen vom Kontakt mit einer Gefangenen bei der Essensausgabe sind Kakerlaken die einzigen Lebewesen um sie herum. „*In meiner Finsternis höre ich das dumpfe Poltern der Holzschuhe, nur schwach das Bellen der Hunde und das Gebrüll der SS-Leute. Ich bin sehr weit weg, wie auf dem Grund eines Brunnens, wo ich ganz allmählich lautlos sterben werde.*"

In ihrem Erinnerungsbuch „*Durch die Nacht*" beschreibt die Französin später die Qualen der Einsamkeit, die Schläge und den Anblick von „*Verbrennungsöfen, deren Rauch in den Himmel steigt*".

Kurierdienste

Seit 1941 ist Geneviève de Gaulle in der *Résistance* aktiv gewesen. Sie übernimmt Kurierdienste und schreibt Artikel für eine Untergrundzeitung, die sie an öffentlichen Plätzen verteilt. In einer Buchhandlung wird sie 1944 von der Gestapo verhaftet. Es folgen Verhöre, Gefängnis- und Lageraufenthalte, dann der Transport nach Ravensbrück.
So unvermittelt die Gefangene im Oktober 1944 in den „*Bunker*" verlegt wird, so überraschend wird sie Ende Februar 1945 freigelassen. In Begleitung von zwei SS-Leuten versucht sie nach Süddeutschland durchzukommen, zu Fuß, mit Bahn und Auto. Nach vielen Irrwegen erreicht sie am 20. April 1945 endlich die Grenze bei Basel, wo ihr Vater sie in Empfang nimmt.

Abstecher in die Politik

Geneviève de Gaulle, die als Älteste von drei Geschwistern in Einsdorf bei Saarlouis aufgewachsen ist und im Alter von vier Jahren ihre Mutter verliert, kümmert sich gleich nach dem Krieg um die medizinische Betreuung von heimgekehrten Deportierten. Nach einem Abstecher in die Politik widmet Geneviève de Gaulle sich wieder humanitären Projekten.

Jüdischer Widerstand

Die Annahme, Juden hätten sich im Dritten Reich wie Lämmer zur Schlachtbank führen lassen, hält sich nach dem Krieg bis in die 1990er-Jahre. Für die große Mehrheit trifft dies zu. Dennoch gibt es eindrucksvolle Beispiele dafür, wie Juden sich zur Wehr gesetzt oder gegen das Regime bzw. die deutsche Besatzung gekämpft haben. Erst allmählich rückt der jüdische Widerstand ins Blickfeld. Im Warschauer Getto bildet sich eine jüdische Kampforganisation, die im April/Mai 1943 bewaffneten Widerstand gegen die fortgesetzte Deportation der Juden leistet.

Kampf um die Sache

Die polnische Autorin Ruta Sakowska, Mitarbeiterin des Jüdischen Historischen Instituts in Warschau, schreibt zum Getto-Aufstand: „*Die Aufständischen haben ihr Ziel trotz des tragischen Endes erreicht, denn der Aufstand, der unter militärischen Gesichtspunkten von Anfang an zur Niederlage verurteilt war, erwies sich allein durch das Aufsehen, das er erreichte, als unbestreitbarer Sieg im psychologischen Kampf mit dem mächtigen und anmaßenden Gegner. Allerdings war es kein Kampf um die Würde, sondern um die Sache. Es ging um den Status der Juden in der Nachkriegszeit.*"

Aufstände in den Gettos

Insgesamt gibt es dutzende solcher Aufstände – in den Gettos von Bialystok und von Wilna (Vilnius) ebenso wie in den Vernichtungslagern Auschwitz, Treblinka und Sobibór.
Auch unter den Partisanen, die in Polen, der Sowjetunion, in Süd- und Westeuropa gegen die deutschen Besatzer vorgehen, sowie im Kreis ihrer Unterstützer kämpfen zahlreiche Juden.

214

214 26. Oktober 1941: Das 17-jährige jüdische Mädchen Mascha Bruskina wird vor der öffentlichen Hinrichtung zusammen mit sowjetischen Partisanen durch die Straßen von Minsk geführt.

Marek Edelmann

Marek Edelmann, Gettokämpfer

1921 *Geburt in Warschau*
1941 *Anführer der jüdischen Kampforganisation*
1943 *Aufstand im Warschauer Getto*
1944 *Beteiligung am Aufstand der polnischen Heimatarmee*
nach 1945 *Medizin-Studium, Herzchirurg in Lodz*
1998 *Orden des Weißen Adlers*

Seine Wohnung in Lodz verlässt Marek Edelmann nur noch selten: „*Wer etwas will, soll zu mir kommen*", sagt er im Gespräch. Meistens sind es Journalisten und Historiker, die ihn, den Arzt und letzten überlebenden Anführer des Warschauer Getto-Aufstandes von 1943, befragen.

Edelmann ist dabei, als im Getto einige hundert schlecht gerüstete Aufständische den Kampf gegen schwer bewaffnete Einheiten der SS und der Wehrmacht aufnehmen. „*Uns blieb gar keine andere Wahl als zu kämpfen*", erklärt Edelmann nüchtern. Nach seinen Worten standen die Juden damals vor der Entscheidung – Tod in den Gaskammern oder Sterben im Kampf. „*Wir wollten der Welt zeigen, dass es hier Menschen gibt, die sich zur Wehr setzen. Und die Welt nahm es zur Kenntnis, auch wenn sie ansonsten teilnahmslos zusah, wie Polen in diesen Jahren fast seine gesamte intellektuelle, wissenschaftliche und künstlerische Elite verlor, die Jugend dazu.*"

Marek Edelmann ist von 1939 bis 1943 im Getto in Warschau, also von Anfang bis Ende. Er organisiert ärztliche Hilfe, rettet am so genannten „*Umschlagplatz*" Juden vor der Deportation in die Vernichtungslager und hilft, das *Ringelblum*-Archiv über die kulturellen Aktivitäten im Getto zu verstecken. „*Widerstand gegen die deutsche Besatzung gab es von Anfang an. Die Deutschen haben im Grunde alles verboten. Kein Theater, keine Schule, keine Kultur – dagegen wehrten wir uns. Und so gab es dieses alles doch, aber eben illegal.*"

Im Kanalsystem ertrunken

Am 19. April 1943 bricht der Aufstand im Warschauer Getto los. Die deutschen Einheiten kommen zunächst nicht voran. Daraufhin lässt ihr Befehlshaber, SS-Gruppenführer Jürgen Stroop, die unterirdischen Abwasserkanäle fluten, die von den jüdischen Kämpfern als Fluchtwege genutzt werden. Viele ertrinken oder verirren sich in dem Kanalsystem und gehen elend zugrunde. Edelmann findet einen Ausweg und überlebt.

Dann gehen die SS-Leute mit Flammenwerfern vor, Haus für Haus, bevor sie alles in Schutt und Asche legen. „*Es gibt keinen jüdischen Wohnbezirk in Warschau mehr*", meldet Stroop nach Berlin.

In den Trümmern des Gettos hat Edelmann viele seiner Kameraden verloren. Die Erinnerung an sie verlässt ihn nicht mehr in den Jahren nach dem Krieg, als er im Städtischen Krankenhaus von Lodz seinem Beruf als Arzt nachgeht. Der polnischen Schriftstellerin Hanna Krall, selbst Überlebende des Warschauer Gettos, schildert Edelmann Ende der 1990er-Jahre den Getto-Aufstand und seine blutige Niederschlagung. Daraus entsteht das Buch „*Dem Herrgott zuvorkommen*". Es berichtet nicht nur über die historischen Fakten, sondern schildert auch, was die Aufständischen letztlich bewegt hat: „*Es ist schrecklich, wenn man so ruhig in den Tod geht … Es ist ja viel einfacher, schießend zu sterben.*"

Auf dem Weg in die Niederlage

„Welche Befehle soll ich den Truppen geben, die keine Munition mehr haben und weiter mit starker Artillerie, Panzern und Infanteriemassen angegriffen werden?“

General Paulus, 22. Januar 1943

Deutsche Soldaten ergeben sich 1945 britischen Truppen.

Ende des Größenwahns

215

Am Morgen des 18. Dezember 1942 erreicht der Arzt Hans Girgensohn mit einem Flugzeug den Kessel von Stalingrad an der Wolga. Seine Aufgabe ist es, die Ursache für eine Häufung der Todesfälle herauszufinden, die nicht auf Kriegsverwundungen und Krankheiten zurückzuführen sind. Die notwendigen Untersuchungen nimmt der Mediziner je nach Gefechtslage in einem Bunker oder Eisenbahnwaggon vor. Das wenig überraschende Ergebnis schreibt Girgensohn am Silvesterabend 1942 nieder: Die Soldaten sterben durch Erfrierungen und Hunger, so lautet sein Befund, der allerdings unter Verschluss bleibt.

Die Festung Stalingrad

Der Mythos von der *„Festung Stalingrad"*, in der die 6. Armee heldenhaft kämpft, darf nicht angetastet werden. Niemand soll erfahren, dass das NS-Regime nicht einmal mehr in der Lage ist, die Soldaten an vorderster Front ausreichend mit Winterkleidung und Lebensmitteln zu versorgen.
Schon wenige Wochen nach dieser Untersuchung, Ende Januar 1943, ist die Schlacht um Stalingrad entschieden. Die 6. Armee muss sich geschlagen geben. Damit nimmt der Zweite Weltkrieg eine entscheidende Wende, nachdem schon Anfang November 1942 die deutsche Wehrmacht in der Panzerschlacht bei El Alamein in Nordägypten eine schwere Niederlage erlitten hat.

Die schlimmsten Jahre

Aber Hitlers Fanatismus führt dazu, dass der Krieg noch weitere zwei Jahre andauert. Es werden die schlimmsten Jahre für die politischen Gegner, die Juden sowie

216

217

215 „Wegen Kriegseinsatz bis zum Sieg geschlossen" – Schild an einem Münchener Tabakladen, 1943

216 Ein Soldat liest einen Feldpostbrief.

217 Ein durch Hunger und Strapazen gezeichneter Landser in Stalingrad, 1942/43

Sinti und Roma, für die Zivilbevölkerung in den besetzten Gebieten sowie für die Menschen in Deutschland und die Soldaten an der Front.
Der Alltag in Deutschland ist bedrückend und trostlos: Der Mangel an Lebensmitteln, die Angst vor Luftangriffen, die Trauer um tote oder vermisste Angehörige trifft fast jede Familie. Ähnlich ergeht es der Bevölkerung in den von Deutschland überfallenen Ländern.

Vorstoß der Alliierten

Hitler lässt sich davon nicht beeindrucken. Der *„größte Feldherr aller Zeiten"* kennt keine Politik mehr, er kennt nur noch die Front. Er glaubt an die Vorsehung, an Wunderwaffen und vielleicht noch immer an das große Weltreich Deutschland.
Dass der Ostfeldzug schlecht vorbereitet ist, dass die Ressourcen für eine Fortsetzung des Krieges längst erschöpft sind, dass deutsche Großstädte unter den alliierten Luftangriffen in Schutt und Asche versinken – nichts und niemand bringt den *„Führer"* zur Vernunft.

Druck erhöht

Da Adolf Hitler nicht aufgeben will, erhöhen die alliierten Mächte USA, Großbritannien und die Sowjetunion den militärischen Druck. Nach dem Sieg in Stalingrad und dem Abzug der deutschen Truppen aus dem Kaukasus stoßen sowjetische Verbände im Laufe des Jahres 1943 immer weiter in Richtung Westen vor. Amerikaner und Briten vertreiben die Deutschen aus Nordafrika und landen anschließend in Sizilien und bald darauf in der Normandie. Die von Stalin mehrfach geforderte zweite Front ist errichtet. Der Größenwahnsinn, der sich in gigantischen Bunkeranlagen ausdrückt, den *„Führerhauptquartieren"*, nähert sich dem Ende. Insgesamt 16 solcher Kommandostationen hat Hitler errichten lassen, die meisten davon aber nie betreten.

218 Die Reste der 6. Armee ziehen in russische Kriegsgefangenschaft.

218

Wüstenkrieg

219

Im Dritten Reich genießt Erwin Rommel ein Ansehen wie kaum ein anderer Militärführer. Hitler, für dessen Schutz Rommel als Kommandant des *„Führerhauptquartiers"* bis Februar 1940 verantwortlich ist, schätzt ihn außerordentlich. Vom *„Führer"* bekommt er mehrfach schwierigste Aufgaben übertragen. Auch wenn Rommel auf dem Schlachtfeld letztlich erfolglos bleibt, sein Ruhm wächst, auch beim militärischen Gegner.

Deutsches Afrikakorps

Die erste große Herausforderung kommt in Nordafrika auf Rommel zu, wo er 1942 den bedrängten Italienern im Kampf gegen britische Panzerverbände zu Hilfe eilen soll. Hitler will verhindern, dass die Achsenmacht Italien in der Wüste überrollt wird und Großbritannien in der Mittelmeerregion an Einfluss gewinnt. Als Oberkommandierender des später so genannten *Deutschen Afrikakorps* erobert Rommel die von Briten besetzte Cyreneika in Nordlibyen zurück. Doch beim Versuch, die Stadt Tobruk einzunehmen, muss er zurückstecken und wird von den Briten wieder auf seine Ausgangsstellung zurückgeworfen.

Panzerschlacht von El Alamein

Im Januar 1942 unternimmt das *Afrikakorps* einen neuen Vorstoß, der zur Einnahme Tobruks und zur Sicherung der für den Nachschub wichtigen Küstenstraße am Mittelmeer führt. Aber von Dauer ist auch dieser Erfolg nicht. Denn die deutsche Offensive bleibt vor El Alamein

220

219 Generaloberst Erwin Rommel, 1942

220 Vormarsch der deutschen Panzer in Nordafrika, 1941

stecken, einem Ort in Nordägypten. Dort verschanzt sich Rommel in der Hoffnung auf eine bessere strategische Ausgangslage. Doch Anfang November 1942 gelingt den britischen Panzerverbänden der Überraschungsangriff. Sie durchbrechen die deutschen Stellungen vor El Alamein. In der entscheidenden Schlacht muss Rommel der britischen Übermacht weichen. Statt seine Soldaten zu verheizen, befiehlt der Generalfeldmarschall den Rückzug. Über 30 000 Mann geraten in britische Kriegsgefangenschaft.

Das *Afrikakorps* zieht sich nach Tunesien zurück. Dort gerät es bald von zwei Seiten unter Druck, als zusätzliche alliierte Verbände in Marokko und Algerien landen. Das Ende des Afrikafeldzuges kommt in Sicht. Eine Streitmacht von 275 000 Mann ergibt sich am 11. Mai 1943 den Alliierten.

Unlösbare Aufgabe

Dieses Desaster erlebt Erwin Rommel nicht mehr vor Ort. Er bereitet sich auf eine neue Aufgabe vor: Als Oberbefehlshaber der Heeresgruppe B soll er die Invasion der Alliierten in der Normandie abwehren.

Nach der Landung der Amerikaner und Briten an der französischen Atlantikküste am 6. Juni 1944 steht der Generalfeldmarschall vor einer unlösbaren Aufgabe. Trotz der hohen Verluste, die sie am Anfang erleiden, können die Alliierten eine derartige Streitmacht mobilisieren, dass die Heeresgruppe B ins Wanken gerät. Rastlos ist Rommel an den Fronten unterwegs und kommt zu der Überzeugung, dass nur noch eine politische Lösung sinnvoll ist. Das heißt, Hitler soll den Westalliierten einen Waffenstillstand anbieten. Doch der Diktator weist dies wütend zurück.

Tragisches Ende

Rommels Ende ist tragisch. Beim Angriff einer britischen *Spitfire*-Maschine auf seinen Dienstwagen wird er schwer verletzt: Schädelbasisbruch, Gehirnerschütterung, Verletzungen am Auge. Für Wochen ist er ans Krankenbett gefesselt. Durch die Kontakte, die Widerstandskreise in den Monaten zuvor zu ihm suchen, gerät sein Name in die Papiere der Verschwörer des 20. Juli 1944. Obwohl Rommel nicht zum Widerstand gehört, hat er die Pläne zur Kenntnis genommen, ohne sie konkret zu billigen und eine eigene Rolle darin einzunehmen. Die Verschwörer jedoch sehen in ihm eine feste Größe für die Zeit nach dem Umsturz. Als Hitler von Rommels Verwicklung erfährt, stellt er ihn vor die Wahl: Volksgerichtshof oder Selbstmord. Erwin Rommel, von seinen schweren Verletzungen kaum genesen, entscheidet sich für den Freitod und nimmt die von den Abgesandten des Diktators mitgebrachte Zyankalikapsel. Kurz darauf bekommt Rommel, den sie „*Wüstenfuchs*" nennen, ein pompöses Staatsbegräbnis.

221

221 Erwin Rommel in Afrika, 1941/42

Stalingrad

222

222 Generalfeldmarschall Paulus und zwei seiner Stabsoffiziere nach der Gefangennahme am 31. Januar 1943

223 Die gefangenen deutschen Soldaten in den Trümmern von Stalingrad

224 Das zerstörte Stalingrad, 1943

Die deutschen Soldaten, die am 2. Februar 1943 der Roten Armee entgegenwanken, wirken wie Gestalten aus einer anderen Welt: zerlumpt, verlaust, ausgehungert, krank oder verwundet – die meisten sind dem Tod näher als dem Leben. Es sind Soldaten aus dem Nordkessel von Stalingrad, der sich zuletzt ergibt.
Der Südkessel mit Generalfeldmarschall Paulus, dem Oberkommandierenden der 6. Armee, hat am 31. Januar 1943 kapituliert, nachdem sowjetische Soldaten vor dem Kaufhaus *Univermag* am Roten Platz in Stalingrad aufgefahren sind, wo Paulus seinen Kommandostand hat.

Hoffnungsvoll begonnen

Was in einer unbeschreiblichen Katastrophe endet, hat für die deutsche Wehrmacht im September 1942 zunächst hoffnungsvoll begonnen. Die 6. Armee und die 4. Panzerarmee dringen in die Vororte von Stalingrad ein. Bis Mitte November sind in einem erbitterten Häuserkampf bereits 90 Prozent der Stadt erobert, sodass Hitler voreilig von einem Sieg spricht. Doch er unterschätzt die Entschlossenheit Stalins, die nach ihm benannte Stadt unter allen Umständen zu halten.

Der Kessel von Stalingrad

Noch im November 1942 beginnt die sowjetische Gegenoffensive – mit dem Ergebnis, dass die deutschen Streitkräfte in einem Gebiet von 50 mal 40 Kilometern eingeschlossen werden. Eine Versorgung dieses Kessels ist nur noch aus der Luft möglich. Drei Flugplätze stehen dafür zur Verfügung.
Ein in der Kriegsgeschichte kaum da gewesenes Drama nimmt seinen Lauf. Denn Hitler sieht sich persönlich herausgefordert: Stalingrad soll zum Fanal des deutschen Siegeswillens werden. Dem Oberkommandierenden Paulus verweigert Hitler kategorisch jeden Ausbruchsversuch.

223

224

Weihnachten in Erdhöhlen

Die Lage der eingeschlossenen Soldaten verschlechtert sich von Woche zu Woche. Weihnachten 1942 erleben sie in Erdhöhlen, Hausruinen und Notunterkünften. Aber es wird alles noch viel schlimmer. Am 16. Januar 1943 erobert die Rote Armee den wichtigsten Flugplatz im Kessel. Die ohnehin schlechte Versorgung kommt damit fast ganz zum Erliegen. Zudem treiben die sowjetischen Truppen einen tiefen Keil in die deutschen Linien, sodass sich ein Nord- und ein Südkessel bilden und die 6. Armee aufgespalten wird.
Dieser harte Vorstoß ist die Antwort darauf, dass Paulus eine Kapitulationsforderung des Oberkommandierenden der Don-Front, Generaloberst Konstantin Rokossowski, vom 8. Januar 1943 scharf zurückgewiesen hat.
Seinen Truppen gegenüber vertritt Generaloberst Paulus harte Durchhalteparolen. In Wahrheit weiß er, dass der Kampf aussichtslos ist. Mehrfach teilt er dem Oberkommando des Heeres per Funk mit, wie dramatisch die Lage ist: *„Die Armee hungert, friert, hat nichts zu schießen und kann ihre Panzer nicht bewegen."* Lebensmittel, Munition, Treibstoff – es fehlt an allem. Nur noch Bruchteile des Nachschubs, den Hitler immer wieder verspricht, gelangen zu den eingeschlossenen Soldaten. Und im Kessel von Stalingrad grassieren Krankheiten wie Fleckfieber, Gelbsucht und Steppenruhr.

Durchhalten bis zum Untergang

General Paulus schickt seinen persönlichen Ordonnanzoffizier Winrich Behr ins Führerhauptquartier *Wolfsschanze.* Er soll dort die katastrophale Lage im Kessel vermitteln. Hitler lässt sich jedoch nicht beeindrucken. *„Stalingrad muss durchhalten"* – mit dieser Devise gibt er die Soldaten dem Untergang preis. In der Nacht zum 31. Januar 1943 befördert Hitler Friedrich Paulus zum Generalfeldmarschall, in der Erwartung, Paulus werde sich der Gefangenschaft durch Freitod entziehen. Doch dieses Mal verweigert er sich. Wie seine Soldaten – insgesamt sind es noch 91 000 – begibt auch er sich in sowjetische Gefangenschaft.

225 Die sowjetischen Soldaten feiern den Sieg über die deutsche Wehrmacht.

225

Heinrich Graf von Einsiedel

Heinrich Graf von Einsiedel

1921 *Geburt in Potsdam*
1942 *Sowjetische Kriegsgefangenschaft, Mitbegründer des NKFD und des BDO (Bund Deutscher Offiziere)*
1947 *Rückkehr aus Gefangenschaft*
1948 *Flucht aus sowjetischer Besatzungszone, Übersetzer und Autor*
1994–1998 *Mitglied des Deutschen Bundestags*

Nach der verlorenen Schlacht von Stalingrad sammeln sich am Nachmittag des 31. Januar 1943 auf dem Roten Platz der Stadt die deutschen Soldaten aus dem Südkessel zum Marsch in die Kriegsgefangenenlager. Plötzlich erscheint ein seltsames Begrüßungskomitee: Deutsche Emigranten, voran die Kommunisten Wilhelm Pieck und Walter Ulbricht und der Schriftsteller Erich Weinert, heißen die Soldaten willkommen.

Über dem Kessel abgeschossen

In den folgenden Wochen wird es noch öfter vorkommen, dass sich Landsleute um die Gefangenen von Stalingrad bemühen. Einer von ihnen ist der Wochen zuvor über dem Kessel abgeschossene Leutnant Heinrich Graf von Einsiedel, ein Urenkel Bismarcks. Der Graf hat sich entschieden, seine Gefangenschaft dafür zu nutzen, den Druck auf das NS-Regime zu verstärken und möglichst viele Kameraden zum Desertieren zu bewegen.
Wie andere Frontsoldaten ist von Einsiedel überzeugt, dass Hitler längst am Ende ist und eine Fortsetzung des Krieges bedeutet, Deutschland ganz in den Abgrund zu stoßen.

Waffenbrüderschaft

Aus dieser Erkenntnis entsteht eine ungewöhnliche Waffenbrüderschaft zwischen Roter Armee und deutschen Kriegsgefangenen. Auf Betreiben der sowjetischen Führung bekommt dieses Bündnis am 13. Juli 1943 einen Rahmen: In Krasnogorsk bei Moskau wird das *Nationalkomitee Freies Deutschland* (NKFD) gegründet, mit Erich Weinert als Präsidenten und Heinrich Graf von Einsiedel als Vizepräsidenten.
Das Nationalkomitee ruft zum Sturz Hitlers auf und versucht zugleich, mit Flugblättern möglichst viele Soldaten zum Überlaufen und zur offenen Rebellion gegen das NS-Regime zu bewegen.

Dass der Krieg ein Verbrechen war …

„*Wir haben die Existenz eines deutschen Widerstandes vorausgesetzt*", sagt der ehemalige Jagdflieger von Einsiedel. Dem Nationalkomitee sei es darum gegangen, dieser Opposition zu helfen und gleichzeitig das deutsche Volk darüber aufzuklären, dass der Krieg nicht nur verloren, „*sondern dass der Krieg von vornherein ein Verbrechen war und dass in dem Krieg unglaubliche Verbrechen geschahen*".
Die Wochenzeitung „*Freies Deutschland*" und eine nach Deutschland gerichtete Radiostation sind die wichtigsten Instrumente bei dieser Aufklärung.
Schließlich überwindet sogar Generalfeldmarschall Paulus seine Zurückhaltung. Zusammen mit 50 weiteren Generälen veröffentlicht er am 8. Dezember 1944 einen Aufruf an Volk und Wehrmacht, mit dem Krieg sofort Schluss zu machen.

Allianz der „Großen Drei"

Den Kriegseintritt der USA hat Präsident Franklin D. Roosevelt sich viel früher gewünscht. Hitler-Deutschland mit seinem Anspruch auf Weltherrschaft, regiert von einer brutalen, auf die Vernichtung ganzer Völker gerichteten Diktatur – eine solche Bedrohung aus dem Zentrum Europas will der amerikanische Präsident nicht hinnehmen. Dabei stehen nicht nur politische und wirtschaftliche Interessen der USA auf dem Spiel, auch das auf Demokratie und christliche Werte gerichtete Selbstverständnis Amerikas wird durch die Machthaber in Berlin herausgefordert. Mit einer Konsequenz und Härte, die ihm viele kaum zutrauten, führt der Präsident sein Land in den Krieg.

Hauptlast liegt bei den USA

Es sind die USA, die eindeutig die Hauptlast des globalen Kampfes gegen Hitler tragen. Ohne amerikanische Militärhilfe hätte Großbritannien kaum mithalten können. Auch die Sowjetunion erhält von den USA Rüstungsgüter. Amerikanische Soldaten kämpfen an vielen Fronten. Noch nie in der Geschichte hat ein einzelnes Land eine solche Streitmacht aufgeboten wie die Vereinigten Staaten im Kampf gegen Deutschland. Durch den Krieg werden die USA in die Rolle der Weltmacht gedrängt, die sie danach nicht mehr aufgeben.

Churchill als Verbündeter

Engster Verbündeter von Roosevelt ist der britische Premierminister Winston Churchill, der ähnlich wie der US-Präsident denkt, was Härte und Unerbittlichkeit beim Zurückschlagen angeht. Im Januar 1943 treffen sich die beiden Staatsmänner in Casablanca (Marokko), von wo aus die ersten amerikanischen Truppen in Europa eingreifen sollen. Sie einigen sich darauf, dass Deutschland zuerst zu bezwingen sei – *„Germany first"* lautet ihre Devise, und dann erst Japan.

Bedingungslose Kapitulation

Von Deutschland und seinen Verbündeten fordern sie *„unconditional surrender"* – die bedingungslose Kapitulation. Sie klären auch die schwierige Frage, aus welcher Richtung der entscheidende Stoß gegen Deutschland geführt werden soll. Churchill setzt sich damit durch, die Invasion in Nordafrika zu beginnen und dann über Italien vorzustoßen.
Dem stimmt auch Josef Stalin, der dritte Große in der Allianz der Alliierten, zu. Seit längerem drängt er auf eine Landung britischer und amerikanischer Streitkräfte in Frankreich. Von einer zweiten Front erwartet Stalin eine spürbare Entlastung der Kriegslage in Osteuropa.

Konferenz von Teheran

In der *Konferenz von Teheran* Ende November/Anfang Dezember 1943 erreichen die drei Mächte eine Verständigung in dieser Frage. Ferner einigen sich Roosevelt, Churchill und Stalin darauf, dass Deutschland in Zonen aufgeteilt werden soll. Die Einzelheiten soll eine *Beratende Kommission* klären. Ihre Aufgabe ist es, die Konferenzen der „Großen Drei" vorzubereiten und Lösungsvorschläge für die komplizierten deutschlandpolitischen Fragen zu erarbeiten.

226

227

228

226 Franklin Delano Roosevelt

227 Winston Churchill

228 Josef Stalin

„Totaler Krieg"

229

229 Nach einem Bombenangriff in Berlin, 1945

230

230 Nachricht für ausgebombte Hausbewohner an einer Hausruine in Berlin-Tiergarten, 1943/44

Als die Niederlage Deutschlands offenkundig wird, verlangt das NS-Regime von der Bevölkerung ein letztes großes Opfer, und zwar nichts Geringeres als den eigenen Untergang. Der *„totale Krieg"* soll in die totale Selbstzerstörung übergehen. Das eigene Volk soll sich zur Selbstopferung bereit finden.

Todessüchtig?

Die Menschen in Deutschland sind allerdings alles andere als todessüchtig, auch wenn die Selbstmordrate deutlich steigt. Vielmehr treibt die meisten ein verzweifelter Wunsch zu überleben an. Und dennoch: Es wird viel gestorben, in Deutschland und außerhalb.
Das Morden und Sterben erreicht sogar einen Höhepunkt, je mehr es dem Ende zugeht. In der Zeit vom 20. Juli 1944, dem missglückten Attentat auf Hitler, und dem 8. Mai 1945, dem Tag der Kapitulation, fallen mehr deutsche Soldaten als in den fünf Kriegsjahren zuvor.

Mobile Feldgerichte

Auch der staatliche Terror wütet heftiger denn je: Todesurteile gegen Regimegegner, Deserteure, *„Drückeberger"* und *„Wehrkraftzersetzer"* gibt es in Serie.
Die mobilen Feldgerichte reisen Todesschwadronen gleich durch das Land und auch die Standgerichte der SS leisten Übersoll. Zu all dem, was die Menschen ohnehin in die Verzweiflung treibt – die Luftangriffe, die bittere Not in den zerstörten Städten, die Trauer um die vielen Toten und Vermissten – kommt die Angst, von einem NS-Fanatiker in letzter Minute noch umgebracht zu werden.

Goebbels im Sportpalast

Am 18. Februar 1943 hält Joseph Goebbels im Berliner Sportpalast eine Rede, die als fanatische Botschaft des untergehenden NS-Regimes in die Geschichtsbücher eingehen wird. Vor einem ausgesuchten Publikum steigert er sich in Ekstase; sie gipfelt in der Frage: *„Wollt ihr den totalen Krieg? Wollt ihr ihn, wenn nötig, totaler und radikaler, als wir ihn uns heute überhaupt noch vorstellen können?"*

Radikalisierung des Alltags

Tosender Beifall schlägt dem Redner entgegen. Goebbels will die Bevölkerung aus dem Schock der Stalingrad-Niederlage reißen. Tatsächlich bedeutet seine Rede die Einstimmung in den Untergang. Denn bald darauf beginnt die letzte Radikalisierung der Kriegsführung und des Alltags, die auf Selbstvernichtung hinausläuft.

Konsequenterweise ernennt Hitler seinen treuesten Gefolgsmann am 25. Juli 1944 zum *Reichsbevollmächtigten für den totalen Kriegseinsatz.*
Goebbels wird zum Organisator des *„nationalen Widerstands"* gegen den Untergang. Sein letzter propagandistischer Einsatz gilt dem *Werwolf*, einer Truppe, die die vorrückenden alliierten Verbände durch Terror- und Sabotageakte verunsichern soll. Es kommen keine Einheiten zustande. Einzelne Aktionen richten sich vorwiegend gegen die eigene Bevölkerung, etwa der Mord an dem von den Amerikanern eingesetzten Aachener Bürgermeister Franz Oppenhoff am 25. März 1945. Angehörige der Alliierten sowie Deutsche, die den sinnlosen Kampf beenden wollen, stempelt Goebbels zu Freiwild, denn *„Hass ist unser Gebet und Rache unser Feldgeschrei"*.

231 Schwerverwundete Flakhelfer werden ausgezeichnet.

232 „Hitlerjungen" als Panzerjagdkommando in einer mit Tarnnetzen überspannten Straße, 1945

231

232

Volkssturm

233

233 Plakat von 1944: „Um Freiheit und Leben – Volkssturm"

234 Männer des „Volkssturms" errichten im Februar 1945 Panzersperren auf dem Kaiserdamm in Berlin.

235 Übung mit Panzerfäusten für junge und alte Männer des „Volkssturms"

Acht Monate vor dem Ende des Zweiten Weltkriegs unternimmt Hitler einen weiteren Versuch, die militärische Niederlage unter Aufbietung der letzten Kräfte noch abzuwenden. Im Herbst 1944 ist der Eckpfeiler des Ostfeldzugs, die Heeresgruppe Mitte, zusammengebrochen. Die Rote Armee steht an den Grenzen des Deutschen Reiches. Von fast allen Frontabschnitten werden Rückschläge, Verluste und Engpässe beim Nachschub gemeldet.

Das letzte Aufgebot

In dieser ausweglosen Situation soll ausgerechnet die NSDAP es richten. Martin Bormann, Chef der Parteikanzlei, gewinnt Hitler für die Idee, einen „*Volkssturm*" in die Schlacht zu werfen. Die mittleren Jahrgänge wehrfähiger Männer sind längst aufgerieben bzw. in Gefangenschaft. Aber es gibt noch die ganz Jungen und die Alten. Rein zahlenmäßig handelt es sich immerhin um 6 Millionen männliche Deutsche.

Die Gauleiter werden beauftragt, unter Mitwirkung der NSDAP, der SS, der SA, der HJ und des NS-Kraftfahrkorps in den Ortschaften, Städten und Regionen „*Volkssturm*"-Einheiten aufzubauen. Da Hitler längst kein Vertrauen mehr in die Wehrmachtsführung hat, wird die militärische Verantwortung für den „*Volkssturm*" Heinrich Himmler übertragen. Der Reichsführer SS wächst immer stärker in die Rolle eines Militärführers. Als Reichsinnenminister und Befehlshaber des Ersatzheeres besitzt er eine Macht, die nur noch durch Hitler begrenzt wird.

Mit allen Waffen und Mitteln

Mit seinem Erlass vom 25. September 1944 schickt Hitler sein letztes Aufgebot an die Front: „*Ich befehle: Es ist … aus allen waffenfähigen Männern im Alter von 16 bis 60 Jahren der deutsche Volkssturm zu bilden. Er wird den Heimatboden mit allen Waffen und Mitteln verteidigen, soweit sie dafür geeignet erscheinen.*"

234

235

Mit allen Waffen – die Ausrüstung des *„Volkssturms"* spottet jeder Beschreibung. Wenn überhaupt, dann verfügen die Jugendlichen und Alten nur über Nahkampfwaffen wie Gewehre, Panzerfäuste und Handgranaten. Manchmal tragen sie aber auch nur einen Spaten. Den brauchen sie zum Wegräumen von Schutt und zum Anlegen von Schützengräben. Schon der Anblick der schlecht ausgerüsteten Kindersoldaten ist dazu angetan, die Stimmung in der Bevölkerung weiter einzutrüben.

Knaben über Bord!

Himmler weiß von Anfang an, dass die Jugendlichen und alten Männer in einem sinnlosen Kampf verheizt werden. Vor Offizieren gibt er eine seiner Sagengeschichten über die *„Seegermanen"* zum Besten. *„Wenn sie* (die Seegermanen) *mit ihren Seetrecks, bei denen das ganze Volk dabei war, über See gingen, und sie wurden angegriffen und das Schiff wurde leck, sodass die Last auf dem Schiff verringert werden musste, dann gab es einen Ruf: Knaben von Bord! Dann mussten die Knaben, die nicht kampffähig waren, von Bord und ersoffen."*

Der *„Volkssturm"* wird vor allem im Osten eingesetzt, wo die Hilfstruppe die sowjetischen Verbände aufhalten soll. Die Verluste sind horrend, genaue Opferzahlen allerdings nicht bekannt.

Flakhelfer

Nicht nur durch den *„Volkssturm"* werden junge Menschen in den Tod geschickt. Ähnlich ergeht es vielen Luftwaffenhelfern, auch *„Flakhelfer"* genannt.

Bereits seit dem 26. Januar 1943 können Schüler ab Jahrgang 1926 zum Bedienen von Flakgeschützen der Luftwaffe und Marine herangezogen werden. Der Historiker Hermann Weiß schreibt, im Sommer 1944 seien es etwa 56 000 Flakhelfer gewesen: *„Die im HJ-Dienst entsprechend militarisierten Jugendlichen kämpften in der Regel mit Begeisterung und ersetzten bald in allen Funktionen ausgebildete Kanoniere, vom Richtkanonier bis zum Geschützführer."* Wie viele von ihnen bei Bombenangriffen umkommen, ist nicht bekannt.

236

236 „Hitlerjungen" in der Wehrmacht vor dem Abmarsch zum Einsatz, 1945

237 20. März 1945: Hitler trifft vor der Reichskanzlei eine Gruppe von „Hitlerjungen", die sich bei Kampfhandlungen ausgezeichnet haben.

237

Wunderwaffen

Der letzte Strohhalm, an den sich das NS-Regime klammert, sind die von der Propaganda groß herausgestellten so genannten „*Wunderwaffen*". Seit der Niederlage von Stalingrad gibt es Hinweise auf neue Waffensysteme. Solche Andeutungen sollen zunächst die Zuversicht und den Durchhaltewillen der Bevölkerung stärken.

Raketen und Flugbomben

An der Entwicklung von Fernraketen wird schon seit Anfang der 1930er-Jahre gearbeitet. Während des Krieges nehmen diese Pläne konkrete Formen an und werden dann mit Hochdruck vorangetrieben. Zum Einsatz kommt schließlich die Flugbombe der Luftwaffe *(V1)* und die Rakete des Heeres *(V2)*.

Die *V-Waffen* werden gegen London und Antwerpen eingesetzt, sind jedoch nicht treffsicher. Zudem entwickeln die Alliierten erste Abwehrsysteme. Und es gelingt ihnen, Anlagen zur Erprobung und Herstellung von *V-Waffen* durch Luftangriffe auszuschalten, darunter die Heeresforschungsanstalt Peenemünde auf Usedom.

Dora-Mittelbau

Die *V2*-Produktion wird daraufhin in den Stollen eines Gipsbergwerkes in Dora bei Nordhausen verlegt. Häftlinge aus dem KZ Buchenwald werden in den Südharz verfrachtet, wo sie unter Tage Raketen montieren. Die Zahl der Sklavenarbeiter steigt im November 1944 auf über 32 000. Allein in diesem Monat entstehen 662 *V2*-Raketen. Für die Raketenproduktion wird das unterirdische KZ immer wichtiger. Eine Umorganisation trägt dem Rechnung: Am 1. Oktober 1944 wird aus dem Buchenwalder Außenlager *Dora* der eigenständige Lagerkomplex *Mittelbau*. Dora-Mittelbau wird zum Inbegriff einer brutalen Ausbeutung von KZ-Häftlingen. Mindestens 10 000 von ihnen sterben an den Folgen der Zwangsarbeit. Am Kriegsausgang ändern die „*Wunderwaffen*" nichts mehr.

238 Versuchsreihe mit der „V2"-Rakete in Polen: Raketen in Startstellung, 1944

239 Zwangsarbeiter bei der Montage, 1944

238

239

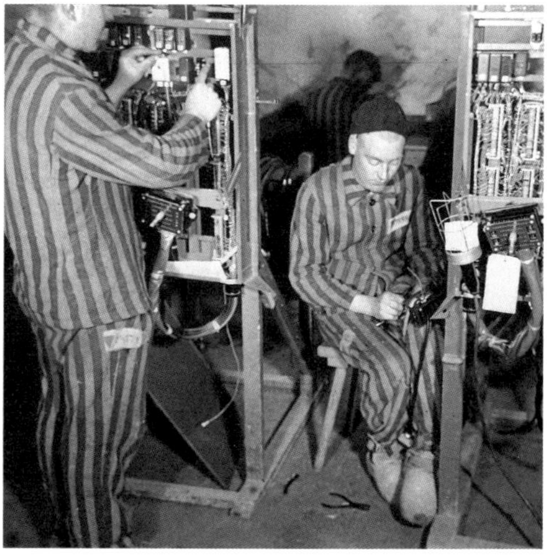

Kriegsende und Befreiung

„Das Oberkommando der deutschen Wehrmacht wird unverzüglich … den Befehl geben, die Kampfhandlungen 23.01 Uhr mitteleuropäischer Zeit am 8. Mai einzustellen …“

Großadmiral Dönitz,
8. Mai 1945

Sowjetische Soldaten im Gebäude der Reichskanzlei nach der Kapitulation Berlins

Götterdämmerung

240

240 Bekanntmachung der standrechtlichen Erschießung von vier Deserteuren in Kahlberg, 1945

241 Geretteter Hausrat in einer ausgebombten Straße

„Das Gebell der Flak kann ich bis auf den heutigen Tag vom Heulen einer Luftmine unterscheiden", berichtet der Schriftsteller Hans Magnus Enzensberger. *„Manchmal sucht mich im Traum der auf- und abschwellende Ton der Sirene heim, eine widerwärtige Melodie."*
Nacht für Nacht verbringt die Bevölkerung in Kellern und Bunkern, um sich vor den Luftangriffen der Alliierten zu schützen. Sirenen treiben sie in die unterirdischen Schutzräume. Sirenen geben Entwarnung, nachdem die Bomber ihre Fracht abgeworfen haben.
Menschen, die das Kriegsende erleben, erinnern sich später vor allem an eins: die Stille, die plötzlich einsetzt. So notiert Erich Kästner in der Nacht zum 8. Mai 1945: *„Es ist still im Haus. Nur die Maikäfer, die kleinen gepanzerten Flieger, stoßen mit den Köpfen gegen das erleuchtete Fenster."*

241

Ein einsamer Diktator

Plötzlich ist alles verstummt. Selbst im Bunker 12 Meter unterhalb der zerstörten Reichskanzlei in Berlin, wo Hitler sich mit seinen letzten Getreuen verkrochen hat, ist Stille eingekehrt. Am 30. April 1945 begeht ein einsamer Diktator – körperlich ein Wrack, dem Wahnsinn nahe – zusammen mit Eva Braun, die er tags zuvor geheiratet hat, Selbstmord.
Berlin, die in Trümmern liegende Reichshauptstadt, ist fest im Griff der Roten Armee. Sowjetische und amerikanische Soldaten haben sich in Torgau an der Elbe verbrüdert. Den Siegern bietet sich in den Konzentrationslagern ein unvorstellbares Bild des Grauens.

Die Waffen schweigen

Das Ende ist gekommen – für die einen als Befreiung, für andere als schlimmste aller denkbaren Niederlagen. In der letzten Mitteilung des Oberkommandos der Wehrmacht heißt es, dass ab sofort endgültig an den *„Fronten die Waffen schweigen"*.
Nicht alle Soldaten erreicht die Nachricht vom Kriegsende sofort. Einige Einheiten befinden sich in der Auflösung, andere wiederum sind von der Kommunikation abgeschlossen.
Zum Beispiel Hitlers letztes U-Boot, die *U 234*: Sie ist am 25. März 1945 von Kiel in Richtung Japan ausgelaufen. An Bord befindet sich der neue Militärattaché an der deutschen Botschaft in Tokio, der sein Amt jedoch nicht mehr antreten kann. Am 15. Mai ergibt sich die *U 234* im Atlantik einem amerikanischen Kriegsschiff.

Bombenteppiche

„Christbäume“ werden die Phosphorbomben genannt, die am Himmel hell aufleuchten und den alliierten Piloten den Weg weisen. Am Boden setzen sie ganze Straßenzüge in Brand. Sie verursachen schwerste Verbrennungen. Im schlimmsten Fall verglüht der Körper, sodass manchmal nur ein verkohlter Torso übrig bleibt.

Flächendeckend

Seit 1940 bombardieren britische und seit 1942 auch amerikanische Militärmaschinen deutsche Städte und Industriereviere. Zuerst trifft es im Mai 1940 das Ruhrgebiet. Die Briten greifen nachts, flächendeckend und aus großer Höhe an, um den deutschen Abfangjägern und Flakgeschützen zu entgehen.

Bomber Harris

Am 23. Februar 1942 übernimmt Luftmarschall Arthur Harris – *„Bomber Harris“* genannt – das britische Bomberkommando. Harris weitet die Luftangriffe noch aus und lässt manchmal Flugblätter mit abwerfen: *„Wir bomben Deutschland, eine Stadt nach der anderen, immer schwerer, um euch die Fortsetzung des Krieges unmöglich zu machen“*, heißt es in einem am 3. September 1942 über Karlsruhe abgeworfenen Flugblatt. Harris erinnert darin an die deutschen Luftangriffe auf London, Coventry, Plymouth, Liverpool und andere britische Städte.

Der Kölner Dom steht

Immer mehr Geschwader fliegen jetzt Angriffe gegen Deutschland. Städte wie Essen, Lübeck, Rostock und Köln erleben ein Inferno. Der Kölner Dom bleibt stehen, denn die Piloten nutzen ihn als Orientierungspunkt. Die Staudämme der Möhne- und Edertalsperren, die zu den Lebensadern des Ruhrgebietes gehören, werden zu Angriffszielen. Die Fluten ergießen sich über ganze Dörfer und viele Einwohner ertrinken.

Als die in England stationierte US-Air-Force ebenfalls in den Luftkrieg eingreift – ihre Spezialität sind Präzisionsangriffe bei Tag – nehmen die Bombardements noch verheerendere Ausmaße an. Fabriken, Flughäfen, Docks, Brücken, Bahnlinien, Depots, alles wird zerstört. Über 100 Städte versinken in Schutt und Asche. Der gesamte Luftkrieg hat auf alliierter Seite beim fliegenden Personal etwa 100 000 Opfer gefordert. In England kommen außerdem 40 000, in Deutschland 609 000 Zivilisten durch Luftangriffe ums Leben.

242

242 In der Innenstadt von Kassel nach einem Luftangriff, 1944

243 Das durch Luftangriffe zerstörte Köln

243

Dresden und Hamburg

Bis zum 13. Februar 1945 ist die Stadt Dresden mit ihren einzigartigen barocken Baudenkmälern vom Krieg weitgehend verschont geblieben. Und die Bewohner hoffen, dass dies so bleibt, denn das Ende der Kämpfe ist zum Greifen nahe.

Feuersturm

Doch in der Nacht zum 14. Februar bricht gegen Dresden ein Feuersturm los, wie ihn – abgesehen von Hamburg – noch keine andere deutsche Stadt erlebt hat. Bis zum 15. Februar fliegen britische, kanadische und amerikanische Luftverbände immer neue Angriffswellen.

Die Stadt verwandelt sich in einen Glutofen mit Temperaturen von 800 Grad. Menschen verglühen in den Straßen oder ersticken in den Kellerräumen brennender Häuser. Am Ende liegt die Stadt niedergestreckt am Boden, zertrümmert und geschunden. Das historisch gewachsene Dresden, es existiert nicht mehr. Über 35 000 Tote sind zu beklagen.

Die Frage, warum Dresden so kurz vor Kriegsende zerstört wurde, ist seither immer wieder gestellt worden. Die Großstadt besaß keine eigene Verteidigung. Zehntausende von Flüchtlingen hatten sich in Dresden gesammelt. Aus militärischer Sicht war dieser Vernichtungsschlag sinnlos.

„Gomorrha"

Im Juli 1943 muss Hamburg ähnlich hohe Verluste unter der Bevölkerung hinnehmen. Während der alliierten Luftoperation *Gomorrha* sterben über 30 000 Menschen.

Luftmarschall Harris: „*Die Schlacht von Hamburg kann nicht in einer einzigen Nacht gewonnen werden. Wenigstens 10 000 Tonnen Bomben sind nötig, um die Stadt auszulöschen.*"

Tatsächlich wird die Hälfte aller Wohnhäuser der Hansestadt zerstört. Die Stadt an der Elbe gleicht einer riesigen Trümmerlandschaft.

244 26. Juli 1943: Nach dem Bombenangriff auf Hamburg-Altona

245 Die zerstörte Frauenkirche in Dresden

244

245

Breslau und Königsberg

Das Todesurteil über Breslau wird im Januar 1945 gefällt, als Hitler die Hauptstadt Niederschlesiens zur *„Festung"* erklärt. Die meisten Einwohner fliehen in Richtung Westen. Der fanatische Gauleiter von Oberschlesien, Karl Hanke, treibt die Absetzbewegung voran, damit die Vorräte für die Zeit der Belagerung reichen.

Barrikaden

Die restlichen Bewohner müssen Barrikaden errichten, die der näher rückenden Roten Armee standhalten sollen. Wer sich weigert, wird standrechtlich erschossen. Mitte Februar 1945 ist Breslau von sowjetischen Truppen eingekesselt. Erbittert wird um jede Straße gekämpft. Viele kulturhistorisch wertvolle Gebäude gehen in Flammen auf. Ende April erteilt Gauleiter Hanke die Erlaubnis zum Ausbruch. Doch dafür ist es jetzt zu spät. Nach dreimonatiger Belagerung kapituliert die *„Festung"* am 6. Mai 1945. Hanke hat Breslau rechtzeitig verlassen. Auf der Flucht fällt er tschechischen Partisanen in die Hände, die ihn sofort erschießen.

Untergang einer Hansestadt

Auf ähnliche Weise wie Breslau wird auch Königsberg, die Hansestadt an der Ostsee, dem Untergang preisgegeben. Statt zu kapitulieren, bäumen sich fanatische Militärs gegen das Unvermeidliche auf. Anfang April 1945 hat die Rote Armee Königsberg umzingelt. Piloten sowjetischer Maschinen beobachten, wie im Stadtzentrum eine Landebahn für die deutsche Luftwaffe angelegt und Panzersperren aufgebaut werden.
Zwischen dem 6. und dem 9. April machen die sowjetischen Streitkräfte dem Spuk der Fanatiker ein Ende. Unter einer Feuerwalze aus Flugzeugen, Panzern und Geschützen sinkt das jahrhundertealte Königsberg in sich zusammen. Die Hauptstadt der Provinz Ostpreußen liegt in Trümmern.

246 Die Rote Armee erobert 1945 Königsberg.

247 Luftbild des zerstörten Breslau, 1945

246

247

Vormarsch der Alliierten

Am 25. August 1944 marschieren amerikanische und französische Truppen in Paris ein. General Charles de Gaulle hat sein Exil in London längst verlassen und die alliierten Verbände durch französische Einheiten verstärkt. Bald zählt auch Frankreich zu den Siegermächten des Zweiten Weltkrieges.

Paris bleibt Paris

Einen Tag nach dem Einmarsch bildet de Gaulle eine provisorische Regierung. Der spätere Präsident Frankreichs und die Einwohner von Paris sind erleichtert, dass die Hauptstadt nicht dem Erdboden gleichgemacht worden ist, wie Hitler es wollte. Der deutsche Stadtkommandant, General Dietrich von Choltitz, weigert sich, den Befehl zur Zerstörung auszuführen. Stattdessen schließt von Choltitz einen Waffenstillstand mit der *Résistance*, die den Kampf im Untergrund nun beenden kann.

248 25. April 1945: Amerikanische und sowjetische Soldaten reichen sich bei der gesprengten Elbbrücke von Torgau die Hände.

248

Bewegung im Westen

Auch sonst kommt Bewegung in die Fronten Westeuropas. Der belgischen Untergrundarmee etwa gelingt es bis zum Eintreffen der Alliierten, den Hafen von Antwerpen einzunehmen.
In den Niederlanden jedoch stoßen britische Verbände Mitte September 1944 bei einem Luftlandeunternehmen in Arnheim und Nijmwegen auf erbitterten deutschen Widerstand. Der Versuch, die Rheinbrücken zu erobern, um in das Ruhrgebiet vorzurücken, misslingt.

Ardennenoffensive

Aus solchen Erfolgen schöpft das NS-Regime wieder Hoffnung. Mitte Dezember 1944 startet Hitler die *Ardennenoffensive*, für die allerletzte Reserven mobilisiert werden. Der NS-Diktator will die Briten von den Amerikanern trennen und Antwerpen, den Nachschubhafen der Alliierten, zurückerobern.
Die Ardennenoffensive entwickelt sich ebenso zum Fehlschlag wie die deutsche Luftoperation *Bodenplatte* Anfang 1945. Der Luftwaffe gelingt zwar noch einmal ein Überraschungsschlag, indem sie Flugplätze in Holland, Belgien und Nordfrankreich bombardiert und 500 gegnerische Flugzeuge zerstört. Aber die eigenen Verluste mit über 300 Maschinen sind ebenfalls beträchtlich.

Die Brücke von Remagen

Am 7. März 1945 erreichen amerikanische Truppen die noch unzerstörte Ludendorff-Brücke bei Remagen. Trotz harter deutscher Gegenwehr schaffen sie es, den Rhein zu überqueren und einen wichtigen

Brückenkopf zu errichten. Die *Brücke von Remagen*, die durch den gleichnamigen Anti-Kriegsfilm in den 1960er-Jahren berühmt wird, bricht – beschädigt durch die zuvor von den Deutschen unternommenen Sprengversuche – am 17. März 1945 in sich zusammen.

Sowjetische Erfolge

Im Osten erzielt die Sowjetunion bei ihrem Vormarsch in Richtung Westen sowohl militärische als auch politische Erfolge. Anfang September 1944 erklärt Bulgarien nach dem Einmarsch der Roten Armee Deutschland den Krieg. Mit Ungarn schließt die UdSSR Mitte Oktober 1944 einen Waffenstillstand. Kurz darauf unternehmen sowjetische Verbände erste Vorstöße gegen Ostpreußen. Am 12. Januar 1945 beginnt die Rote Armee dann den entscheidenden Schlag gegen die deutsche Ostfront und löst mit ihrer Großoffensive eine gewaltige Fluchtbewegung aus. Mitten im Winter starten riesige Flüchtlingstrecks in Richtung Westen.

Treffen in Torgau

Ende Januar 1945 steht die Rote Armee bereits an der Oder und errichtet ihre Brückenköpfe. Der sowjetischen Streitmacht hat die deutsche 4. Armee wenig entgegenzusetzen; sie wird im März 1945 aufgerieben. Ostpreußen ist nun vom Reich abgeschnitten.
Wie reife Früchte fallen der Roten Armee die nächsten Erfolge in den Schoß. Wien wird am 13. April 1945 erobert. Und am 25. April treffen in Torgau an der Elbe amerikanische und sowjetische Truppen aufeinander. Auch wenn es in den Tagen zuvor schon ähnliche Begegnungen gab, der um 16.40 Uhr für die Fotografen arrangierte demonstrative Handschlag zwischen Soldaten der 69. US-Division und der 58. sowjetischen Gardeschützendivision geht in die Geschichte ein.
Über die vorgezogene Siegesfeier in Torgau berichtet die Nachrichtenagentur *Associated Press: „Ein Russe saß auf einer Steinmauer und spielte Akkordeon, während ein amerikanischer Sergeant in das Lied der Roten Armee einstimmte: ‚Wenn der Krieg morgen kommt, wir werden zu Lande, zur See und in der Luft bereit sein.‘ Eine russische Frau in Uniform sang mit süßer, kehliger Stimme. Es war vergnüglich am Ufer in der warmen Sonne.“*

249 Tschechische Widerstandskämpfer begleiten im Mai 1945 sowjetische Panzer auf ihrer Fahrt durch Prag.

250 30. März 1945: Britische Soldaten auf der Fahrt durch Coesfeld

249

250

Im Führerbunker

251

251 Adolf Hitler und Eva Braun

252 Adolf Hitler, 1945

Jeder neue militärische Rückschlag untergräbt die Autorität Hitlers. Und trotz der wortgewaltigen Befehle aus dem Führerbunker – seine Allmacht schwindet dahin. Als der Diktator am 19. März 1945 den berüchtigten *Nero-Befehl* erteilt – alle Verkehrs-, Nachrichten-, Industrie- und Versorgungsanlagen sollen vor der Ankunft der Alliierten zerstört werden –, setzt sich ein Stück Vernunft durch.
Der Befehl wird sabotiert, in erster Linie durch Rüstungsminister Speer.

Verrat

Ein anderer Gefolgsmann, Reichsmarschall Hermann Göring, geht noch ein Stück weiter. Er übermittelt am 23. April seinem *„Führer"* das Angebot, sofort die gesamte Macht zu übernehmen. Falls er nicht in allerkürzester Frist eine Antwort erhalte, gehe er davon aus, dass Hitler keine Handlungsfreiheit mehr besitze. Dieser ist außer sich: *„Ihr Verhalten und Ihre Maßnahmen sind ein Verrat an meiner Person und der nationalsozialistischen Sache."* Als Verräter Nr. 2 zeigt sich Heinrich Himmler, der mit Hilfe des schwedischen Grafen Folke Bernadotte versucht, mit dem Westen eine Teilkapitulation zu vereinbaren. Hitlers Reaktion: *„Nun hat auch Himmler mich verraten."*
Im Führerbunker breitet sich Untergangsstimmung aus. Am 29. April 1945 heiratet Adolf Hitler Eva Braun. Am selben Tag unterzeichnet der Diktator sein politisches Testament: Er stößt Göring und Himmler aus der NSDAP aus und ernennt Karl Dönitz zum Reichspräsidenten. Am folgenden Tag begeht Hitler zusammen mit seiner Frau Selbstmord.

252

Schlacht um Berlin

Am 20. April 1945 feuern sowjetische Artilleristen von Müncheberg aus die ersten Granaten auf Berlin ab. Es ist Hitlers 56. Geburtstag, und deswegen steht auf den Geschossen in Kreide geschrieben: *„Hitler, die ist für dich!“* oder *„Schöne Grüße aus Stalingrad!“*.

Bis zum letzten Mann

Wenige Tage zuvor hat die Rote Armee, wenn auch unter erheblichen Verlusten, den Kampf um die Seelower Höhen im Oderbruch für sich entschieden. Jetzt beginnt die Schlacht um Berlin. Da Hitler die Parole *„bis zum letzten Mann und bis zur letzten Patrone“* ausgegeben hat, müssen noch einmal zehntausende sterben. Eine Streitmacht von über 2 Millionen Soldaten steht bereit, die Hauptstadt einzunehmen. Die Rotarmisten kämpfen sich Straßenzug um Straßenzug an das Zentrum heran. Die letzten Stützen des NS-Regimes – Beamte, Parteifunktionäre und hohe Militärs – verlassen Berlin in Richtung Süden. Zurück bleibt eine verängstigte, hungernde und schutzlose Bevölkerung, die in Kellern sowie U- und S-Bahnschächten auf das Ende wartet.

Rote Fahne über dem Reichstag

Die Rotarmisten haben es zunächst auf den Reichstag abgesehen. Die sowjetischen Verbände wetteifern darum, wer dort zuerst die sowjetische Flagge hisst. Am 31. April weht dann die rote Fahne über der Ruine des Reichstagsgebäudes. Bei den Feierlichkeiten zum 1. Mai in Moskau kann Josef Stalin seinen Triumph genießen. Einen Tag später streckt General Helmuth Weidling, der die Verteidigung Berlins angeführt hat, die Waffen. Für die Bevölkerung der Stadt hat der Schrecken noch kein Ende. Denn sowjetische Soldaten ziehen nachts durch die Stadt, um sich zu betrinken, zu plündern und zu vergewaltigen. Ernst Reuter, der spätere Regierende Bürgermeister, spricht von rund 90 000 Vergewaltigungsopfern. Keiner kennt die genaue Zahl.

253

253 2. Mai 1945: Soldaten der Roten Armee hissen die sowjetische Flagge auf dem Reichstag.

Befreiung

An den Einmarsch amerikanischer Soldaten kann Paul Spiegel, der als Kind im Versteck eines belgischen Bauernhofes die Judenverfolgung überlebte, sich noch genau erinnern: *„Meine Mutter hatte mich auf diesen großen Augenblick vorbereitet, indem sie mir den Satz beigebracht hatte: ‚I am a German Jew.'"*

Süßigkeiten

Beim Eintreffen der Sieger steht Paul zusammen mit anderen Dorfbewohnern am Straßenrand, Fähnchen schwingend, als plötzlich einer der Panzer stoppt. Ein farbiger Soldat blickt auf ihn herunter: *„Ich schrie ihm meinen englischen Satz entgegen, er beugte sich zu mir herab und hob mich hoch, küsste mich und beschenkte mich mit Süßigkeiten. Ich weiß noch, dass ich fürchterlich Angst hatte und froh war, dass er mich wieder auf der Straße absetzte."*

Die Befreier werden unterschiedlich empfangen. Bei vielen Deutschen überwiegt die Erleichterung, dass alles ein Ende hat. Bei anderen wirkt die Propaganda noch nach. Sie reagieren abwartend und reserviert.

254 Gegen Ende des Dritten Reichs werden die Konzentrationslager evakuiert. In Todesmärschen müssen KZ-Häftlinge über weite Strecken marschieren. Diese heimlich fotografierte Aufnahme zeigt Häftlinge des KZ Dachau auf dem Marsch nach Süden im April 1945.

254

Todesmärsche

In den Konzentrationslagern sehnen die Insassen die vorrückenden alliierten Truppen als Befreier herbei. Doch noch in letzter Minute versucht das NS-Regime, die Spuren seiner Verbrechen zu tilgen. Konzentrationslager werden – oft völlig ziellos – evakuiert. Bei diesen *Todesmärschen* gehen noch einmal hunderttausende von Gefangenen zugrunde, werden ermordet oder irgendwo zurückgelassen.

Befreiung der Lager

Als die Rote Armee am 27. Januar 1945 Auschwitz erreicht, halten sich im Lager nur noch 8000 Häftlinge auf. Der Anblick der zu Skeletten abgemagerten Menschen rührt selbst die abgebrühtesten Soldaten. 58 000 Gefangene sind kurz zuvor auf einen Marsch in Richtung Westen getrieben worden.

Anfang April 1945 werden auch Häftlinge des KZ Buchenwald von der SS gezwungen, das Lager zu verlassen. Am 11. April überlässt die SS das KZ seinem Schicksal. Wenig später erreichen US-Truppen das KZ und befreien es.

Bergen-Belsen

Britische Einheiten erreichen am 15. April das KZ Bergen-Belsen. Das Bild, das sich ihnen darbietet, ist unbeschreiblich: Hungernde, dahinsiechende Häftlinge blicken sie aus trostlosen Augen an.

Insgesamt sind es über 56 000 Frauen, Männer und Kinder. Über das Lagergelände verstreut liegen etwa 10 000 nicht beigesetzte Leichen. In dieser Hölle, in der wenige Wochen zuvor Anne Frank und ihre Schwester Margot umgekommen sind, versuchen Ärzte, die Überlebenden zu retten. Nach der Befreiung sterben jedoch weitere 13 000 Menschen. Bilder von sterbenden Häftlingen und Leichenbergen gehen um die Welt; sie lösen blankes Entsetzen aus. Erst nach und nach erfährt das Ausland das ganze Ausmaß der Verbrechen und Gräueltaten.
Die juristische Aufarbeitung dieser entsetzlichen Verbrechen beginnt im November 1945. Im so genannten *„Belsen Trial"* werden 45 SS-Angehörige vor einem britischen Militärgericht zur Rechenschaft gezogen. 20 von ihnen erhalten Freiheitsstrafen. Elf werden zum Tod durch den Strang verurteilt.

Dachau, Mauthausen, Theresienstadt

Im KZ Dachau rücken am 29. April 1945 US-Truppen ein. Vorher waren 7000 Gefangene in Richtung Süden in Bewegung gesetzt worden. Wie in Bergen-Belsen grassiert auch in Dachau eine Typhus-Epidemie. Für viele kommt jede ärztliche Hilfe zu spät.
Im österreichischen KZ Mauthausen setzt Ende März 1945 die Evakuierung der Außenlager ein. Die SS sondert kranke Gefangene vorher aus und erschießt sie. Am 5. Mai 1945 befreit eine amerikanische Panzereinheit das Hauptlager Mauthausen.
Zwei Tage später kommt die Rettung für das Getto Theresienstadt. Die meisten Häftlinge sind jedoch längst in die Vernichtungslager deportiert. Am Ende kann die Rote Armee noch 23 000 Gefangene in Sicherheit bringen.

255

256

257

255 Kinder im KZ Auschwitz zeigen nach der Befreiung durch Einheiten der Roten Armee die in ihre Arme tätowierten Häftlingsnummern.

256 Aufseherinnen des KZ Auschwitz

257 29. April 1945: Die Häftlinge des KZ Dachau nach der Befreiung durch die US-Truppen.

Deutschland kapituliert

Die Kapitulation Deutschlands wird nicht mit einem Federstrich vollzogen, sondern schrittweise. Die von Hitler eingesetzte Regierung Dönitz und die deutsche Generalität wollen eine *„bedingungslose Kapitulation“*, wie sie von den Alliierten vorgesehen ist, vermeiden.

Teilkapitulationen

Deswegen kommt es zunächst zu Teilkapitulationen, die über Geheimdienstkanäle ohne Wissen Hitlers und noch vor seinem Tod abgesprochen werden. Generaloberst von Vietinghoff, Oberbefehlshaber in Oberitalien, unterzeichnet am 29. April 1945 eine solche Teilkapitulation, die für ganz Italien gilt. Im Hauptquartier der Briten in Lüneburg nimmt am 4. Mai 1945 Feldmarschall Montgomery eine Erklärung dieser Art entgegen. Sie gilt für Nordwestdeutschland, Dänemark und die Niederlande.

Reims und Karlshorst

Alle weiteren Versuche, die *„unconditional surrender“* zu umgehen, stoßen bei General Dwight Eisenhower, dem Oberbefehlshaber der US-Streitkräfte, auf harte Ablehnung. Somit bleibt Generaloberst Alfred Jodl, der von Großadmiral Dönitz als Unterhändler ins US-Hauptquartier in Reims entsandt wird, keine Wahl – am 7. Mai 1945 um 2.41 Uhr unterschreibt er die Gesamtkapitulation. Ab 8. Mai um 23.01 Uhr tritt sie in Kraft. Der Sowjetunion genügt dieses Dokument der Unterwerfung nicht. Auf ihren Druck hin wird die Zeremonie am 9. Mai 1945 um 0.16 Uhr in Berlin-Karlshorst wiederholt. Dieses Mal unterschreibt Generalfeldmarschall Wilhelm Keitel, der Hitler einst als „größten Feldherrn aller Zeiten“ gepriesen hatte. Mit den Kapitulationen von Reims und Karlshorst ist der Zweite Weltkrieg in Europa zu Ende.

258

258 Wilhelm Keitel unterzeichnet am 9. Mai 1945 in Berlin-Karlshorst die bedingungslose Kapitulation des Deutschen Reichs.

Nach dem Deutschen Reich

„Wer vor der Vergangenheit
die Augen verschließt,
wird blind für
die Gegenwart."

Richard von Weizsäcker,
8. Mai 1985

Frauen auf der Flucht
aus dem zerstörten Danzig, 1945

Ende der Schreckensherrschaft

Die Stille nach dem Kriegsende währt nicht lange. Viele kommen überhaupt nicht zur Besinnung, weil der Überlebenskampf weitergeht – in den zerbombten deutschen Städten, wo Not und Chaos herrschen, und in Osteuropa, wo viele auf der Flucht sind. Millionen von Menschen verlassen ihre angestammte Heimat in Ostpreußen, Schlesien, Pommern und im Sudetenland. Wer sich nicht rechtzeitig auf den Weg machen kann – in Ostpreußen hat Gauleiter Erich Koch die Flucht so lange verhindert, bis es fast schon zu spät ist –, der bekommt die Rache der Sieger zu spüren. Unrecht gebiert neues Unrecht. Für die Verbrechen von SS, Einsatzgruppen und Wehrmacht büßen jetzt unschuldige Menschen.

„Die Deutschen, die nicht fliehen konnten oder wollten … wurden von ihren polnischen Nachbarn in einer Racheaktion, spontan und verständlich nach dem Albtraum des Kriegs, aus ihren Häusern gejagt, ihres Besitzes und nicht selten ihres Lebens beraubt.“ Solche Übergriffe, wie sie der polnische Historiker Jerzy Kochanowsky beschreibt, geschehen nicht nur in Polen, sondern auch anderswo. Manchmal wird die Völkerwanderung zum Spießrutenlauf um Leib und Leben.

Nach der Schreckensherrschaft der NS-Diktatur dauert der Schrecken also noch an.

259 Der zerstörte Gendarmenmarkt in Berlin

260 Die Trümmer werden aufgeräumt.

259

260

Kalter Krieg

Auf der *Potsdamer Konferenz* steht das Nachkriegsschicksal Deutschlands und der Deutschen zur Diskussion. Noch sind sich die Siegermächte in wichtigen Fragen einig, z. B. die Schaffung eines internationalen Kriegsverbrechertribunals oder die *„ordnungsgemäße Überführung“* der deutschen Bevölkerung aus Polen, der Tschechoslowakei und Ungarn nach Deutschland – eine der folgenreichsten Entscheidungen.

Aber das Misstrauen untereinander nimmt zu. Ein neuer Gegensatz bahnt sich an: der Gegensatz zwischen Ost und West, der in den *Kalten Krieg* münden wird.

15 Millionen Vertriebene

Flucht, Vertreibung, Zwangsumsiedlungen, Deportationen – als Folge des Zweiten Weltkriegs beginnt eine regelrechte Völkerwanderung. Vor 1939 leben in Ostpreußen, Pommern, Schlesien, der Tschechoslowakei, der Sowjetunion und in weiteren Ländern Osteuropas über 18 Millionen Deutsche bzw. Deutschstämmige. Etwa 15 Millionen von ihnen müssen gegen Kriegsende und nach 1945 ihre Heimat verlassen.

Von den Fronten überrollt

Die Umstände der Flucht sind zumeist katastrophal. Zu Fuß oder mit Pferdewagen durchqueren die Flüchtlinge die eisige Winterlandschaft. Manchmal sind die Flüchtlingstrecks Angriffen von Tieffliegern ausgesetzt oder geraten zwischen die Fronten. „*Überrollte und in der Heimat Verbliebene waren Raub, Mord und Vergewaltigungen durch die siegreiche Soldateska ausgesetzt*“, schreibt der Historiker Wolfram Selig.

Schlesien und Sudetenland

Aus Schlesien ziehen die Flüchtlingsströme in Richtung Süden und Südwesten ins Sudetenland und nach Böhmen und Mähren. Dort dürfen sie jedoch nicht lange verharren, sondern müssen weiter. Die Sudetendeutschen bleiben zunächst in ihrer Heimat. Anfang Mai 1945 sehen sie sich jedoch einer Welle der Gewalt ausgesetzt, die von Rache und Vergeltung bestimmt ist. Mit diesen Übergriffen beginnen die Massenvertreibungen aus Osteuropa, die bis 1947 andauern. Insgesamt hält die vom Zweiten Weltkrieg ausgehende Fluchtbewegung noch viele Jahre an. Im *Kalten Krieg* fliehen hunderttausende aus der DDR in Richtung Westen. Die Bundesrepublik muss nicht nur den Zustrom der Heimatvertriebenen verkraften, sondern auch die vielen Flüchtlinge aus dem Osten Deutschlands. Bundesländer wie Schleswig-Holstein, Niedersachsen, Hessen und Bayern legen Programme auf, um diesen Menschen Wohnungen und Arbeit zu verschaffen.

Japaner, Koreaner und Chinesen

Auch im außereuropäischen Ausland führt das Kriegsende zu Flüchtlingsströmen. Aus Korea, Formosa (heute Taiwan) und Mandschukuo, der von Japan besetzten Mandschurei im Nordosten Chinas, kehren 4 Millionen Japaner in ihre Heimat zurück. In China selbst veranlasst der Bürgerkrieg über 3 Millionen Menschen zur Flucht nach Hongkong und Formosa. Und nach der Teilung der koreanischen Halbinsel setzen sich 3 Millionen Koreaner aus Norden in Richtung Süden ab.

261

261 Ein Junge vor den Resten seines zerstörten Elternhauses

262

262 Deutscher Flüchtlingstreck auf dem Weg nach Westen

Marion Gräfin Dönhoff

Marion Gräfin Dönhoff, 1985

1909 *Geburt bei Königsberg*
1935 *Abschluss des Studiums der Volkswirtschaft*
1938 *Gutsverwalterin in Ostpreußen*
1945 *Flucht nach Westen*
1946 *Redakteurin bei der Wochenzeitung „DIE ZEIT", seit 1969 Chefredakteurin*
Seit 1973 *Herausgeberin*
2002 *Tod in Schloss Crottorf*

Im Januar 1944 lässt Marion Gräfin Dönhoff die Beschäftigten der von ihr verwalteten Güter in Friedrichstein bei Königsberg zusammenrufen, um sie auf die Flucht vorzubereiten. *„Sie waren vollständig konsterniert. Man hatte ihnen so viel vom Endsieg erzählt und davon, dass ‚der Führer' es nie zulassen werde, dass auch nur ein Fußbreit ostpreußischen Bodens verloren ginge, dass sie diese Nachricht einfach nicht fassen konnten"*, schreibt sie später in ihren Erinnerungen.

Ein großer Himmel

Marion Gräfin Dönhoff ist zu diesem Zeitpunkt 35 Jahre alt. Die Flucht aus Ostpreußen, Heimat ihrer Vorfahren seit 600 Jahren, wird zum einschneidendsten Ereignis ihres Lebens. Es ist ein Abschied für immer von einer Landschaft, die sich ihr tief eingeprägt hat: *„Ein großer Himmel, der sich über weiten Feldern wölbt, bescheidene Dörfer, Kopfsteinpflaster, Sonnenblumen im Vorgarten, Gänse auf den Straßen und allenthalben jene herrlichen Alleen …"*
Wenige Monate vor dem Aufbruch ins Ungewisse hat die Gräfin, die weit gereist ist und in Frankfurt/Main und Basel studierte, ihre engsten Freunde verloren. Viele der Mitverschwörer des 20. Juli 1944 kannte sie persönlich.

Ritt in den Westen

Auf einem Pferd flieht Dönhoff im Januar und Februar 1944 vor der Roten Armee, die hunderttausende von Flüchtlingen vor sich hertreibt. Sieben Wochen dauert der Ritt von Ostpreußen nach Westdeutschland. Bereits 1946 findet Marion Dönhoff Arbeit bei der Hamburger Wochenzeitung „*Die Zeit*", die ihr zur zweiten Heimat wird.
Zunächst ist sie Redakteurin, ab 1969 Chefredakteurin und schließlich Herausgeberin der „*Zeit*". Aus der ehemaligen Gutsverwalterin wird eine viel beachtete Publizistin.

Ostpolitik Brandts

Schon früh unterstützt Gräfin Dönhoff die Ostpolitik von Bundeskanzler Willy Brandt, schließlich ist sie selber in ihren Artikeln stets für Ausgleich und Versöhnung eingetreten.
Im Jahre 2002 stirbt Marion Gräfin Dönhoff im Alter von 92 Jahren. Nach ihrem Tod gibt es auch vereinzelt Kritik an der Publizistin. Ihr wird z. B. vorgehalten, sie habe den deutschen Adel *„als Kerngruppe des Widerstandes"* hervorgehoben und über die *„vielen Adeligen unter den SS-Führern"* hinweggesehen. Insgesamt kann diese Kritik ihrem Ansehen als *große „Dame des deutschen Journalismus"* jedoch nichts anhaben.
An die zwanzig Bücher hat sie geschrieben. Das wichtigste erscheint bereits 1964: *„Namen, die keiner mehr nennt"*. Darin beschreibt sie ihren Abschied von Ostpreußen – sachlich, beinahe kühl und doch bewegend.

Flucht über die Ostsee

Ende Januar 1945 hat die Rote Armee Ostpreußen eingekreist. Für 1,5 Millionen Menschen gibt es kein Entkommen mehr, es sei denn, es gelingt, über die Ostsee zu fliehen. Instinktiv bewegen sich die Flüchtlinge in Richtung Danziger Bucht. Viele sind überhastet aufgebrochen und haben nicht ausreichend Proviant mitgenommen. Halb verhungert und durchfroren kämpfen sie sich vorwärts. Ein Teil der Flüchtlinge nimmt den Weg über das zugefrorene Frische Haff. Doch das Eis ist an einigen Stellen brüchig. Ganze Pferdefuhrwerke versinken im Wasser.

Beispiellose Rettungsaktion

Um die Flüchtlingsnot in Ostpreußen zu lindern, organisiert die Marineleitung unter Großadmiral Karl Dönitz eine beispiellose Seerettungsaktion. Über 500 Kriegs- und Zivilschiffe aller Art – Frachter, Vergnügungsdampfer, Schulschiffe und Minenräumboote – steuern die Ostseehäfen zwischen Pillau und Gotenhafen an.
Zu dieser Flotte gehört auch die *Wilhelm Gustloff*, die in den 1930er-Jahren für die Organisation *„Kraft durch Freude"* auf Reisen war. Das 208 Meter lange imposante Schiff nimmt in Gotenhafen (Gdingen) Flüchtlinge an Bord.

Untergang der Gustloff

Auf dem Hafengelände drängen sich tausende von Menschen mit Gepäck, Pferdewagen, Kutschen und Karren. Besatzungsmitglieder der *Gustloff* registrieren die Passagiere. Beim 7956. wird das Zählen eingestellt. Am Ende sind es wahrscheinlich 10 000, die sich auf die Decks und Salons verteilen.
Am 30. Januar 1945 kann die *Gustloff* endlich ablegen. Noch am selben Tag wird das Schiff von einem sowjetischen U-Boot mit Torpedos angegriffen. Eine der größten Schiffskatastrophen nimmt ihren Lauf: Die Rettungsboote sind vereist und festgefroren. Nur mit Mühe gelingt es, einige davon flottzumachen. Etwa eine Stunde, nachdem die Torpedos eingeschlagen sind, sinkt die *Gustloff*. 9000 Menschen, die Hälfte davon sind Kinder, ertrinken.

263 Zwei mit Flüchtlingen und Soldaten voll beladene Schiffe vor dem Auslaufen, 1945

264 Flüchtlingstrecks ziehen über das Frische Haff.

263

264

DPs – Displaced Persons

Ende Oktober 1948 gehen in Bremerhaven 813 Personen an Bord eines amerikanischen Truppentransporters. Der schwerfällige Dampfer nimmt Kurs auf die USA, die neue Heimat dieser Menschen.
Es sind *Displaced Persons (DPs)* – Heimatlose: befreite Häftlinge aus den Konzentrations- und Vernichtungslagern, Überlebende der Todesmärsche, Partisanen aus den besetzten Ländern, Flüchtlinge aus der Sowjetunion und Polen, die in Deutschland gestrandet sind.

Wartesaal Deutschland

Ausgerechnet Deutschland wird zur Durchgangsstation dieser Menschen, darunter 150 000 bis 250 000 jüdische *DPs*. Ein Pogrom im polnischen Kielce, bei dem im Juli 1946 insgesamt 42 Juden umgebracht werden, verstärkt den Zustrom noch. In Berlin, München und anderswo entstehen *DP*-Lager, und manche der ehemaligen Häftlinge, die Jahre ihres Lebens hinter Stacheldraht verbracht haben, finden sich erneut hinter hohen Zäunen wieder. Die meisten dieser Heimatlosen haben buchstäblich alles verloren: Ihre Familien, ihr Zuhause, ihr Hab und Gut, ihre Gesundheit. Die einzige Hoffnung ist ein Platz auf einem Auswanderungsschiff.

Gehen und Bleiben

Das von Briten verwaltete Palästina und die USA stehen als Auswanderungsziele ganz oben auf der Wunschliste der *DPs*. Die amerikanischen Einwanderungsgesetze werden strikt gehandhabt. Wenn nur einer aus einer Gruppe etwa an Tuberkulose leidet, sind alle von der Einwanderung gesperrt. Die *Displaced Persons* müssen große Geduld aufbringen.
Viele überlebende Juden können sich Zukunft nur in einem eigenständigen, erst noch zu gründenden jüdischen Staat vorstellen. Dieser Gedanke gewinnt gerade in den *DP*-Lagern neue Anhänger. Aber manche sind viel zu krank und zu schwach für einen Neuanfang in der Ferne. Trotz einer manchmal feindseligen, judenfeindlichen Umgebung bleiben sie. Es sind die Gründer neuer jüdischer Gemeinden im Nachkriegsdeutschland.

265

265 Jüdische Rabbiner verlassen Deutschland in Richtung Frankreich.

266

266 Der erste Auswanderungszug nach Palästina, 1948

Deutsche Kriegsgefangene

267

267 Deutsche Soldaten wandern 1945 auf der Autobahn in die amerikanische Kriegsgefangenschaft.

Am 20. Mai 1945 gerät Hauptmann Helmut Grüter in der Nähe von Prag mit seinen Soldaten in russische Gefangenschaft. Grüter stehen acht Jahre Lagerhaft mit schwerster körperlicher Arbeit bevor. Sein Weg führt ihn quer durch die Sowjetunion über Karabas in Kasachstan bis in das Donezer Kohlerevier der Ukraine.

Nichts Besseres verdient

Obwohl Grüter erst im Oktober 1953 heimkehrt, zieht er ein erstaunliches Resümee: *„Wer ehrlich gegen sich selbst war, musste eingestehen, dass wir nichts Besseres verdient hatten. Denn wir hatten dieses Land überfallen und verwüstet, den Krieg verloren, dafür mussten wir büßen.“*
Helmut Grüter ist einer von insgesamt etwa 11 Millionen Wehrmachtsangehörigen, die im Zweiten Weltkrieg in Gefangenschaft geraten. Wer bei den Briten oder Amerikanern landet, hat Glück. In ihren Gefangenencamps ist die Todesrate eher gering. In den sowjetischen Lagern dagegen stirbt ein Drittel der insgesamt über 3 Millionen deutschen Kriegsgefangenen. Zum Vergleich: Über die Hälfte der sowjetischen Kriegsgefangenen in deutschem Gewahrsam, das sind 3 Millionen, wurden ermordet.
Wie die UdSSR haben auch die Westalliierten im Mai 1945 erhebliche Probleme mit der enorm hohen Gefangenenzahl. In den sieben Rheinwiesenlagern zwischen Büderich und Bad Kreuznach campieren über 800 000 deutsche Soldaten unter freiem Himmel, ohne ausreichende Versorgung, und sterben zu tausenden. Auf so viele Gefangene sind die Besatzer nicht vorbereitet gewesen.

Potsdamer Konferenz

Die von den Alliierten 1943 eingesetzte *Europäische Beratende Kommission* hat umfangreiche Vorarbeit geleistet. Von ihr stammt der Entwurf zur Aufteilung Deutschlands in Besatzungszonen.
Doch die eigentlichen Entscheidungen für die Nachkriegsordnung in Mitteleuropa fallen schließlich auf den *Konferenzen von Jalta* (4. bis 11. Februar 1945) und *Potsdam* (17. Juli bis 2. August 1945). Die Beschlüsse sind von großer Tragweite – nicht nur für Deutschland, sondern auch für den Rest der Welt. Denn sie legen den Grundstein für die Teilung Deutschlands und Europas.
Bereits in Jalta auf der Halbinsel Krim haben sich die „Großen Drei" – Stalin, Roosevelt und Churchill – darauf geeinigt, Deutschland in vier Besatzungszonen einzuteilen. Als vierte Besatzungsmacht ist Frankreich vorgesehen. Deutschland soll in diesem Zusammenhang einem *Alliierten Kontrollrat* unterstellt werden, der einstimmig über das Land betreffende Angelegenheiten entscheidet. Weiter stehen auf dem Plan für Nachkriegsdeutschland: Entmilitarisierung, Entnazifizierung und Reparationsleistungen. Darüber hinaus akzeptieren die Großmächte eine Westverschiebung Polens (wobei die genaue Westgrenze einer Regelung in einem Friedensvertrag vorbehalten bleibt) und eine demokratische Ordnung in Ost- und Südosteuropa.
Am 17. April 1945 stirbt der amerikanische Präsident Roosevelt. Zur Konferenz von Potsdam reist sein Nachfolger Harry Truman nach Deutschland.
Im Lauf der Verhandlungen bittet der britische Premierminister Churchill um eine Unterbrechung, um in London die Ergebnisse der Unterhauswahl entgegen-

268

268 Konferenz von Potsdam, 1945. In der Bildmitte mit weißer Jacke: Josef Stalin (UdSSR), zweiter rechts neben ihm: Harry Truman (USA). Clement Attlee (Großbritannien) sitzt drei Plätze weiter am linken Bildrand.

zunehmen. Das Resultat ist für ihn so vernichtend, dass er sofort zurücktritt und gar nicht erst nach Potsdam zurückkehrt. Sein Nachfolger Clement Attlee kommt zu den Verhandlungen mit Truman und Stalin.

Unterschiedlich gedeutet

Die Ergebnisse der *Konferenz von Potsdam (Potsdamer Protokoll*, auch *Potsdamer Abkommen* genannt) bilden den Ausgangspunkt für die weitere Politik der Siegermächte. Die Übereinkünfte beruhen auf den Beschlüssen früherer Kriegskonferenzen und neuer Kompromisse. Das Abkommen enthält aber auch Schwachstellen, die im Nachhinein unterschiedlich gedeutet werden. So verstehen z.B. die Sowjets die Gebietsabtretungen Deutschlands an Polen und die Oder-Neiße-Grenze als verbindlich, die Westmächte dagegen als provisorisch.

270

Ergebnisse

- Verwaltung des besetzten Deutschland durch den Alliierten Kontrollrat
- Entmilitarisierung
- Entnazifizierung und Zerschlagung der NSDAP und aller NS-Organisationen
- Bestrafung der Kriegsverbrecher
- Neuordnung von Politik und Gesellschaft auf demokratischer Ebene
- Erneuerung des Erziehungs- und Gerichtswesens
- Neuorganisation der Wirtschaft
- Festlegung der Reparationsansprüche der Alliierten und anderer Länder
- Die Gebiete östlich der Oder-Neiße-Linie und der südliche Teil von Ostpreußen werden an Polen abgetreten.
- Königsberg und das nördliche Ostpreußen werden unter sowjetische Verwaltung gestellt.
- Umsiedelung der Deutschen aus Polen, der Tschechoslowakei und Ungarn nach Deutschland

269

269 Die Befehlshaber der vier Besatzungszonen von links: Bernard Law Viscount Montgomery of Alamein (Großbritannien), Dwight D. Eisenhower (USA), Georgi Schukow (UdSSR), Jean de Lattre de Tassigny (Frankreich)

270 Warnschild vor der Berliner Mauer, 1989

Nürnberg: das Tribunal

271 Sitzungssaal des Internationalen Militär-Tribunals. Links sitzen die Angeklagten in der ersten und zweiten Reihe, vor ihnen ihre deutschen Verteidiger. Gegenüber auf der rechten Bildseite sitzen die Richter. Im Bildvordergrund die französischen, sowjetischen, amerikanischen und britischen Ankläger. Am oberen Bildrand befinden sich die Plätze für Dolmetscher und Zeugen.

Der letzte Akt des Hauptkriegsverbrecherprozesses findet in der Nacht zum 16. Oktober 1946 in der Turnhalle des Nürnberger Justizpalastes statt. Dort sind auf einem Podest drei Galgen aufgebaut. Um 1.01 Uhr führt der aus Texas eingeflogene Henker John C. Woods den ersten der zwölf zum Tode verurteilten Angeklagten über die 13 Stufen des Podestes zum Schafott. Es ist der ehemalige Außenminister Joachim von Ribbentrop. Weitere Angeklagte, die in dieser Nacht hingerichtet werden, sind Hans Frank, Wilhelm Frick, Alfred Jodl, Ernst Kaltenbrunner, Wilhelm Keitel, Alfred Rosenberg, Fritz Sauckel, Arthur Seyß-Inquart und Julius Streicher. Ebenfalls zum Tode verurteilt sind Martin Bormann (in Abwesenheit) und Hermann Göring, der sich kurz vor der Vollstreckung des Urteils in seiner Zelle vergiftet.

Die Angeklagten Rudolf Heß, Walther Funk und Erich Raeder erhalten lebenslänglich, Baldur von Schirach und Albert Speer 20 Jahre, Konstantin von Neurath 15 und Karl Dönitz 10 Jahre Gefängnis. Franz von Papen, Hans Fritzsche und Hjalmar Schacht werden freigesprochen.

Jahrhundertprozess

Der Vollstreckung der Todesurteile ist seit dem 20. November 1945 ein Jahrhundertprozess vorausgegangen mit 403 öffentlichen Verhandlungen, 300 000 eidesstattlichen Erklärungen und 240 Zeugen. Den Angeklagten wird ein fairer Prozess gemacht. Sie können Verteidiger ihrer Wahl nehmen. Die vier Hauptankläger stammen aus den vier Siegerländern, ebenso die vier Richter und ihre Stellvertreter. Bis 1948 folgen noch 12 weitere Verfahren vor US-Militärgerichten.

271

Richard Sonnenfeldt

Mit einem Kindertransport gelangen Richard Sonnenfeldt und sein Bruder Helmut 1938 nach England. Die beiden Söhne einer jüdischen Arztfamilie aus der Kleinstadt Gardelegen in Sachsen-Anhalt sollen vor den NS-Verfolgern in Sicherheit gebracht werden.
Mit dem Ausbruch des Zweiten Weltkrieges beginnt für ihn eine unfreiwillige Weltreise: Richard wird interniert und im Mai 1940 von England aus mit NS-Gefangenen an Bord des Schiffs *Dunera* nach Australien deportiert.
Während der abenteuerlichen Überfahrt gerät das Schiff unter Torpedo-Beschuss deutscher U-Boote, kann aber seine Fahrt fortsetzen.

Einreise in die USA

In Australien klärt sich das Missverständnis auf und Richard Sonnenfeldt darf nach England zurück. Bei einem Aufenthalt in Bombay gestattet ihm das US-Konsulat, nach New York auszureisen, wo ihn seine Eltern schließlich erleichtert in die Arme schließen.
In Baltimore verdient sich der junge Deutsche als Elektriker sein erstes Geld und bringt es bald zum Meister. Bei der Einbürgerung wird aus Heinz Wolfgang Richard Sonnenfeldt *Richard W. Sonnenfeldt.* Im November 1943 holt ihn die US Army. Als Soldat erlebt er von Italien und Frankreich aus den Vormarsch der Alliierten und schließlich die Befreiung des KZ Dachau. Der Anblick der Gefangenen erschüttert ihn zutiefst.

„Leute wie Streicher haben mich angeekelt"

In Deutschland erfährt sein Leben noch einmal eine Wende. Sonnenfeldt wird zum Chefdolmetscher der Anklage bei den Nürnberger Prozessen berufen. Abgesehen von Hitler, Himmler und Goebbels, die Selbstmord begangen haben, lernt er die meisten NS-Größen und mehrere ehemalige Generäle persönlich kennen. Vor allem mit Göring setzt er sich intensiv auseinander.
Sonnenfeldt ist verblüfft über die *„Mittelmäßigkeit und Dummheit"* der meisten Angeklagten. Lediglich Göring, Speer und Schacht bilden, was ihre Intelligenz betrifft, eine Ausnahme.
Der Dolmetscher erlebt, wie unterschiedlich die Angeklagten reagieren, Rudolf Heß etwa, der angeblich sein Gedächtnis verloren hat und dessen Befragung *„absurde Züge"* annimmt. *„Irgendwann fängt man an, diese Leute zu durchschauen. Ich konnte schon an der Stimme hören, wann sie logen."*

Nie hassen

Sonnenfeldt sagt rückblickend über diese Zeit: *„… ich wollte nie wie ein Nazi hassen. Ich will nicht, dass Unschuldige verfolgt werden. Schuld wird nicht vererbt."*
„Mehr als ein Leben" – so nennt Richard Sonnenfeldt seine Erinnerungen, die er im Alter von fast 80 Jahren vorlegt: *„Mein Leben ist wesentlich besser verlaufen, als es jemals hätte sein können, wenn ich als arischer Junge in Gardelegen aufgewachsen wäre."* Das Resümee eines Optimisten!

Richard Sonnenfeldt

1923 *Geburt in Gardelegen*
1938 *Flucht nach England*
ab 1940 *Übersiedelung in die USA*
1946 *Chefdolmetscher bei den Nürnberger Prozessen*
nach 1945 *Elektroingenieur, Techniker und Manager in den USA*

Persilscheine

272

272 Die Bevölkerung bei der von den Amerikanern angeordneten Besichtigung des KZ Buchenwald

273 „Entfernt die Kriegsverbrecher aus allen Positionen!!!" – Parole an den Resten des Berliner Stadtschlosses, 1947

Was Gegner des NS-Regimes unmittelbar nach Kriegsende am meisten überrascht: Die Nationalsozialisten und ihre Millionen Anhänger sind mit einem Schlag verschwunden. Niemand will Mitglied der NSDAP oder ein Bewunderer Hitlers gewesen sein. Und wer es gar nicht leugnen kann, besorgt sich einen *Persilschein*, das heißt die Aussage einer glaubwürdigen Person, wonach er oder sie in der Zeit von 1933 bis 1945 den Mitmenschen nichts Böses angetan habe. Eine Reinwaschung! Durch die *Entnazifizierung* soll der Ungeist der Vergangenheit ausgerottet werden. Hauptschuldige werden einer strafrechtlichen Untersuchung zugeführt und größtenteils abgeurteilt. Mitläufer erhalten Geldstrafen und Berufsverbote. Viele Verfahren ziehen sich in die Länge oder werden eingestellt. Nazi-Verbrecher können häufig untertauchen. In der Sowjetisch-Besetzten-Zone werden Funktionsträger der NSDAP oder von NS-Organisationen aus allen Ämtern entfernt.

Für Tote gibt's nichts

Der Pianist Helmut Roloff und der Schriftsteller Günther Weisenborn, zwei Überlebende der *Roten Kapelle*, suchen nach Kriegsende im Gefängnis Berlin-Spandau die Zellen auf, in denen sie Monate des Schreckens verbracht haben. Während beide sich umsehen, hört Roloff plötzlich die Stimme eines Wärters, die ihm als äußerst widerwärtig im Gedächtnis haften geblieben war. Dieser Mann, der die politischen Gefangenen besonders traktierte, versieht seinen Wachdienst wie eh und je.

Hitler-Gegner treffen bei Behördengängen oft auf Kälte und Ablehnung. Rainer Küchenmeister etwa, dessen Vater als Anhänger der *Roten Kapelle* ermordet wurde und der selber viele Monate in Gestapo- und KZ-Haft verbracht hat, wendet sich an eine Behörde und erkundigt sich nach einer Entschädigung. Der zuständige Beamte herrscht ihn an: *„Für Tote gibt's nichts!"*

273

Hamstern und Kohlenklau

274

Die Not der Nachkriegsjahre zu ermessen, ist kaum möglich. In den Trümmerhalden der Städte fehlt es an allem: Brennholz, Lebensmittel, Unterkünfte usw.

Not macht erfinderisch

In seinem Buch „Das Brot der frühen Jahre“ beschreibt der Dichter Heinrich Böll die Hungerjahre: „*... der Gedanke an frisch gebackenes Brot machte mich ganz dumm im Kopf, und ich streifte oft abends stundenlang durch die Stadt und dachte nichts anderes als: Brot ... ich spürte, dass etwas Wölfisches in mir war. Brot. Ich war brotsüchtig ...*“

Not macht erfinderisch, und eine Erfindung der Nachkriegszeit ist das „Hamstern“: Städter reisen aufs Land – per Bahn, mit dem Fahrrad oder zu Fuß –, um Tauschgeschäfte zu machen: Ein Kaffeeservice gegen einen Sack Kartoffeln. Oder Leinentücher, Bettwäsche, Anzüge und Werkzeuge gegen Obst, Mehl, Eier und Rübensaft.

Üblich ist auch der Kohlenklau. Mit Kohle beladene Waggons kommen oft halb leer am Zielort an, weil sie unterwegs immer wieder geplündert werden.

Tabak als Währung

Die Zigarette entwickelt sich in diesen Zeiten zu einer Leitwährung: Eine *Lucky Strike* kostet beispielsweise 6 Reichsmark. Deutsche Tabakwaren sind billiger als amerikanische, etwa Tabak zum Pfeifestopfen oder Selbstdrehen. Das feine Papier von Gebetbüchern eignet sich gut als Zigarettenpapier. Wer nichts hat, der sammelt Kippen für einen neuen Glimmstängel.

275

274 Mit der Bahn fahren die Menschen auf das Land zum „Hamstern“.

275 Kohlebeschaffung zwischen den Bahnhöfen Hamburg und Altona, 1946

Der Kalte Krieg

Das einheitliche Vorgehen der Alliierten, das noch die *Potsdamer Konferenz* bestimmte, hält nicht lange an. Als am 2. September 1945 mit der Kapitulation Japans der Krieg auch in Ostasien zu Ende geht, brechen Spannungen auf. Die seit langem bestehenden Gegensätze, die der gemeinsame Kampf gegen Hitler verdeckt hat, nehmen an Schärfe zu.

„Truman-Doktrin"

Die Vereinigten Staaten, die sich eigentlich aus Europa zurückziehen wollen, ändern ihren Kurs: Sie trennen sich von dem Gedanken, die Großmächte könnten die Probleme der Welt nach dem Muster der Anti-Hitler-Koalition gemeinsam regeln. Mit der so genannten *Truman-Doktrin* von 1947 sichern die USA anderen Staaten direkte Hilfe zu, sofern diese ihre Freiheit durch den Kommunismus bedroht sehen.

Machthunger

Die Sowjetunion ihrerseits ist zwar durch den Krieg geschwächt, Stalin entwickelt jedoch einen ungebremsten Machthunger. In Polen, Ungarn, der Tschechoslowakei, Rumänien und Bulgarien setzt der Kreml durch massiven Druck Regime durch, die nach der Pfeife Moskaus tanzen. Innerhalb weniger Jahre gruppieren sich die Länder Europas und zum Teil auch der übrigen Welt in zwei mächtige Blöcke, deren Grenze mitten durch Deutschland verläuft. Dieser *Eiserne Vorhang* wird zur Frontlinie des *Kalten Krieges.*

276

276 Karte der Besatzungszonen, 1945–1949

Wernher von Braun – Werner Albring

Wernher von Braun mit einem Modell der „Saturn"-Rakete

Seine Verstrickung in die Verbrechen des NS-Regimes hat seiner Nachkriegskarriere nicht geschadet. Im Gegenteil – Wernher von Braun, Raketenforscher und Pionier der bemannten Weltraumfahrt, profitiert nach 1945 von seiner Rolle im Dritten Reich. Das Mitglied der NSDAP und der SS hat als Leiter der Raketenversuchsanstalt Peenemünde militärisch nutzbare Raketen entwickelt. Zwangsarbeiter wurden dafür eingesetzt.
Nach einem Angriff der britischen Luftwaffe auf Usedom wird die in der Propaganda als „*Wunderwaffe*" gepriesene *V2 (Vergeltungswaffe 2)* in der bombensicheren Schachtanlage *Dora-Mittelbau* massenhaft produziert. Unter schlechtesten Bedingungen montieren 40 000 KZ-Häftlinge die *V2* in Serie – tausende von ihnen sterben.
1945 stellt sich von Braun der amerikanischen Armee. Die Amerikaner bieten ihm an, mit seinen Spezialisten in die USA überzuwechseln. Ihre raketentechnischen Kenntnisse sind von höchster Bedeutung für das amerikanische Militär.
Höhepunkte seiner Karriere sind der erste bemannte Flug zum Mond 1968 mit der von ihm entwickelten Rakete *Saturn V (Apollo 8)* und die Mondlandung 1969 *(Apollo 11)*. Seine Leistungen auf dem Gebiet der Weltraumfahrt machen ihn zu einem Mythos, dem die NS-Vergangenheit nichts mehr anhaben kann. Erst viele Jahre nach von Brauns Tod beginnen Historiker, Fragen nach seiner Mitschuld am Tod von tausenden von Häftlingen zu stellen.

Werner Albring

Eine andere Gruppe von deutschen Raketenforschern wechselt ebenfalls die Seiten, allerdings nicht freiwillig. In einer Nacht-und-Nebel-Aktion werden im Spätherbst 1946 hunderte von Raketenspezialisten aus Bleicherode im Harz in die Sowjetunion verfrachtet. Auf Gorodomlia, einer kleinen Insel im Nordwesten Russlands, und an anderen Orten der UdSSR wirken sie am Bau der Trägerrakete für *Sputnik 1* mit. Mit dem Start des Satelliten kommt die Sowjetunion den USA zuvor.
Einer der Raketenforscher ist Werner Albring, von 1941 bis 1945 stellvertretender Leiter des Instituts für Aerodynamik und Flugtechnik in Hannover. Auf Gorodomlia bleibt Albring bis 1952. „*Wir nannten uns Friedens-Gefangene*", sagt er rückblickend. Mit der eigenen Rolle beim Bau von Kriegswaffen setzt Albring sich kritisch auseinander. Nach seiner Rückkehr widmet er sich als Professor für Strömungslehre an der Technischen Hochschule Dresden nur noch zivilen Projekten.

Werner Albring

Wernher von Braun

1912 *Geburt in Wirsitz*
seit 1930 *Studium der Physik*
seit 1933 *Mitarbeit bei der Entwicklung von Raketen*
1937 *Technischer Leiter des Raketenzentrums Peenemünde*
1955 *Amerikanische Staatsbürgerschaft*
Seit 1960 *Entwicklung der „Saturn V"*
1977 *Tod in Alexandria (Virginia)*

Werner Albring

1914 *Geburt in Schwelm*
1945–1952 *Raketenforscher in der Sowjetunion*
1953 *Hochschullehrer und Wissenschaftler*

Neubeginn

Zeit zum Nachdenken gönnen sich nach dem Kriegsende nur wenige. Während die Alliierten versuchen, in den Besatzungszonen die öffentliche Ordnung zu sichern, sind die Deutschen mit ihren Existenzsorgen beschäftigt. Überleben heißt die Devise, den nächsten Tag erreichen.
Trotz der Zerstörung vieler Fabriken im Krieg und der Demontage von Werksanlagen danach kommt die Wirtschaft langsam wieder in Gang.
Der amerikanische *Marshall-Plan*, ein Hilfsprogramm für Europa (benannt nach US-Außenminister George C. Marshall), kommt auch den drei Westzonen zugute. Die Ostzone dagegen, die dem Einfluss Moskaus unterliegt, erhält keine Unterstützung und gerät wirtschaftlich ins Hintertreffen. Der *Kalte Krieg* verschärft somit auch die wirtschaftlichen Gegensätze.
Nach der Gründung der Bundesrepublik Deutschland und der Deutschen Demokratischen Republik (DDR) im Jahr 1949 entwickeln sich die beiden Staaten noch weiter auseinander. Im Osten klammert sich der Chef der Sozialistischen Einheitspartei Deutschlands (SED), Walter Ulbricht, an die Sowjetunion. Auf der Gegenseite betreibt Bundeskanzler Konrad Adenauer entschlossen die Westintegration der Bundesrepublik.

277

277 Trümmerfrauen vor dem zerstörten Reichstag

Feindbilder entschärfen

Erst in den 1970er-Jahren gelingt es Bundeskanzler Willy Brandt, Feindbilder zu entschärfen und wieder Vertrauen zwischen Ost und West aufzubauen. Auf diese Weise wird allmählich Verständigung und Versöhnung möglich – eine wichtige Voraussetzung für die Wiedervereinigung Deutschlands 1990. Mit dem Ende der Sowjetunion bietet sich plötzlich die historische Chance, die Einheit Deutschlands wieder herzustellen. Und entschlossen ergreift Bundeskanzler Helmut Kohl sie.
Alles in allem vergeht mehr als ein halbes Jahrhundert, bis die Folgen der 12 Jahre dauernden NS-Herrschaft überwunden sind. Sein vorläufiges Ende findet dieser Prozess mit der Wiedervereinigung Europas im Jahre 2004. Die Erweiterung der Europäischen Union um die Länder in Mittel-, Ost- und Nordosteuropa ist ein historisches Ereignis, das Raum gibt für Zuversicht und Hoffnung.

Die Nachkriegszeit

Die Dynamik des Kalten Krieges bestimmt die ersten Nachkriegsjahre in Deutschland. Interessen und Weltanschauungen der Machtblöcke in Ost und West sind nicht mehr auf einen Nenner zu bringen. Entsprechend gegensätzlich verläuft die Entwicklung in den vier Besatzungszonen.

1946: In der Sowjetisch-Besetzten-Zone (SBZ) werden KPD, SPD und bürgerliche Parteien zu einem antifaschistischen, demokratischen Block verbunden. Im April 1946 folgt die Zwangsverschmelzung von KPD und SPD zur Sozialistischen Einheitspartei Deutschlands (SED).

Auf der Suche nach Material für den Wiederaufbau

1948: In den Westzonen wird im Juni die Deutsche Reichsmark durch die Deutsche Mark ersetzt.

Berliner Blockade (24. Juni 1948–12. Mai 1949): Die UdSSR versucht, die Westsektoren der Stadt unter ihren Einfluss zu bekommen und die Verbindungen nach Westdeutschland abzuschneiden. West-Berlin wird über eine Luftbrücke versorgt.

1949: Der politische und wirtschaftliche Gegensatz zwischen Ost und West weckt Kriegsängste. Eine gemeinsame Deutschlandpolitik der Siegermächte ist nicht mehr möglich. Zwei deutsche Staaten entstehen:

- Im Westen wird die Bundesrepublik Deutschland gegründet. Ihre Verfassung (Grundgesetz) wird am 24. Mai 1949 verkündet. Die Wahlen zum ersten deutschen Bundestag finden am 14. August 1949 statt. Konrad Adenauer wird zum Bundeskanzler gewählt. Er bleibt bis 1963 im Amt.
- Aus der Sowjetisch-Besetzten-Zone wird die Deutsche Demokratische Republik. Die Verfassung der DDR tritt am 7. Oktober 1949 in Kraft. Walter Ulbricht bestimmt in Absprache mit der Sowjetunion die Politik der SED. Bis 1971 bleibt Ulbricht Erster Sekretär des Zentralkomitees der SED.

1953: Arbeiteraufstand in der DDR. Der Protest richtet sich gegen SED und Regierung, die zum „Aufbau des Sozialismus" den Arbeitern immer neue Leistungen abverlangen.

Die Mauer am Potsdamer Platz

1961: Nach drastisch gestiegenen Flüchtlingszahlen beginnt die DDR am 13. August 1961 mit dem Bau der Mauer in Berlin. Im amtlichen Sprachgebrauch ist von der „Befestigung der Staatsgrenze" die Rede.

1963: Unterzeichnung des Deutsch-Französischen Freundschaftsvertrages durch Konrad Adenauer und Charles de Gaulle

1969: Willy Brandt wird Bundeskanzler. Seine Politik ist auf Entspannung mit der DDR und Osteuropa ausgerichtet. Brandt stellt sich den offenen Fragen und Wunden aus der NS-Zeit.

Willy Brandt vor dem Mahnmal des Gettoaufstandes, 1970

1970: Die Bundesrepublik erkennt die Unverletzlichkeit der polnischen Westgrenze an. Brandts Kniefall am 7. Dezember 1970 am Mahnmal des Gettoaufstandes von 1943 in Warschau wird zum Symbol eines Neubeginns in den deutsch-polnischen Beziehungen.

1972: Die Entspannungspolitik Brandts setzt sich durch. Abkommen mit der Sowjetunion, Polen und der DDR werden rechtskräftig.

1989: Am 9. November fällt die Berliner Mauer. Der sowjetische KP-Generalsekretär Michail Gorbatschow bereitet mit Bundeskanzler Helmut Kohl den Weg für die Wiedervereinigung Deutschlands.

1990: Am 3. Oktober 1990 tritt die DDR der Bundesrepublik bei. Die Einheit Deutschlands ist wieder hergestellt.

2004: Die drei baltischen Staaten Estland, Lettland und Litauen sowie Polen, Tschechien, Slowenien und Ungarn werden Mitglieder der Europäischen Union (EU). Die Spaltung Europas, die seit Kriegsende besteht, wird endgültig überwunden. Damit endet die Nachkriegszeit.

Erinnern und versöhnen

278

279

278 Der polnische Außenminister Wladyslaw Bartoszewski spricht 1995 im Deutschen Bundestag bei der Feierstunde zum 50. Jahrestag der Beendigung des Zweiten Weltkriegs.

279 Bundespräsident Richard von Weizsäcker, 1985

Am 28. April 1995 hält der polnische Außenminister Wladyslaw Bartoszewski in einer gemeinsamen Sondersitzung von Bundestag und Bundesrat in Berlin eine viel beachtete Rede. Zum ersten Mal in der Geschichte der deutsch-polnischen Beziehungen tritt ein hoher polnischer Politiker vor einem deutschen Parlament auf.

Vom Krieg heimgesucht

Bartoszewski, 1922 geboren, Mitbegründer einer Organisation zur Rettung von Juden in Polen, 1944 Teilnehmer des Warschauer Aufstandes und KZ-Häftling in Auschwitz, erinnert an das Schicksal polnischer Zwangsarbeiter in Deutschland und nutzt seine Ansprache zu einer Geste der Versöhnung. Polen sei nach der Wiedererlangung seiner politischen Souveränität nun *„auch zu seiner geistigen Souveränität gelangt … Als Volk, das vom Krieg besonders heimgesucht wurde, haben wir die Tragödie der Zwangsumsiedlungen kennen gelernt sowie die damit verbundenen Gewalttaten und Verbrechen. Wir erinnern uns daran, dass davon auch unzählige Menschen der deutschen Bevölkerung betroffen waren und dass zu den Tätern auch Polen gehörten.“*

Miteinander leben, nicht gegeneinander

Ein Jahrzehnt zuvor, am 8. Mai 1985, hatte Bundespräsident Richard von Weizsäcker im Plenarsaal des Bundestages in Bonn zum 40. Jahrestag der Beendigung des Zweiten Weltkriegs gesprochen. Seine Rede wird als die bedeutsamste seiner Amtszeit gewürdigt.

Der Bundespräsident, der im Zweiten Weltkrieg Hauptmann der Wehrmacht war, erinnert an das so genannte *Testament* Hitlers vom 30. April 1945, ein Dokument abgrundtiefen Judenhasses:
„… es gibt kaum einen Staat, der in seiner Geschichte immer frei blieb von schuldhafter Verstrickung in Krieg und Gewalt. Der Völkermord an den Juden ist jedoch beispiellos. (…) Wir alle, ob schuldig oder nicht, ob alt oder jung, müssen die Vergangenheit annehmen. Wir alle sind von ihren Folgen betroffen und für sie in Haft genommen. (…) Wir suchen als Menschen Versöhnung. Gerade deshalb müssen wir verstehen, dass es Versöhnung ohne Erinnerung gar nicht geben kann. (…) Die Jungen sind nicht verantwortlich für das, was damals geschah. Aber sie sind verantwortlich für das, was in der Geschichte daraus wird. (…) Wir lernen aus unserer eigenen Geschichte, wozu der Mensch fähig ist. Deshalb dürfen wir uns nicht einbilden, wir seien nun als Menschen anders und besser geworden.
Es gibt keine endgültig errungene moralische Vollkommenheit – für niemanden und kein Land! Wir haben als Menschen gelernt, wir bleiben als Menschen gefährdet. Aber wir haben die Kraft, Gefährdungen immer von neuem zu überwinden. Hitler hat stets damit gearbeitet, Vorurteile, Feindschaften und Hass zu schüren.
Die Bitte an die jungen Menschen lautet: Lassen Sie sich nicht hineintreiben in Feindschaft und Hass gegen andere Menschen, gegen Russen und Amerikaner, gegen Juden und Türken, gegen Alternative oder Konservative, gegen Schwarz oder Weiß. Lernen Sie miteinander zu leben, nicht gegeneinander.“

Jahrhundertgeschenk

280

280 Am 9. November 1989 öffnet die DDR ihre Grenze nach West-Berlin und zur Bundesrepublik. Nach 28 Jahren fällt die Mauer. Bewohner aus beiden Teilen Berlins stehen auf der Mauerkrone am Brandenburger Tor. Jubel und Erleichterung über das Jahrhundertgeschenk der Einheit, die kaum jemand mehr für möglich hielt, kennen keine Grenzen. Der Fall der Mauer wird von vielen als das einschneidendste Ereignis der Nachkriegszeit empfunden.

281

281 Die Flaggen der 25 Länder, die zur Europäischen Union gehören. Mit dem Beitritt der Staaten in Mittel-, Ost- und Nordosteuropa wird die seit Ende des Zweiten Weltkriegs bestehende Spaltung Europas überwunden.

Worterklärungen

Alliierte: Verbündete Großmächte, z. B. die Siegermächte im Zweiten Weltkrieg. Sie übernahmen im Jahr 1945 die gemeinsame Verwaltung des besiegten Deutschlands.

Alliierter Kontrollrat: 1945 gebildetes oberstes Regierungsorgan der Besatzungsmächte Frankreich, Großbritannien, UDSSR und USA, das sich aus deren vier Oberbefehlshabern zusammensetzte. Der Kontrollrat trat seit 1948 nicht mehr zusammen.

Annexion: Bezeichnung für die Aneignung eines unter fremder Gebietshoheit stehenden Territoriums, meist unter Anwendung von Gewalt

Antisemitismus: Bezeichnung für die von religiösen, politischen, wirtschaftlichen, sozialen und kulturellen Vorurteilen geprägte ablehnende und ausgrenzende Haltung gegenüber Juden

Arisch: Nationalsozialistische Bezeichnung für alle, die nicht jüdisch waren und die keine Vorfahren hatten, die der jüdischen Religion angehörten.

Arisierung: Nationalsozialistischer Begriff für die Entfernung der Juden aus dem Wirtschafts- und Berufsleben, ihre Einschränkung der Erwerbstätigkeit und den Diebstahl jüdischen Vermögens

Besatzungszonen: Bezeichnung für die von den vier Siegermächten besetzten und verwalteten Gebiete in Deutschland ab 1945

Bolschewismus: Kommunistische Bezeichnung für den Sowjetkommunismus (bis 1953). Juden wurden von den Nationalsozialisten als *„jüdisch-bolschewistische Weltfeinde“* abgestempelt, die die *„arische Herrenrasse“* bedrohten.

Demokratie: Griechisch *Volksherrschaft;* Staatsform, in der die Staatsgewalt vom Volk ausgeht (durch Wahlen) und von ihm ausgeübt wird. Die Verfassung garantiert allgemeine persönliche und politische Rechte.

Deportation: Verschleppung von Menschen, z. B. in Konzentrationslager

Deserteur: Bezeichnung für einen Soldaten, der sich militärischen Verpflichtungen entzieht

Diktatur: Herrschaftssystem, bei dem die gesamte Macht eines Staates bei einem Einzelnen oder einer Gruppe liegt ohne demokratische Kontrolle

Diskriminierung: Benachteiligung und Ausgrenzung bestimmter Gruppen u. a. wegen ihrer Herkunft, Religion oder Hautfarbe

Drittes Reich: Bezeichnung für das Deutsche Reich während der Zeit des Nationalsozialismus (1933–1945)

Einsatzgruppen: SS-Einheiten der Sicherheitspolizei und des Sicherheitsdienstes; sie wurden bei den Feldzügen in Osteuropa eingesetzt. In Massenerschießungen töteten sie hunderttausende von Menschen.

Elite: Auswahl der Besten; Sonderstellung, die sich auf Macht, Abstammung oder Wissen gründet, z. B. die Führungsschicht einer Nation

Emigration: Die freiwillige oder erzwungene Auswanderung oder Flucht aus dem Heimatland

Endlösung: Nationalsozialistische Bezeichnung für die planmäßige Ermordung der Juden in Deutschland und im deutschen Machtbereich zwischen 1941 und 1945

Entnazifizierung: Maßnahmen der Alliierten, um nach 1945 nationalsozialistische Organisationen zu zerschlagen und Nationalsozialisten aus staatlichen, wirtschaftlichen und kulturellen Positionen zu entfernen

Ermächtigungsgesetz: Gesetz von 23. März 1933, mit dem die Regierung unter Reichskanzler Adolf Hitler die Ermächtigung erlangte, ohne Zustimmung von Reichstag und Reichsrat und ohne Gegenzeichnung des Reichspräsidenten Gesetze zu erlassen

Erster Weltkrieg: Der Krieg von 1914 bis 1918 wird als *„Urkatastrophe des 20. Jahrhunderts"* bezeichnet: Es war der erste Krieg, der mit Massenvernichtungswaffen geführt wurde; 9 Millionen Menschen starben. Bei Kriegsende befanden sich 25 Staaten im Kriegszustand.

Faschismus: Abgeleitet vom lateinischen *fascis (Rutenbündel mit Beil).* Bezeichnet ursprünglich die von Benito Mussolini gegründete Bewegung und ihre Ideologie in Italien. Der Faschismus in Italien und Deutschland war geprägt von der Verehrung des *„Führers"*, dessen Befehle in blindem Gehorsam ausgeführt wurden.

Als *faschistisch* werden alle extrem nationalistischen, antidemokratischen, gewaltbereiten, antisemitischen und rassistischen Bewegungen bezeichnet. *Neofaschistisch* werden die Parteien genannt, die nach dem Zweiten Weltkrieg an die faschistische Ideologie anknüpften.

Freikorps: Für die Dauer eines Krieges gebildete Freiwilligenverbände. 1918 wurden in Deutschland nach der Auflösung des Heeres über 100 Freikorps gebildet. Sie wurden mit der Bildung der Reichswehr aufgelöst bzw. gingen sie zum großen Teil darin auf.

Geheime Staatspolizei (Gestapo): Zweig der Polizei zur Bespitzelung der Bevölkerung und Ausschaltung von Regimegegnern

Getto: Abgeschlossener Stadtteil, in dem die Juden wohnen mussten

Gewaltenteilung: Wesentlicher Bestandteil der Demokratie. Aufteilung der Staatsgewalt in Legislative (Gesetzgebung), Exekutive (ausführende Gewalt) und Judikative (Rechtsprechung)

Gewerkschaft: Zusammenschluss von Arbeitern zur Vertretung ihrer Rechte und Interessen

Gleichschaltung: Reichsgesetze von 1933 zur politischen Ausschaltung aller Minister, Abgeordneten und Staatsbeamten, die nicht der NSDAP oder der DNVP angehörten; Bezeichnung für alle Maßnahmen, mit denen Institutionen und Organisationen dem NS-Regime unterstellt wurden

Holocaust: Griechisch *Brandopfer;* Bezeichnung für den Völkermord an den Juden durch die Nationalsozialisten

Ideologie: Politische Idee, z. B. einer Partei, die ihre Weltvorstellung und ihr Gesellschaftsbild beschreibt und ihr politisches Handeln bestimmt

Imperialismus: Das Bestreben von Mächten, die Herrschaft über andere Länder zu erlangen und dadurch ihr Territorium zu vergrößern

Inflation: Geldentwertung

Juden: Angehörige des jüdischen Glaubens oder Menschen, die von Juden abstammen und sich zum jüdischen Volk zählen

Kalter Krieg: Auseinandersetzung zwischen den Machtblöcken des Westens und des Ostens, die im Anschluss an den Zweiten Weltkrieg geführt wurde. Der nicht direkt militärisch geführte Konflikt

um machtpolitische Interessen endete 1991 mit dem Zerfall des Ostblocks. Die Grenze zwischen den Machtblöcken wurde als *Eiserner Vorhang* bezeichnet.
Kapitalismus: Wirtschaftsordnung, die auf Privateigentum und freien Wettbewerb setzt. Als Gegensatz zum Kapitalismus wird der Kommunismus angesehen.
Kommunismus: Politische Bewegung und Lehre, die eine herrschaftsfreie klassenlose Gesellschaft zum Ziel hat, in der Privateigentum abgeschafft ist
Konjunktur: Schwankungen innerhalb der gesamtwirtschaftlichen Entwicklung (Aufschwung- und Abschwungphasen)
Konzentrationslager (KZ): In den Gefangenenlagern während der Zeit des Nationalsozialismus wurden massenhaft politische Gegner und unerwünschte Minderheiten interniert. Ab 1941 wurden in einigen KZ Juden, Sinti und Roma fabrikmäßig ermordet (Vernichtungslager).
Machtergreifung: Nationalsozialistische Bezeichnung für die Übernahme der Regierung in Deutschland
Nationalismus: Übersteigertes Nationalgefühl. Nationalistische Parteien verbinden rassistische Vorstellungen und Volkstumsideologien miteinander. Sie lehnen bestimmte Gruppen wegen ihrer Nationalität, Religion oder Hautfarbe ab.
Nationalsozialismus: Die nationalistische und rassistische Bewegung und die darauf beruhende faschistische Herrschaft in Deutschland von 1933 bis 1945
Nationalversammlung: Die verfassunggebende Versammlung der Weimarer Republik, bestehend aus gewählten Volksvertretern
NSDAP: Abkürzung für die *Nationalsozialistische Deutsche Arbeiterpartei*
Neutralität: Staaten, die sich nicht an Bündnissen beteiligen und sich aus Kriegen heraushalten, sind neutral.
Parlament: Gewählte Volksvertretung
Partisan: Widerstandskämpfer im Untergrund, die meist mit militärischen Mitteln gegen Eroberer oder Besatzer eines Landes vorgehen
Propaganda: Die gezielte Beeinflussung der Bevölkerung durch bewusste Gestaltung von Nachrichten und Informationen zu bestimmten Zwecken im Interesse des Staates, von Parteien oder politischen Bewegungen
Putsch: Der Versuch einer Gruppe, gewaltsam die Regierung zu stürzen und die Macht im Staat zu übernehmen
Räterepublik: Herrschaftssystem, bei dem die Herrschaft vom Volk über direkt gewählt Räte ausgeübt wird. 1919 entstanden Räterepubliken in Bremen, Braunschweig und München.
Reaktionär: Angehöriger der *Reaktion*, einer antidemokratischen und gegen den Fortschritt eingestellten Haltung
Regime: Totalitäre Regierungsform; die Herrschaft liegt bei einer Gruppe von Machthabern und beruht auf einer Ideologie. Das Regime duldet keine Abweichung von der Staatsideologie.
Reichskulturkammer: Unter der Leitung von Joseph Goebbels kontrollierte die Behörde Presse, Literatur, Musik, Film und Radio. Das gesamte Kulturschaffen stand damit unter staatlicher Lenkung.
Reichssicherheitshauptamt (RSHA): Die zentrale Behörde im Dritten Reich, die ab 1939 alle Polizei- und Sicherheitsorgane in Deutschland leitete
Reichstag: Das Parlament im deutschen Kaiserreich, in der Weimarer Repulik und als gleich geschaltetes Organ im Dritten Reich

Reichswehr: Von 1921 bis 1935 die offizielle Bezeichnung für die deutschen Streitkräfte. Seit Einführung der Wehrpflicht 1935 Änderung in *Wehrmacht*
Reparationen: Wiedergutmachungsleistungen für Kriegsschäden in Form von Zahlungen oder Sachleistungen eines besiegten Landes an die Sieger
Rote Armee: Bezeichnung für die Streitkräfte der Sowjetunion zwischen 1918 und 1946, danach *Sowjetarmee*
Schutzstaffel (SS): Vorläufer war der *Stoßtrupp Hitler* zum persönlichen Schutz Hitlers. Zur *Allgemeinen SS* (seit 1933) gehörten verschiedene Unterabteilungen, z.B. der Sicherheitsdienst oder die Sicherheitspolizei. Es gab Untergruppen wie die *SS-Totenkopfverbände.* Die SS verübte im Zweiten Weltkrieg zahllose Kriegsverbrechen.
Sicherheitsdienst (SD): Nachrichtendienst der NSDAP zur Überwachung politischer Gegner
Spanischer Bürgerkrieg: 1936–1939; führte zur Diktatur Francisco Francos. Deutschland und Italien unterstützten Franco und entsandten Truppen.
Sturmabteilung (SA): Kampforganisation der NSDAP, verlor nach 1934 weitgehend an Bedeutung
Synagoge: Jüdisches Gotteshaus für Gebet, Studium der heiligen Schriften und Unterricht
Versailler Vertrag: Friedensvertrag nach dem Ersten Weltkrieg, in dem die Siegermächte harte Bedingungen für Deutschland festsetzten: hohe Entschädigungsleistungen, Reduzierung der Reichswehr und Abtretung von Gebieten
Vernichtungslager: Bezeichnung für die Lager, in denen im Rahmen der „*Endlösung*" 2,5 bis 3 Millionen Menschen planmäßig ermordet wurden
Volksgemeinschaft: Nationalsozialistische Bezeichnung für die Gemeinschaft aller Deutschen. Juden, Sinti und Roma, Kommunisten und politische Gegner waren keine Mitglieder der Volksgemeinschaft.
Währungsreform: Die vollständige Umordnung des Geldsystems eines Staates, z.B. die Einführung der D-Mark in Westdeutschland am 20. Juni 1948
Weimarer Republik: Die Zeit zwischen 1919 und 1933. Die erste deutsche Republik wurde nach dem Tagungsort der verfassunggebenden Nationalversammlung benannt.
Wehrmacht: Seit 1935 Bezeichnung für die deutschen Streitkräfte
Weltwirtschaftskrise: 1929 brach nach dem Börsenkrach in New York weltweit die Wirtschaft zusammen. Es kam zu Bankzusammenbrüchen, Preiszerfall, Geldentwertung und Massenarbeitslosigkeit.
Zweiter Weltkrieg: Der blutigste und größte militärische Konflikt in der bisherigen Geschichte dauerte vom 1. September 1939 und in Europa bis zum 8. Mai 1945. In Asien endete er am 2. September 1945.

Personenregister

Bildquellennachweis

o = oben, u = unten, r = rechts, l = links, M = Mitte

ABC Press, Amsterdam: 49o; **Arche-Verlag Zürich-Hamburg:** 168; **Archiv Tim Bontjes van Beek:** 156o; **Archiv des Deutschen Caritasverbandes e.V. (ADCV), Freiburg:** 159 2.v.r.; **Archiv für Kunst und Geschichte, Berlin:** 11u, 14o, 19r, 43, 56, 62u, 71u, 73 2.v.r, 88o, 93, 107o, 107u, 108, 124, 130o, 133o, 135o, 135u, 136o, 148o, 148u, 149, 165, 172ul, 176ul, 187u, 197, 198o, 211l, 212, 213M; **Bayerische Staatsbibliothek München:** 164r, 192o, 192u; **Bildarchiv Preußischer Kulturbesitz, Berlin:** 11M (2004, Berlin 1920), 12o (2004, 1918), 12u (2004, o.J.), 13o (2004, Kiel 1918), 13u (2004, 1918), 14u (2004, 1919), 15o (2004, Berlin 1920), 15u (2004, Heinrich Hoffmann, 1924), 16o (2004, Herbert Hoffmann, um 1930), 18o (2004, 1932), 19ul (2004, Herbert Hoffmann, 1933), 20 (2004, Theo Eisenhart, Potsdam 1933), 21o (2004, Berlin 1945), 21u (2004, Nürnberg 1934), 22 (2004, Potsdam 1933), 23 (2004, Berlin 1933), 24 (2004, A. Grimm, 1937), 25u (2004, Berlin 1934), 26 (2004, 1925), 30o (2004, A. Pisarek, Berlin 1933), 31 (2004, o.J.), 32o (2004, um 1920), 32M (2004, Fred Stein, Paris zw. 1934 und 1936), 33l (2004, Hans Schaller, 1933), 33 2.v.l (2004, 30er Jahre), 33 2.v.r (2004, Quick, um 1935), 33r (2004, um 1935), 34o (2004, 1934), 34u (2004, Döberitz bei Berlin, 1933), 36o (2004, Dachau 1933), 38ol (2004, 1936), 40 (2004, Stiftung Deutsche Kinemathek Berlin, 1938), 41 (2004, Liselotte Purper (Orgel-Köhne), Nürnberg 1937), 42o (2004, Carl Weinrother, Berlin 1939), 42u (2004, Heinrich Hoffmann, Berlin o.J.), 44ul (2004, Berlin 1937), 44ur (2004, Berlin 1936), 46 (2004, o.J.), 47 (2004, Fritz Carl, 1937), 48ul (2004, Fritz Carl, 1937), 48ur (2004, Fritz Carl, 1937), 49ur (2004, Heinrich Hoffmann, um 1935), 51o (2004, NS-Heeresfilmstelle, 1941), 53ol (2004, Nürnberg 1933), 53or (2004, A. Grimm, Nürnberg 1933), 53u (2004, Nürnberg 1938), 54 (2004, Berlin 1934), 57o (2004, Arthur Grimm, Nürnberg 1936), 57ur (2004, 1938), 58 (2004, Heinrich Hoffmann, Obersalzberg 1933), 59o (2004, Heinrich Hoffmann, Obersalzberg 1937), 59u (2004, Frankreich 1943), 60 (2004, Hermann Baumann, Berlin 1936), 61l (2004, Berlin 1936), 61r (2004, Berlin 1936), 62o (2004, Plakat von Robert Zinner, o.J.), 64 (2004, Harry Wagner, Berlin Neukölln 1933), 66 (2004, Fred Stein, New York 1947), 67r (2004, Fritz Eschen, um 1951), 69o (2004, Gedenkstätte Oswiecim, o.J.), 71o (2004, Argentinien 1966), 72l (2004, Berlin 1934), 72r (2004, Heinrich Hoffmann, Nürnberg 1934), 73r (2004, 1937), 75 (2004, Germin, 1940), 76o (2004, München 1938), 76u (2004, München 1938), 77o (2004, Sanden, Salzburg 1938), 77ul (2004, Wien 1938), 77ur (2004, Heinrich Hoffmann, Wien 1938), 78ol (2004, Hans Wagner, 1940), 78oM (2004, Heinrich Hoffmann, Berlin o.J.), 78r (2004, Berlin 1936), 79 (2004, Heinrich Hoffmann, um 1935), 80 (2004, 1939), 81r (2004, 1940), 82 (2004, 1939), 83 (2004, Praga 1939), 85o (2004, Arthur Grimm, Warschau 1939), 85u (2004, Polen 1939), 87 (2004, Heinrich Hoffmann, o.J.), 88u (2004, Bromberg 1939), 90ol (2004, Frankreich 1940), 90r (2004, Heinrich Hoffmann, Paris 1940), 91o (2004, Coventry 1940), 91u (2004, Camera Press, London o.J.), 92 (2004, Heinrich Hoffmann, o.J.), 94o (2004, 1941), 94u (2004, Heinrich Hoffmann, Münstereifel 1940), 95o (2004, 1939), 95u (2004, Herbert Hoffmann, Sluk 1941), 96o (2004, H.Hoeffke, 1942), 96u (2004, Vinzenz Engel, Kiew 1941), 97o (2004, Pk-Speck, 1941), 97u (2004, Hanns Hubmann, Donezbecken 1942), 98o (2004, PK-Hähle, 1941), 99o (2004, o.J.), 99u (2004, 1941), 100o (2004, Grimm, Ostrog 1941), 100u (2004, Schepetowka, 1943), 101u (2004, o.J.), 102ol (2004, Hanns Hubmann, 1941), 102Ml (2004, Bernd Lohse, 1941), 102u (2004, Gerd Germin-Mingram, Smolensk 1943), 103 (2004, K.A. Petraschk, 1941), 104o (2004, 1941/42), 104u (2004, 1944), 106o (2004, Hanns Hubmann, 1943), 106u (2004, 1943), 109o (2004, um 1941), 109u (2004, um 1940), 110o (2004, Sizilien 1943), 110u (2004, Normandie 1944), 112o (2004, 1942), 112ul (2004, Postkarte Müllheim/Baden, o.J.) 112ur (2004, Wien 1938), 113o (2004, Postkarte um 1900), 114u (2004, Linz 1938), 115u (2004, 1933), 116o (2004, Plakat, Nürnberg 1932), 116u (2004, Boris Spahn, o.J.), 117 (2004, Böhmen 1941), 118r (2004, Carl Weinrother, Berlin 1933), 119 (2004, Cuxhaven 1933), 120o (2004, Stadtarchiv Frankfurt, 1931), 120r (2004, Abraham Pisarek, Eberswalde 1938), 121o (2004, 1938), 121u (2004, Hannover 1938), 122ol (2004, Harwich / England 1938), 122u (2004, A. Pisarek, Berlin 1939), 123o (2004, Berlin-Wannsee, o.J.), 123u (2004, Würzburg 1942), 125o (2004, Amsterdam, o.J.), 125u (2004, um 1940), 127 (2004, Original: Yad Vashem, Jerusalem, um 1942), 128o (2004, Olkusz 1942), 128u (2004, Original: Yad Vashem, Jerusalem, Auschwitz 1944), 129o (2004, Westerbork 1943), 129u (2004, Lodz 1943), 132ul (2004, Warschau 1941), 132ur (2004, Quelle: Yad Vashem, Jerusalem, Lodz 1942), 134 (2004, KZ-Auschwitz 1944), 136u (2004, Warschau 1943), 140o (2004, Olkusz 1942), 140u (2004, Olkusz 1942), 141o (2004, Kowno 1941), 142 (Quelle: Yad Vashem, Jerusalem, Carl Sturm, Ljepaja / Lettland 1941), 144l (2004, Quelle: Yad Vashem, Jerusalem, Argentinien 1949/50), 145 (2004, Budapest 1942/43), 146o (2004, W. Fischer, Minsk 1942), 147o (2004, Quelle: Yad Vashem, Jerusalem, Krakau 1944), 147u (2004, Auschwitz 1942), 150 (2004, Wuppertal 1942), 152 (2004, o.J.), 153u (2004, George J. Wittenstein, München 1942), 154 (2004, Berlin 1944), 155 (2004, Berlin 1944), 158 (2004, L.B.I. New York, o.J.), 160o (2004, Plötzensee 1945), 160u (2004, 1945), 161rM (2004, Archiv des CDJC, Paris, o.J.), 162l (2004, um 1942), 163 (2004, Berlin 1945), 166o (2004, o.J.), 166ul (2004, o.J.), 166ur (2004, Warschau 1944), 167 (2004, Petrischtschewo 1941), 169 (2004, Minsk 1941), 171 (2004, 1945), 172o (2004, Joe Heydecker, München 1943), 172ur (2004, Stalingrad 1942/43), 173 (2004, Stalingrad 1943), 174o (2004, Heinrich Hoffmann, 1942), 174u (2004, Nordafrika 1941), 175 (2004, Afrika 1941/42), 176o (2004, G.Lipskerow, Beketowka 1943), 176ur (2004, Stalingrad 1943), 177 (2004, Georgi Zelma, Stalingrad 1943),178 (2004, 1943), 179o (2004, N.A. Wash, 1942), 179M (2004, 1942), 179u (2004, Moskau 1935), 180ol (2004, Arthur Grimm, Anhalt 1945), 180r (2004, Arthur Grimm, Berlin 1943/44), 181ur (2004, Frankfurt / Oder 1945), 182o (2004, Mjölnir 1944), 182ul (2004, A. Grimm, Berlin 1945), 182ur (2004, Hilmar Pabel, Berlin-Charlottenburg 1945), 183o (2004, PK - Benno Wundshammer, Lauban 1945), 183u (2004, Heinrich Hoffmann, Berlin 1945), 184ul (2004, Blitzna 1944), 186o (2004, PK – Vinzenz Engel, 1945), 187o (2004, Kassel 1944), 188l (2004, Erich Andres, Altona 1943), 189l (2004, Königsberg 1945), 189r (2004, Breslau 1945), 190 (2004, Torgau 1945), 191o (2004, Prag 1945), 191u (2004, Coesfeld 1945), 193 (2004, Jewgeni Chaldej, Berlin 1945), 195o (2004, Auschwitz 1945), 195u (2004, Dachau 1945), 196 (2004, Berlin 1945), 199o (2004, PK – Benno Wundshammer, Lauban 1945), 199u (2004, Arthur Grimm, Spreewald 1945), 200 (2004, Ingrid von Kruse, Hamburg 1985), 201o (2004, PK – Vinzenz Engel, 1945), 201u (2004, PK – Vinzenz Engel, Heiligenbeil 1945), 202o (2004, München 1948), 202u (2004, 1948), 203 (2004, bei Gießen 1945), 204 (2004, 1945), 205o (2004, Dietmar Katz, Berlin 1989), 205u (2004, Berlin 1945), 206 (2004, Nürnberg o.J.), 208u (2004, Friedrich Seidenstücker, Berlin 1947), 209r (2004, Friedrich Seidenstücker, 1946), 209l (2004, zwischen Hamburg-Altona 1946), 213l (2004, Weinrother, Berlin 1945), 213r (2004, Hanns Hubmann, Warschau 1970); **Bundesarchiv Koblenz:** 70; **Deutsches Historisches Museum Berlin – Bildarchiv:** 9 (Heinrich Hoffmann), 10u, 17, 28 (Heinrich Hoffmann), 34o, 36u, 38Ml (Liselotte Orgel-Köhne), 38r (Gerhard Gronefeld), 45 (Joseph Schorer), 50, 51u, 65u, 67l, 68u, 73l, 73 2.v.l, 81l (Dietrich, Arne Psille), 83, 98u (PK-Photo), 111 (Liselotte Orgel-Köhne), 114o (Otto Schönstein), 118l, 122M (Liselotte Orgel-Köhne), 130 (aus der Illustrierten „Stern"), 131u, 133u, 156u (IML), 157 (Haus des Ministeriums), 162 2.v.l, 162 2.v.r, 162r, 164l (Heinrich Hoffmann), 185, 195M, 198u (E. Chaldej), 198o; **Deutsch-Russisches Museum Berlin-Karlshorst:** 89 ; **Deutsche Presse Agentur GmbH:** 153o, 170, 207, 208o; **Familie Graf:** 151 2.v.l; **Familie Probst:** 151l; **Familie Schmorell:** 151r; **Fischer Taschenbuch Verlag:** Marianne Loring: Flucht aus Frankreich 1940, 1996, S. 24: 32u; **Francoise, Sylvie, Reporter Photographe:** 142; **Friedrich, Karin:** 159 2.v.l.; **Gedenkstätte Deutscher Widerstand, Berlin:** 161u, 161o; **Gretler's Panoptikum zur Sozialgeschichte, Zürich:** 65o, 65M; **Haus der Geschichte, Bonn:** 210; **Historisches Archiv der Forschungsstelle Osteuropa an der Uni Bremen:** 105; **Huber, Clara:** 151 2.v.r; **Image Select:** 55; **Institut für Stadtgeschichte, Frankfurt am Main:** 39; **Institut für Zeitgeschichte der Universität Wien:** 44o; **Keystone:** Umschlagfoto Vorder- und Rückseite oben; **Kiepenheuer & Witsch:** Arno Lustiger: Zum Kampf auf Leben und Tod. Köln 1994, S. 87: 86; **KZ-Gedenkstätte Dachau:** 67M, 68o, 194; **KZ Gedenkstätte Moringen:** 69u (Rechte beim Niedersächsischen Landeskrankenhaus Moringen); **Löderbusch, Norbert:** 126o, 126M, 137, 138; **Nederlands Instituut voor Oorlogsdocumentatie, Amsterdam:** Umschlagfoto Vorderseite unten, 10o, 27; **Presse- und Informationsamt der Bundesregierung/Bundesbildstelle, Berlin:** 214, 215o; **Röhnert, Ursula:** 11o; **Sächsische Landesbibliothek – Staats- und Universitätsbibliothek Dresden, Abteilung Deutsche Fotothek:** 188r; **Schöffling & Co. Verlagsbuchhandlung GmbH:** Hrsg. Reinhard Kaiser/Margarete Holzman: „Dies Kind soll leben". Die Aufzeichnungen der Helene Holzman 1941–1944 Copyright © 2002 by Schöffling & Co. Verlagsbuchhandlung GmbH, Frankfurt/M. Foto „Helene Holzman, 1911" (S. 193), aus dem Besitz von Margarete Holzman: 143; **Staatsarchiv St.Gallen:** 159r; **Stiftung Archiv der Parteien und Massenorganisationen der DDR im Bundesarchiv, Berlin:** 161ul; **Süddeutscher Verlag Bilderdienst, München:** 25o, 30u (S.M), 37 (Scherl), 49ul, 57ul (Scherl), 74, 113u (Scherl), 139, 181ul; **Ullstein Bilderdienst, Berlin:** 16u (Ullstein), 63, 115o (Ullstein – Illenberger), 146u (Ullstein – Walter Frentz), 184r (Ullstein – Walter Frentz), 186u (Ullstein – Andreas Jeschke); **Vinke, Hermann:** 159l, 213r (Pointner); **Wichern Verlag GmbH, Berlin:** Jizchak Schwersenz „Die versteckte Gruppe" Bild Nr. 47, Seite 133: 126u; **Yad Vashem – The Archive, Jerusalem:** 132o; **Zentrale Mediathek der Europäischen Kommission, Brüssel:** 215u; **Zentrum für Antisemitismusforschung Berlin:** 84

Der Verlag dankt allen Personen und Institutionen für die Genehmigung zum Abdruck von Bildmaterial, auf dem ein Urheberrecht ruht. Es wurde größtmögliche Sorgfalt darauf verwendet, die Rechteinhaber zu ermitteln und zu nennen. Sollten dabei Fehler unterlaufen sein, bitten wir um Benachrichtigung.

Literaturverzeichnis

Die Dokumentation „Das Dritte Reich" verzichtet auf Anmerkungen und Quellenbelege. An vielen Stellen werden Autoren und ihre Werke direkt genannt. In einzelnen Fällen, etwa bei den Porträts lebender Zeitzeugen, verwendet der Autor Zitate aus eigenen Interviews.

Anne Frank Tagebuch, Frankfurt/M 2001
Die Nazi-Olympiade, Die Olympischen Spiele 1936 in Berlin und Garmisch-Partenkrichen, Fotomechanischer Nachdruck des Olympia Albums 1936, Frankfurt/M 1972
Werner Albring: Gorodomlia – Deutsche Raketenforscher in Rußland, Hamburg-Zürich 1991
Wolfgang Benz (Hg.): Dimension des Völkermords. Die Zahl der jüdischen Opfer des Nationalsozialismus, München 1991
Wolfgang Benz, Hermann Graml, Hermann Weiß (Hrsg.): Enzyklopädie des Nationalsozialismus, Stuttgart 1997
Wolfgang Benz: Geschichte des Dritten Reiches, München 2003
Wolfgang Benz (Hg.): Überleben im Dritten Reich – Juden im Untergrund und ihre Helfer, München 2003
Wolfgang Benz (Hg.): Lexikon des Holocaust, München 2002
Wolfgang Benz (Hg.): Legenden, Lügen, Vorurteile – ein Wörterbuch zur Zeitgeschichte, München 2002
Martin Broszat: Die Machtergreifung – Der Aufstieg der NSDAP und die Zerstörung der Weimarer Republik, München 1984
Martin Broszat (Hg.): Kommandant in Auschwitz – Autobiographische Aufzeichnungen des Rudolf Höss, München 1963
Hans Coppi, Geertje Andresen (Hg.): Dieser Tod paßt zu mir, Harro Schulze-Boysen – Grenzgänger im Widerstand, Briefe 1915 bis 1942, Berlin 1999
Hans Coppi, Jürgen Danyel, Johannes Tuchel (Hg.): Die Rote Kapelle im Widerstand gegen den Nationalsozialismus, Berlin 1994
Geneviève de Gaulle Anthonioz: Durch die Nacht, Zürich-Hamburg 1999
Marion Gräfin Dönhoff: Kindheit in Ostpreußen, Berlin 1988
Joachim C. Fest: Hitler. Eine Biographie, Frankfurt/M, Berlin, Wien 1973
Joachim C. Fest: Das Gesicht des Dritten Reiches, München 1963
Richard Glazar: Die Falle mit dem grünen Zaun, Frankfurt/M 2002
Lina Haag: Eine Handvoll Staub – Widerstand einer Frau 1933–1945, Tübingen 2004
Volker Hage (Hg.): Hamburg 1943 – Literarische Zeugnisse zum Feuersturm, Frankfurt/M 2003
Mark Jonathan Harris, Deborah Oppenheimer: Kindertransport in eine fremde Welt, München 2000
Stéphane Hessel: Tanz mit dem Jahrhundert – Erinnerungen, Zürich-Hamburg 1998
Raul Hilberg: Sonderzüge nach Auschwitz, Mainz 1981
Inge Jens (Hrsg.): Hans Scholl, Sophie Scholl – Briefe und Aufzeichnungen, Frankfurt/M 1984
Ernst Klee: Auschwitz, die NS-Medizin und ihre Opfer, Frankfurt/M 1997

Reinhard Kaiser, Margarete Holzman (Hg.): „Dies Kind soll leben" – Die Aufzeichnungen der Helene Holzman 1941–1944, Frankfurt/M 2000
Hilde Kammer, Elisabet Bartsch: Lexikon des Nationalsozialismus – Begriffe, Organisationen und Institutionen, Reinbek 1999
Arno Klönne: Jugend im Dritten Reich – Die Hitlerjugend und ihre Gegner, Düsseldorf-Köln 1982
Eugen Kogon: Der SS-Staat – Das System der deutschen Konzentrationslager, München 1974
Paul Kohl: Schöne Grüße aus Minsk, München 2001
Hermann Langbein: Menschen in Auschwitz, Wien 1972
Primo Levi: Ist das ein Mensch? München-Wien 1988
Lexikon zur Geschichte und Politik im 20. Jahrhundert, Bd. 1–3, München 1974
Museum Berlin-Karlshorst e. V. (Hg.): Erinnerung an einen Krieg, Berlin 1997
Richard Overy: Russlands Krieg 1941–1945, Reinbek 2003
Ruta Sakowska: Menschen im Ghetto, Osnabrück 1999
Martha Schad: Frauen gegen Hitler – Schicksale im Nationalsozialismus, München 2001
Marion Schreiber: Stille Rebellen – Der Überfall auf den 20. Deportationszug nach Auschwitz, Berlin 2002
Nina Schröder: Frauen in der Rosenstraße – Hitlers unbeugsame Gegnerinnen, München 1997
Richard W. Sonnenfeldt: Mehr als ein Leben – Vom jüdischen Flüchtlingsjungen zum Chefdolmetscher der Anklage bei den Nürnberger Prozessen, Bern 2002
Albert Speer: Erinnerungen, Frankfurt/M-Berlin, 1969
Albert Speer: Spandauer Tagebücher, Frankfurt/M-Berlin-Wien 1975
Peter Steinbach, Johannes Tuchel (Hg.): Lexikon des Widerstandes 1933–1945, München 1994
Guta Trokenheim: Überleben unter der Erde – Erinnerungen einer polnischen Jüdin, Berlin 2003
Hermann Vinke: Das kurze Leben der Sophie Scholl, Ravensburg 1980
Hermann Vinke: Carl von Ossietzky, Hamburg 1978
Hermann Vinke: Cato Bontjes van Beek – Ich habe nicht um mein Leben gebettelt, Zürich-Hamburg 2003
Hiltgunt Zassenhaus: Ein Baum blüht im November – Bericht aus den Jahren des Zweiten Weltkriegs, Hamburg 1974

Bibliografische Information Der Deutschen Bibliothek

Die Deutsche Bibliothek verzeichnet diese Publikation in der Deutschen Nationalbibliografie; detaillierte bibliografische Daten sind im Internet über **http://dnb.ddb.de** abrufbar.

3 2 07 06 05

Fachberatung: Prof. Dr. Wolfgang Benz
Redaktion: Sabine Zürn
Printed in Germany
ISBN 3-473-35857-6

www.ravensburger.de

Zitate, Begriffe aus der nationalsozialistischen Terminologie, Filme, Lieder und Publikationen sind *kursiv* und mit Anführungszeichen hervorgehoben. Bezeichnungen für Gesetze, Ämter und Positionen, Eigennamen, Verbände, Organisationen, Gruppierungen etc. sind, soweit sie hervorgehoben wurden, *kursiv* gesetzt. Alle historischen Zitate und Schreibweisen wurden in die neue Rechtschreibung übertragen.

Wir danken folgenden Verlagen für ihre freundliche Abdruckgenehmigung:
Seite 200: aus „Namen, die keiner mehr nennt" von Marion Gräfin Dönhoff, erschienen bei Diederichs im Heinrich Hugendubel Verlag, Kreuzlingen/München
Seite 209: aus „Das Brot der frühen Jahre" von Heinrich Böll, © 1955, 1980 by Verlag Kiepenheuer & Witsch Köln
Seite 93: Bertolt Brecht aus: Werke. Große kommentierte Berliner und Frankfurter Ausgabe, Band 15. © Suhrkamp Verlag 1993 „Der Führer wird euch erzählen"
Seite 124/125: Anne Frank Tagebuch. Eintragungen vom 11.5.1944, 18.10.1942 und 24.12.1943. Einzig autorisierte und ergänzte Fassung Otto H. Frank und Mirjam Pressler. © 1991 by ANNE FRANK-Fonds, Basel. Alle Rechte vorbehalten. S. Fischer Verlag GmbH, Frankfurt am Main.

GERMANY: MAP OF THE OCCUPATION AREAS
KARTE DER BESATZUNGS-ZONEN
FLENSBURG
SCHLESWIG
KIEL
RENDSBURG
SCHLESWIG-HOLSTEIN
HELGOLAND
LÜBECK
WISMAR
MECK
BURG
SCHWERIN
CUXHAVEN
FRIESISCHE INS.
FRISIAN IS.
EMDEN
HAMBURG
BREMEN
LÜNEBURG
OLDENBURG
OLDEN
BURG
SOLTAU
ÜLZEN
MEPPEN
HAN NOVER
SALZWEDEL
STENDAL
PROVINZ
HOLLAND
HANNOVER
OSNABRÜCK
BRAUNSCHWEIG
MÜNSTER
HILDESHEIM
LIPPE
BIELEFELD
MAGDEBURG
BOCHOLD
WEST-
HALBERSTADT
SACHSEN
DORTMUND
SOEST
FALEN
GÖTTINGEN
ESSEN
BOCHUM
HALLE
DUISBURG
HAGEN
KREFELD
M.-GLADBACH
REMSCHEID
SOLINGEN
RHEYDT
KASSEL
BELGIUM
BELGIEN
MÜHLHAUSEN
KÖLN
HESSEN
EISENACH
ERFURT
SIEGEN
GOTHA
WEIMAR
JENA
GERA
DÜREN
AACHEN
BONN
MARBURG
ALSFELD
THÜRINGEN
LINZ
NEUWIED
GIESSEN
FULDA
MEININGEN
KOBLENZ
NAS
SAU
PRÜM
FRANKFURT
BAD KISSINGEN
HOF
COBURG
WIESBADEN
HANAU
OFFENB.
SCHWEINFURT
LUXEMBG
MAINZ
BAD KREUZNACH
ASCHAFFENBURG
BAYREUTH
TRIER
DARMSTADT
BAMBERG
WORMS
WÜRZBURG
KAISERSLAUTERN
NEUSTADT
FÜRTH
SAARBRÜCKEN
SPEYER
HEIDELBERG
NÜRNBERG
AMBERG
PFALZ
FRANCE
KARLSRUHE
HEILBRONN
REGENSBURG
PFORZHEIM
STUTTGART
WÜRTTEM
INGOLSTADT
BADEN-BADEN
CALW
NÜRTINGEN
NEUBURG
TÜBINGEN
REUTLINGEN
FRANKREICH
ULM
LANDSHUT
AUGSBURG
EMMENDINGEN
BIBERACH
FREIBURG
SIGMARINGEN
MEMMINGEN
MÜNCHEN
BERG
BAYERN
ÜBERLINGEN
KEMPTEN
LINDAU
BREGENZ
ATLANTA MAP
SWITZERLAND
SCHWEIZ